武則天傳

日月當空，天下臣服

周林 著

她不是帝王的影子，而是帝王的名字

武曌、武則天、武媚、武后、武太后……
她以權謀書寫自己的名字，卻在千年後選擇沉默

目錄

前言

武則天，姓武，但她並不叫則天，則天只是對她的尊號，玥才是她的名，她的真名叫武玥。後來，武則天野心膨脹，創造了一個歷史上沒有的字，叫「曌」，拆開來說，就是「日月當空」的意思，日月當空就是唯我獨尊，這個女人不簡單。

武則天於西元六二四年出生在利州（今四川廣元），是唐朝開國功臣武士彠次女。父親背景都這麼強大，她的母親更不簡單，她的母親楊氏出身隋朝皇室，武則天的外公是隋朝國公楊達，不是一般的有背景。在武則天十四歲的時候，就被唐太宗李世民召進宮，封為五品「才人」，賜號「武媚」。

媚娘，一聽就是個狐狸精，但武媚娘不是一般的狐狸精，要想迷倒皇帝，除了要有容貌外，還要有才華，還要有壓倒後宮各位小主的鐵腕，不心狠手辣肯定不行。武媚娘一直在唐太宗身邊做了十二年的才人，唐太宗雖然喜愛她，但是他掌握有度，他看出武媚娘志向遠大，偏不加封，以免招惹麻煩。唐太宗病重期間，太子李治偷偷約會武媚娘，太宗擔心太子會在自己死後寵愛媚娘，讓媚娘禍亂朝綱，於是便下了一道遺旨，令武媚娘到長安感業寺為尼姑。

武媚娘都當了尼姑了，已經繼承皇位的太子李治還是不死心，為太宗李世民祭奠週年的時候伺機將媚娘帶入皇宮。於是，武媚娘開始與王皇后、蕭淑妃等後宮佳麗之間展開了宮鬥。媚娘工於心計，心狠手辣。她心狠手辣到什麼程度？竟然親手掐死了自己剛出生的安定思公主，並以此嫁禍王皇后。好在唐高宗念情，王皇后保得一命，被趕出宮。

後來，李治有病，武媚娘逐漸掌握了後宮以及朝中大權。唐高宗李治久病不癒，李治先後立了幾位太子，不是病逝，就是身犯謀逆大罪。後立李顯為太子，高宗死後，李顯即位，尊武則天皇太后。然而，皇帝在武則天面前也只不過是傀儡，為了謀奪唐朝社稷，幾個兒子相繼被廢，大肆剪除唐朝宗室，諸王不安，起兵反抗，皆遭到武媚娘殘酷的鎮壓，都未成氣候。

天授元年，武則天不顧人倫，不顧唐朝舊臣怨言，公然改唐朝為大周，自立為帝，遷都洛陽，從此建立武周王朝。武媚娘身為一個女人，在古代又沒有什麼社會地位，竟然扳倒了一個鐵一樣的王朝，當然，除了美貌，她的才華和手腕也實在不一般。從唐高宗晚期到唐玄宗李隆基即位，這段時間，是唐朝宮廷最不安分、最為動盪的時期，經歷了幾次宮廷政變，但在武則天治理天下時期，天下大治，她上承貞觀之治，下啟開元盛世，她有不可磨滅之功。

關於武則天，一直是個謎，後人對她的評價有正面的，也有負面的，但是以負面的居多。雖然說她包養男寵，為婦德不容，但是從天下的角度，她何嘗不是有功？她死之前，自知罪孽深重，難逃背負歷史的罵名，所以留下遺言，立無字碑。到現在，一千多年過去，人們依然在猜測武則天的無字碑，究竟想告訴人們什麼？但肯定的說，她想說是非功過交予後人評論。讓我們穿越時空，回到大唐盛世，武則天的時代，看看這個不同尋常的女人，幾千年出一個女皇帝，還是唯一正統的女皇帝。

本書從武曌零歲一直寫到八十二歲去世。這是一個女人的成長史，從一個官家小姐到當上皇后，最後稱帝。在古代那個男尊女卑，女人沒有社會地位的年代，武曌需要機關算盡才能達到自己的目的。武曌為了達到專政的目的，不折手段，她的心機、手段、陰毒，非一般女子可比。她不是一個好女人，不是一個好妻子，也不是一個好母親，但她卻是一個好皇帝。家國天下事，家事在國事面前，家事又算的了什麼？武曌在臨死前，主動去除帝號，以高宗「皇后」的身分入葬乾陵，並留下無字碑，至今是謎。

代言

第一章　都督府龍氣沖天

大唐武德七年，某天，成都道士袁天罡雲遊至利州，他身著一身道袍，手持拂塵，長鬚，童顏鶴髮，一副仙風道骨的樣子。袁天罡途經利州都督武士彠府門口，集市上人來人往，到處是買賣的景象，利州不輸成都繁華。袁天罡將拂塵搭在肩後，仰望天空，天空蔚藍，晴空萬里。

袁天罡笑道：「嗯，真是好天！」

突然，都督府的房頂上，一股巨大的龍氣直衝雲霄，這龍氣只有修道之人才能看得見，俗人無緣得見。袁天罡大為震驚，臉色大變，喃喃自語道：「這利州都督府怎麼會有天子之氣？」

袁天罡再定睛一看，道：「不對，這天子之氣怎麼會有一股陰氣！」

袁天罡十分地費解，立刻掐指一算，茅塞頓開，笑道：「哦，原來如此！」

袁天罡帶著疑惑來到都督府的大門口，正要進去，卻被看門的士兵揮槍截住了，其中一個士兵道：「幹什麼的？知道這是什麼地方嗎？豈是你一個術士隨便進入的！」

袁天罡做了一個手禮，道：「煩勞差爺進去通報一下武都督，就說成都道士袁天罡求見都督！」

士兵詫異，道：「袁天罡？你等著吧！」

說罷，這名士兵便走了進去。

袁天罡站在都督府的大門口，來回徘徊。稍後，便有笑聲傳出，一個衣著華麗，英姿颯爽的武士彠走了出來。袁天罡聞聲，便看了過去，正好與那武士彠眼神對上。

武士彠快步走到袁天罡的面前，笑道：「你就是袁天師？」

「天師不敢當，老道袁天罡，敢問閣下可是武士彠都督？」袁天罡道。

武士彠笑道：「正是武某，剛才聽兵士說天師駕到，怪下人不懂事，冒犯了天師，望天師贖罪！袁天師的大名，我武某是如雷貫耳啊！不知天師今日怎會突然到我府上？」

袁天罡道：「老道雲遊到此，見都督府有貴氣，老道特來一探究竟，不知都督可有子女？」

武士彠笑道：「天師原來為這事啊，有，武某有兩個兒子，兩個女兒，兩個兒子年幼，一個女兒剛出生不久，如果天師要看，請天師入府拜茶！」

武士彠在前面給袁天罡帶路，盛情邀請袁天罡入府。武士彠帶著袁天罡來到了大廳，袁天罡能感受到這龍氣距離自己越來越近，武士彠的夫人楊氏正坐在大廳裡，見袁天罡到來，連忙起身相迎。

楊氏笑道：「見過道長！」

武士彠為袁天罡介紹道：「天師，這位是在下的夫人！」

袁天罡看了看楊氏的面相，點頭示意，道：「夫人的骨相乃貴人之相啊！」

武士彠示意袁天罡坐下來，道：「天師有所不知啊，我夫人本是前朝皇室宗親，隋朝滅亡後，下嫁與我，跟著我受苦了！」

一旁的楊氏聽到武士彠這樣說，她更加感動。

袁天罡笑道：「無量天尊，對於夫人和都督未嘗不是一件好事，說不定必有後福啊！」

少時，府裡的丫鬟端來幾碗熱茶，從袁天罡開始，依次送了過去。

武士彠笑著示意，道：「請天師品茶！」

袁天罡端起茶碗，回敬，喝了一口，便將茶碗放在了桌子上，道：「不知都督可否請出令公子以及令嬡？」

武士彠恍然大悟，笑著對楊氏道：「夫人，天師說咱府上有貴氣，特來相探，請夫人將孩子們都帶出來吧？」

「好好，請天師稍後，我去去就來！」楊氏樂呵呵地走進了後院。

武士彠和袁天罡在大廳裡喝茶，一邊暢談，一邊等著楊氏。

少時，武士彠的兩位年幼的公子武元慶、武元爽讓楊氏領了出來，武士彠笑著道：「天師，這兩位就是犬子！」

楊氏將其帶到袁天罡的面前。

袁天罡仔細端詳了兩個孩子的面相，笑著點頭道：「兩位公子將來可官至三品，可喜可賀啊！」

武士彠笑道：「承蒙天師吉言！」

袁天罡道：「都督，你不是說還有兩個女兒嗎？可否請出來一見？」

武士彠笑道：「當然可以，夫人快去將大女兒和小女兒都帶回來吧！」

武士彠正對楊氏說著，府裡的下人已經將武士彠的大女兒領了出來，小女兒則抱在一個奶娘的手裡。

楊氏將大女兒帶到袁天罡的面前，笑道：「天師，這位就是我的大女兒！」

袁天罡仔細端詳一番，摸了摸長鬚，道：「恕老道直言，此女貴但不利夫！都督和夫人日後可日行一善，便能化解！」

武士彠笑道：「積德行善是本分，本官一定遵照天師的意思去做！」

袁天罡能夠感覺到龍氣就在身邊，他對著奶娘道：「請將都督的小女抱過來我看看！」

奶娘將孩子抱到了袁天罡的面前，交到袁天罡的手裡，袁天罡仔細端詳了孩子的面孔，袁天罡大為震驚，道：「龍瞳鳳頸，極貴之相，不知都督是否已經給孩子取名？」

武士彠道：「尚未取名，可否請天師賜名？」

袁天罡看了看孩子，道：「此女乃大貴之命，金銀不能與之媲美，唯有玉，不如就叫武珝，王羽珝！」

「多謝道長賜名。」楊氏感激道。

袁天罡將孩子交給奶娘手裡，站了起來，一隻手摸著長鬚，感嘆道：「可惜啊，可惜！」

武士彠跟著起身，問道：「天師，可惜什麼？」

袁天罡道：「此乃天機！此女雖大貴之命，但乃天生煞星，都督還是嚴加管教的好！老道告辭！」

說罷，袁天罡便朝外面走去。

武士彠喊道：「天師，請天師明言？」

袁天罡頭也不回，道：「請都督切記老道之言，老道乃方外之人，不便過問俗事，今日路過貴府也算有緣，都督珍重！」

武士彠欲上趕，袁天罡已經走得很遠。

武士彠看了看奶娘懷抱裡的武珝，又看了看楊氏，心裡十分的不安。

十四年後，到了貞觀十二年，武珝長到了十四歲。此時，距離武珝父親應國公武士彠去世整整三年了。唐朝遵照武士彠遺囑，將其送回到老家并州（今太原）安葬。在唐太宗心裡，應國公兼荊州都督武士彠是難得的能臣幹吏，武士彠死後，唐太宗特意在武士彠的老家并州建造新的府邸，以安置其遺孀榮國夫人楊氏。

武士彠去世後，武珝同父異母的大哥武元慶以門第關係出任地方官員。武珝同父異母的二哥武元爽，以及同父同母的大姐武順、三妹武敏由於年齡尚輕，與母親楊氏一道定居并州，為父親守孝，今年是第三個年頭。

榮國夫人楊氏喜歡花，朝廷為了撫卹應國公遺孀，在并州新建造的武府內大量種植四季花。十四歲的武珝已經長成身高過五尺的大姑娘，這在隋唐女性中算高個。此時正值春天，武府裡的桃花、杏花、櫻花、連翹花等競相鬥豔。武珝身著黃色刺繡綢緞，長髮及腰，身材傲人，面若桃紅，眉如柳梢，貌若天仙，更帶著幾分男兒的英氣，她的裝扮更似俠女。武珝手持寶劍，在花園裡練劍，她披荊斬棘，院子裡一片狼藉，花瓣和枝椏散落一地，她的劍法和身形極快，看其劍術造詣已經有了相當火候，只是武珝的眼神裡透露著殺機，劍所擊中之物瞬間毀滅。

「二姐，妳快去救救大姐吧，二哥元爽又在欺負大姐！」武珝的三妹武敏心急如焚地跑過來道。

武珝大驚失色，問道：「小妹，現在他們在哪裡？」

武敏急道：「就在假山背後。」

武珝二話沒說，提起劍，就往假山跑去。武敏緊跟在武珝的身後。

當武珝感到假山背後時，武元爽正在扒武順的衣服，武順的外衣已經被撕爛，散落一地，僅剩下一件貼身的內衣，武元爽還在對武順施以獸行，一個勁兒在武順的臉上、脖子上親吻。這武順只比武珝大一歲，長得也算國色天香。武珝見後，三年前的噩夢再次出現在她的腦海裡。三年前，武珝的父親應國公武士彠去世不久，屍骨未寒，武元爽不顧人倫在荊州都督府裡的柴房裡強姦了武珝，那年武珝剛滿十一歲，武珝叫天天不應叫地地不靈，就那樣被蹂躪、被糟蹋，武珝的初夜竟然給了自己同父異母的親哥哥。武珝想死的心都有了，她後悔父親在世的時候沒有按照父親的要求好好習武。父親去世這三年來，武珝每日都活在噩夢之中，不敢將這件事情告訴父母楊氏和其他人，一直是武珝心裡抹不去的傷痛。所以，在那件事情以後，武珝才抓緊練武，其目的就是為了保護自己和姐姐、妹妹和母親。

武元爽對姐姐武順的獸行，再一次激怒了武珝，喚醒了她藏在心裡多年的噩夢。武珝衝過去，憤力一腳從武元爽的屁股後踹了過去，武元爽被踹飛。

武元爽從地上起來，揉了揉屁股，憤怒道：「我是你們的二哥，你們怎麼這麼沒大沒小，竟敢踹我？」

武珝拔出劍指著武元爽，怒視道：「你還好意思提你是我們的二哥，這天底下有你這樣的二哥嗎？竟然強暴自己的親生妹妹？你難道不怕遭到天譴嗎？我的父親應國公一世英名，怎麼就生出你這麼一個東西！」

武元爽霸道的語氣，道：「我告訴你們，現在父親死了，大哥在外為官，我又是男的，又是長兄，我才是一家之主，以後你們都要聽我的！反正你們早晚都要嫁人，便宜了別人，還不如便宜自家哥哥，俗話說的好，肥水不流外人田嘛！」

武珝震怒道：「武元爽，你簡直就是個畜生，你當著小妹強姦大姐，又說出這番令人髮指的話，你良心何在？」

武元爽冷笑，道：「良心！我告訴妳，在這個世上，沒有父女，沒有兄妹，沒有母子，只有男人和女人這一種關係，只不過是彼此傷害的關係而已！」

「你這是什麼狗屁理論，如果沒有道德，沒有人倫，沒有綱常，那這天下就要亂了！」武珝生氣道。

武元爽道：「妳怎麼說都行，我不跟妳爭，我去找母親，讓她把你們兩個都嫁出去！免得看得我心煩！」

武珝面對武元爽道：「我告訴你，要是我發現你再欺負大姐和小妹，我一定殺了你！」

武元爽冷笑，保持懷疑的態度。

武珝道：「你如果不信，可以試試！」

武元爽不滿道：「妳一個姑娘家，不學習女紅，不遵守婦德，整日舞刀弄劍，還看兵書，這是姑娘做的事情嗎？妳忘了父親的教導了？」

「我最後悔的就是沒有聽父親的話，好好練武，不然也不會被你這個畜生傷害，快滾吧！」武珝臉色鐵青道。

武元爽哼的一聲揮了揮衣袖，便離去了。

待武元爽走遠，武珝和武敏這才將躺在地上、狼狽不堪的武順扶起來，武珝脫下外套給武順披上。

武順精神崩潰，被武珝扶起來後，便捂面痛哭，向池邊跑去，正要跳下去，卻被武珝一把抓住了。武順拚命地掙開武珝對她的糾纏，面對武珝、武敏，哭訴道：「兩位妹妹，姐姐今日遭此大辱，實在無法再苟活於世，還是讓我去死吧！」

武珝和武敏拉著武順不放，武珝勸道：「大姐，這世上哪有一帆風順啊，妳跟我也是通曉史書之人，閱便古今，哪有人不經歷磨難，生在公侯之家，就這點磨難，姐姐就要去死嗎？死，很容易，但是姐姐不要忘了，我們還有母親，還有我和三妹，妳忍心拋下我們嗎？」

見武順回心轉意，武珝接著安慰道：「大姐，其實，在三年前，父親剛去世不久，武元爽就強姦了我，在荊州都督府的柴房裡，我當時的心情跟妳此刻是一樣的，想死的心都有，但是我想到還有母親，還有大姐和三妹，我一定要活下去，一定不能讓這些壞人欺負妳們！」

武珝說到這裡，武敏感到十分的震驚，這件事情，武珝從來沒有跟誰說過。

武順聽到這裡，一把抱住了武珝，哭訴道：「二妹，都是姐姐不好，是姐姐沒有照顧好妳！」

武珝堅強道：「大姐，我今天把這件事情告訴妳，就是希望妳振作起來！放心吧，我現在已經學會了父親的武功，我一定不會讓今天的事情再次發生！」

武珝又將三妹武敏拉到身邊，對兩位姐妹鄭重其事道：「大姐，三妹，今天發生的事情不要告訴母親，她現在年紀也大了，不要讓她為我們擔心！大姐，三妹，《道德經》裡面有一句話，叫天地不仁以萬物為芻狗，這世上唯有強者才能不被傷害，希望妳們堅強起來！我今天已經警告過武元爽，要是他再敢放肆，我一定宰了他！走吧，回屋去洗個澡，換件衣服，等一下去母親那裡，估計現在武元爽又去找母親麻煩去了！」

武順在武珝和武敏的攙扶下，離開了水池邊。

武珝待姐姐武順換好了衣服，便前往老夫人處拜見，武珝和大姐武順剛走到距離榮國夫人居所不遠處，就聽到武元爽在屋子裡與榮國夫人爭執，聲音很大。武珝連忙持劍衝了進去，此時榮國夫人被武元爽氣的一臉通紅，兩名丫鬟站在老夫人的身後不敢吱聲。

武珝站在武元爽的背後，沒有出聲，武元爽面對楊氏道：「老夫人，妳是我爹的繼室，我尊重妳，叫妳一聲娘，妳要是不識好歹，可別怪我！我是男人，大哥不在，我就是這一家之主，我要求老夫人將兩個妹妹武順和武珝嫁出去，總比她們在府上吃閒飯的好，再說男大當婚女大當嫁，早晚也得嫁人！」

楊氏氣急敗壞，道：「元爽，就算你不是我的親生兒子，這些年我待你不薄吧？始終把你當成親生兒子一樣吧？你那三個妹妹雖然並非你一奶同胞，但也是你同父異母的親妹妹啊，你為什麼就不肯放過她們，處處與她們作對？你背著我欺負她們，你以為老身不知道嗎？」

武元爽笑道：「那又怎麼樣？我就是要趕她們出府，這裡的一切都是我的，她們半點產業也甭想得到！」

楊氏苦笑，道：「原來你為了這個！這裡的一切都是朝廷賞賜的，府上的一切用度都是朝廷撥下來的，你憑什麼趕走你妹妹！」

「她們又不是我妹妹，我憑什麼不能趕她們走，這座院子是朝廷給武家後人的，老夫人，妳不姓武，我是一家之主，我有權利趕走住在這裡的任何一個人！」武元爽專橫跋扈道。

武珝要走過去制止，卻被武順拉住了，武珝推開了武順，對著武順使了一個眼神，是要讓武順安心。

武珝拔出劍，衝了過去，對準武元爽的胸脯，喝斥道：「武元爽，你不要太過分了！你眼前的人不僅是你的母親，更是天子所封榮國夫人，你欺負我們姐妹就算了，你現在竟敢對母親不敬？」

武元爽用手撇開劍鋒，道：「二妹，妳不要以為你學了幾天武功就可以騎在為兄的頭上！」

「是又怎麼樣？」武珝用劍一刺，武元爽的胸口衣服破開，血流了出來，武珝怒視著他。

武元爽大驚，道：「武珝，妳竟敢真的刺我？」

武珝道：「刺你，在假山後面我才警告過你，不要以為我真的不敢殺你？我殺了你，再向朝廷上書，說你以下犯上毒害榮國夫人，到時候府上的人都站在我們這邊，看陛下是相信你，還是相信我們，你的命對於朝廷來說不值一提！」

武元爽懊惱不已，道：「好，妳們有種！」

武元爽灰溜溜地走了出去。

武珝連忙跑了過去，來到楊氏的面前，楊氏摸著武珝的手臂，愧疚道：「孩子，娘對不起妳，娘沒有能力保護妳！讓妳們受委屈了！」

武順也撲了上去，來到楊氏身邊，哭著喊道：「娘！」

武珝道：「娘，我沒有感到委屈，只是苦了妳還有大姐和三妹了！以後只要我在妳們身邊，武元爽就不敢放肆！放心吧，我一定會為妳們解決這個麻煩的！我和大姐嫁不嫁人，憑什麼他武元爽說了算！我的命運我自己做主！」

楊氏深感同情道：「孩子，盡量不要去招惹他，少些麻煩最好！」

武珝道：「人不犯我我不犯人，人若犯我，我必除之！」武珝的眼神裡充滿了殺氣。

連楊氏和武順心裡都直發麻。

第一章　都督府龍氣沖天

第二章　一入宮門深似海

貞觀十二年，某日子夜，唐太宗李世民正在韋珪貴妃的寢宮裡睡覺。韋貴妃已經熟睡，她平躺著睡得很安詳，面容是那樣的明媚動人。四十歲的唐太宗正睡在韋貴妃的身邊，他滿頭大汗，身子和頭部不停地亂動。唐太宗的夢境裡出現一道祥雲，太宗不知道是何處，此處更像是仙境，安靜的可怕，沒有任何聲音。太宗用手撥開雲霧，雲霧瞬間消失，出現一片花海，花海則充滿生機，蜜蜂、蝴蝶在花間飛舞。就在這時，天空電閃雷鳴，狂風大作，一條金色的巨龍騰空而出，不停地嘶叫，圍著李世民繞了幾圈，便化身成一個美麗的少女。

唐太宗大吃一驚，問道：「妳是何人，竟敢戲弄朕？」

少女連忙跪在李世民面前，道：「陛下恕罪，民女萬萬不敢戲弄陛下，只是民女身在并州為人所累，母女遭人虐待，請陛下解圍！」

太宗道：「妳起來吧！妳叫什麼名字？」

少女站起來，應道：「小女名叫武珝！」

唐太宗深感這個名字耳熟，又出自并州武家，當他反應過來，再度詢問時，少女已經消失的無隱無蹤。

唐太宗在夢中一直呼喊著「武珝」的名字。怎料，驚醒了身邊的韋貴妃。

韋貴妃醒來，見太宗滿頭大汗，嘴裡一直在喊著一個人的名字，貴妃連忙推了推太宗，喊道：「陛下，陛下，你醒醒！」

唐太宗被韋貴妃叫醒，貴妃忙問：「陛下，你怎麼了？」

太宗道：「愛妃，朕把妳吵醒了?朕剛才做了個夢，不知是吉是凶？」

韋貴妃道：「陛下不妨說來聽聽，或許臣妾能為陛下分憂！」

唐太宗道：「算了，明日朝會，朕問問大臣們！睡吧！」

韋貴妃為太宗扯了扯輩子，為他蓋上，便又躺下睡了。

唐太宗和韋貴妃正在紫宸殿以北的太液池散步，韋貴妃指著太液池附近的景色與太宗皇帝相談甚歡。御前太監快步上前，來到唐太宗的面前，道：「啟稟皇上，魏徵、房玄齡兩位相爺覲見！」

唐太宗面對韋貴妃，道：「愛妃，朕與兩位愛卿有事要談，妳先下去吧。」

「臣妾告退。」韋貴妃施禮，便在兩名宮娥的陪同下離開。

少時，魏徵、房玄齡匆匆來到唐太宗的面前，一起拜見，異口同聲道：「臣拜見陛下。」

唐太宗道：「兩位愛卿平身！」

魏徵和房玄齡站了起來，房玄齡道：「不知陛下急召微臣和魏大人所謂何事？」

唐太宗一邊往前走著，一邊道：「兩位愛卿，朕昨晚做了一個夢，朕十分費解，這個夢極其荒誕，按理說朕身為一國之君本不該相信鬼神之說，英國公徐茂功本是修道之人，他本可替朕分解，但此時英國公遠在并州，所以，朕只能求教二位愛卿？」

魏徵道：「請陛下道出所為何夢？」

「昨夜子時，朕夢見自己身處雲霧之中，什麼也看不見，朕彷彿到了一個未知的空間，朕用手撥開雲霧，立刻又出現一片花海，風景很美，朕正陶醉其中，就在這時狂風大作，一條金色巨龍騰空出現，圍著朕繞了幾圈，便化作美女，那少女向朕求助，說她母女遭人虐待！不知此夢作何解？」唐太宗道。

房玄齡問道：「陛下可知道此女子名字，家住何處？」

唐太宗道：「好像叫武珝，家住并州！」

房玄齡道：「此女子微臣知道，她是應國公武士彠次女。」

魏徵道：「陛下，微臣也聽說過此女，此女在蜀中、并州一帶頗有名氣，是個才女！」

唐太宗笑道：「哦，此女子竟是應國公之女，應國公乃我大唐開國功臣，果真如夢中所言，母女受人虐待，那倒是朕對不起她了！應國公夫人朕封了榮國夫人，誰如此大膽，敢對夫人不敬？」

房玄齡道：「陛下，這可能是家事，臣知道應國公還有兩個兒子，並非榮國夫人所出，大概問題就出在這裡！」

唐太宗道：「兩位愛卿可知道這個武珝年方幾何？」

魏徵道：「當年應國公在利州任都督，生下的這個女兒，如今算來，有十幾年了吧，臣沒有猜錯的話，此女子應該在十四五歲左右！」

唐太宗道：「才十四五歲就有如此名氣，竟得魏卿家稱讚，朕倒要見見這個女子，來人，速去并州傳朕的旨意將應國公之女武珝召見宮裡來，朕要當面考驗她！」

太監應道：「領旨。」太監便匆匆離去。

魏徵見太宗滿心期待的樣子，憂心忡忡道：「陛下，臣剛才聽了陛下所做之夢，乃不祥之兆，此乃上天警示！陛下乃真龍天子，卻被巨龍所制，而且還是一女子，臣擔心這女子會對陛下對大唐不利，臣請陛下勿見此女子為好！」

唐太宗笑道：「魏卿家多慮了，不過是一女子，難道她真的能折騰朕、折騰大唐？」

「陛下，魏大人所言也不是沒有道理，魏大人這些年研究道學也頗有心得，陛下小心才使得萬年船啊！」房玄齡也勸道。

唐太宗遠望太液池，道：「兩位愛卿，朕今天叫你們來就是為了查明這個女子，現在朕知道她是應國公之女，朕焉能不照顧？何況此女子又是一才女，朕更加得見，只是朕向來不信鬼神、天意所說，朕實在不相信一個女子會威脅到朕乃至大唐！」

魏徵道：「請陛下三思！」

太宗道：「兩位愛卿，此事就不要再議，這太液池風景不錯，今日天氣正好，兩位愛卿還是陪朕走走吧！」

唐太宗在魏徵和房玄齡的陪同下向著園林深處走去。

武珝正帶著妹妹武敏剛從并州的集市上次來，妹妹武敏和武珝感情甚篤，兩個人手拉這手，有說有笑。武珝正低頭與武敏說這話，武敏突然看見武府的大門口聚集了大隊士兵，還有官轎，引來很多路人圍觀。

武敏一臉詫異，忙道：「二姐，妳快看，我們府上怎麼來了這麼多人？」

武珝不解，連忙和武敏快步朝府門口跑去，武珝見一家人都跪在府門口，武珝連忙走上前去，對著跪在地上的母親道：「母親，這是怎麼回事？你們都跪下幹什麼？」

榮國夫人拉了拉武珝的裙子，急道：「妳們兩個趕緊跪下，皇上的聖旨到了！」

武珝和武敏連忙跪了下來。一個太監走上前來，緩緩展開聖旨道：「武氏一門接旨。皇帝詔日：宣應國公之次女武珝進宮覲見。欽此。」

「吾皇萬歲萬歲萬萬歲。」武氏一門異口同聲道。

太監將聖旨交到武珝的手上。

榮國夫人楊氏忙問：「請問公公，不知陛下召見小女有何事？」

太監笑道：「夫人，咱家只負責傳召，至於說陛下為何召見令嬡，咱家不敢妄議！請老夫人讓武二小姐隨咱家走吧，大隊人馬還等著呢！」

武順站在榮國夫人的身邊，看了看武珝，面對楊氏道：「娘，皇上怎麼會突然召見我家二妹，咱家自從爹走後，就再也沒有進過宮啊，這是怎麼回事？」

楊氏搖了搖頭，不解道：「娘也不知道啊！只是聖命難違，珝兒妳還是快去快回吧！」

武珝依依不捨道：「母親，皇上召見我，只怕不是單單見見我那麼簡單，我這一去，也不知道什麼時候再能見到妳們！娘，大姐，三妹，妳們自己要保重啊！」

武元爽見武珝即將入宮，連忙跑過來拍武珝的馬屁，諂媚道：「二妹，以前的事情對不住啊，妳馬上就要進宮當娘娘了，以後二哥就要靠妳罩著了！」

武珝不屑一顧道：「二哥，我再叫你一聲二哥，我警告你，我不在家，你不能欺負我娘和大姐還有三妹，不然，我一定在陛下面前告你一狀，到那時，就不要怪我不講兄妹之情！」

武珝瞪著武元爽再次拔出劍來恐嚇武元爽。

「二妹說哪裡的話，我哪敢呢，妳都要進宮當娘娘了，除非我不想活了！」武元爽道。

武珝當著武氏一門，依依不捨道：「母親，大姐、三妹，我這就走了，妳們自己保重！」

說罷，武珝轉身便要走，武敏扯住了武珝的衣襟，哭道：「二姐，我捨不得妳！」

武珝道：「小妹，照顧好自己和母親！大姐，照顧好她們，我走了！」

武珝在太監的帶領下上了馬車，馬車在一隊士兵的護送下緩緩使向遠方。榮國夫人一家遠遠望著女兒離去，老淚縱橫。

大明宮裡的紫宸殿外，大臣們正在殿外等候著皇帝入朝，一個個衣冠楚楚，大唐的官服穿在他們身上顯得格外的精神和威嚴。以魏徵、房玄齡為首的大臣們整整齊齊地等候在殿外。天已經轉涼，時不時吹來三分鐘熱風，涼颼颼的，大臣們冷的直哆嗦。少時有太監的聲音傳出：「皇上駕到，眾臣入朝。」

在魏徵和房玄齡兩位相爺的帶領下，群臣從紫宸殿外的兩邊階梯分別入殿，文武大臣手持笏板有序地進入到紫宸殿內，立定後，群臣手持笏板，跪迎道：「臣等拜見陛下，吾皇萬歲萬歲萬萬歲。」

「眾卿平身。」太宗皇帝道。

群臣起身，持笏板面對太宗。

太宗笑道：「朕今天要為諸位引見一名女子，這個女子可是當世才女啊，應國公之女！宣。」

唐太宗面對身邊的太監示意。

御前太監上面兩步，喊道：「宣應國公次女武珝覲見。」

群臣拭目以待，太宗皇帝更是迫不及待。

少時，一位約十四五歲的女子往大殿而來，此女子一身素服，渾身上下沒有一件首飾，並不華麗，看不出是王公大臣之女。這女子生的比唐朝一般女子要高，生的白淨俊俏，身材婀娜，雖然顯瘦，但是她一身黃色素服，頭髮用黃色的布條束著，腰間也以黃色布條收腰，走路擲地有聲，她從群臣身邊經過時，帶著風，更像是一個江湖俠女。

武珝來到御前，面對太宗，跪地見禮，道：「臣女參見陛下，陛下萬歲萬歲萬萬歲。」

太宗道：「平身。」

「謝陛下。」武珝緩緩站起來。

太宗道：「武珝，妳上前幾步，讓朕看看！」

「遵旨。」武珝上前幾步，抬起頭，直視前方。

太宗大驚，心裡默唸道：「此女子竟跟朕夢中女子一模一樣！想不到這世上真有如此神奇之事！」

唐太宗默默地注視著武珝，一陣發愣，當他回過神來，一臉詫異道：「武珝，妳也算是大臣之女，為何穿的這般樸素？難道是朝廷的餉銀沒有發到嗎？」

武珝道：「啟奏陛下，臣女一向喜歡樸素，太華麗的服飾臣女不喜穿戴！」

太宗道：「哦，想不到妳果真與眾不同，都說妳是個才女，妳的名氣已經傳遍了蜀中、并州等地，妳認為妳是才女嗎？」

武珝道：「若說才女，臣女愧不敢當，漢代的卓文君、班昭、蔡文姬，晉代的謝道韞這些女子哪個不比臣女強上千百倍，這才女之名，臣女深感惶恐啊！」

太宗大笑，道：「好，不錯，妳不僅是個才女，而且還謙虛，那朕問妳，妳平日裡都讀什麼書？」

「稟陛下，臣女春秋諸子百家、《史記》、《漢書》、《三國志》都有所涉獵，但都只是略知皮毛，跟陛下的大臣魏徵、房玄齡二位前輩比那是天壤之別，臣女素來仰慕二位大人的高才！願以二位大人為楷模！」

武珝一邊道，一邊看著二位大人。

房玄齡甚為震驚，他看了看身邊的魏徵，又面對武珝道：「妳如何認得我和魏徵大人？」

武珝笑道：「我小時候跟在爹身邊見過你們，所以還記得！」

魏徵也甚為吃驚，問道：「那時候妳才丁點大，小時候的事情妳還記得？」

武珝自通道地：「當然，就算歲月流逝，我又怎麼會忘記兩位前輩呢，兩位前輩是當世高人，百姓心中的賢相，小女這一輩子也學不來！」

房玄齡、魏徵吃驚不已，在場的諸位大臣也顯得瞠目結舌。

太宗皇帝大笑，道：「好！朕今日可算大開眼界了！兩位愛卿，你們看看這應國公之女，很會說話，真可謂虎父無犬女啊！朕要再考考妳，春秋諸子百家，妳都喜歡誰？」

武珝道：「陛下，若問臣女喜歡諸子百家中的哪一家，臣女還是比較喜歡道家，其次便是法家！臣女認為道家雖然空乏，但是道家也最為人性，道家講自然，講修身養性，道家弟子可以成親，也可以吃肉，這個比佛家還人性的多！至於說法家嘛，天下要大治，肯定離不開法家思想！」

太宗笑道：「想不到妳小小年紀竟有如此認知！那朕問妳，春秋尊儒家和墨家為世之顯學，妳是如何看待的呢？」

「儒家講忠孝仁義，注重三綱五常，雖有利於治國，但過於守舊也不見得是好事！至於說墨家，墨家講愛，認為這個世上什麼都可以愛，以為用愛就能化解矛盾、化解仇怨，那是不實際的！所以，武珝喜歡道家和法家！」

眾臣對武珝的發言深感震驚，紛紛左顧右盼。

太宗大笑，道：「好呀，想不到啊，朕真想不到，一個小女子解讀春秋百家果真有趣，有趣的很啊，一般女子無非琴棋、女紅之類，想不到啊，朕聽說妳不光文采出眾，而且還練就一身好武藝，不知妳可否陪朕的這些侍衛們練練？」

武珝道：「遵旨，只是……」

太宗疑惑道：「只是什麼？」

「只是小女未能攜帶佩劍入宮！」

太宗道：「這好辦，來人呀，賜朕的寶劍給武珝！」

「謝陛下。」武珝謝恩道。

少時，一個太監雙手捧著太宗皇帝的寶劍來到武珝的面前，武珝接過寶劍，拔出一看，驚道：「果真是把好劍！」

太監退下，太宗道：「上前幾個侍衛與武珝比劃比劃！」

大臣們紛紛退至兩旁，有三五個侍衛來到武珝的面前，紛紛拔出劍，對準武珝。開打前，太宗吩咐道：「你們幾個小心點，不要傷著她，她可是開國功臣之女！否則朕拿你們是問！」

武珝成竹在胸，道：「陛下，切莫擔心，他們傷不了我！你們幾個儘管出手便是，不必管我！」

太宗對於武珝的勇氣感到十分的欣慰。

幾個侍衛一擁而上，紛紛刺向武珝，武珝縱身一躍，拔出劍來，一劍就將三五個侍衛手中的兵器擊落。並且侍衛們的手背上鮮血不止，紛紛敗下陣來。

太宗皇帝大吃一驚，從龍椅上站了起來，道：「好！一劍就能刺傷朕的侍衛，來呀，速傳玄武門中郎將李君羨來！」

武珝莫名其妙地看著太宗皇帝。

太宗皇帝坐下來，笑道：「武珝，這李君羨可是一員老將，武藝高超，你若勝過他，朕也就心服口服了！」

「宣玄武門中郎將李君羨覲見！」御前太監朝殿外喊道。

少時，一個身穿盔甲，身材魁梧高大，皮膚黝黑，儀表堂堂，約四十多歲的中年將領來到御前，跪道：「臣李君羨拜見陛下，萬歲萬歲萬萬歲！」

太宗道：「李將軍，你武藝高超，你跟應國公之女武珝比試比試，記住，不要傷了人！不許給朕丟臉！」

「末將遵旨。」李君羨站了起來，走到武珝的面前。

武珝見迎面而來的李將軍，一身鎧甲，英俊不凡，氣宇軒昂，頓時心花怒放，彷彿像丟了魂兒似的。

直到李君羨拱手道：「末將見過武家小姐！」

武珝依然看著李君羨傻笑、發呆。

眾臣見此，有人故意咳嗽了一聲，武珝這才回過神來。

武珝回敬了一個拱手禮，笑道：「李將軍，我們開始吧？」

武珝和李君羨分別退了幾步。武珝拔出劍來，道：「李將軍，拔劍出手吧？」

「還是請武家小姐先出手！」

武珝用劍刺向李君羨，李君羨沒有拔劍，直接用劍鞘便格擋開來。武珝飛身再次刺向李君羨，李君羨身形極快，便又迅速地出現在武珝的身後，便點了她的穴道，令其動彈不得。至始至終，李君羨都沒有拔劍。

太宗大笑，道：「好好，不錯！李將軍不愧是滿朝第一勇士啊，愛卿還是快快解開武珝的穴道吧！」

李君羨用劍柄的頭子解開了武珝的穴道。

武珝的表情很有些難為情，又像是曖昧，她笑著對李君羨道：「李將軍，你是生平第一個打敗我的人，你的武功深不可測，我實在近不了你的身！」

李君羨謙虛道：「武小姐過獎了，一般女子能有妳這樣的武功已經很不錯了！」

太宗笑道：「行了，李將軍這沒你什麼事兒了，你先下去吧！」

「遵旨。」李君羨朝殿外走去。

武珝時不時回頭偷窺李君羨兩眼。

太宗皇帝一臉詫異，道：「武珝，朕問妳，妳一個姑娘家為何要學武功？」

武珝一籌莫展，道：「陛下，其實臣女並不喜歡打打鬧鬧，只是學武是家父應國公的要求，陛下當知我母親榮國夫人楊氏並未生子，而大哥武元慶、二哥武元爽並非我一母同胞，自從父親去世後，二哥武元爽並欺負我姐妹，無奈，武珝只有繼承父志，勤練武功才能保護姐姐和妹妹，這些年，武元爽竟然對榮國夫人不敬，如果不是臣女相保，指不定鬧出什麼事兒！」

太宗震怒，道：「豈有此理，真有這事？來人，速將武元爽拘至長安，打入天牢！」

武珝急道：「陛下且慢，怎麼說武元爽都是我的哥哥，請陛下饒恕他，將他發配充軍，戴罪立功吧？」

太宗道：「好，就依妳，就這麼辦！傳朕旨意封武珝為五品才人，賜號武媚！」

武珝連忙跪拜謝恩道：「謝主隆恩！」

太宗道：「退朝吧。」

太宗在太監的攙扶下走下龍椅，群臣頓首道：「恭送陛下，吾皇萬歲萬歲萬萬歲！」

第三章　後宮聞聲風波起

紫宸殿內的朝會剛剛散去，紫宸殿以北的後妃寢宮裡的娘娘們都變得不安分起來。紫宸殿北側的一處宮殿裡傳出瓷片、玉器破碎的聲音，乒乒乓乓，陰妃坐在寢宮裡的桌子前，桌子上放滿了珍貴的玉器、瓷器，地上滿是碎瓷片。此時陰妃目露凶光，衣衫不整，頭髮也顯得有些淩亂。憤憤不平的陰妃再次從桌子上拿過一件瓷碗重重地摔在地上，砸的粉碎，嘴裡埋怨道：「這到底是為什麼？」

陰妃此時已經喪失了理智，宮殿裡的太監和宮女們誰也不敢上前勸說。

「娘娘，這些東西裡有些可是皇上御賜之物，娘娘這麼做可是大不敬啊，請娘娘三思！」陰妃的貼身宮女小心翼翼地走到陰妃面前勸說道。

陰妃站了起來，一副狼狽的樣子，苦笑道：「蓮兒，妳說這到底是為什麼？長孫皇后在世時，陛下只寵幸長孫皇后一人，長孫皇后賢德，又出身名門，這沒什麼，好不容易長孫皇后死了，陛下又獨寵韋貴妃一人，本宮這裡已經有半年沒有來了，現在陛下又新封了武才人，據說是應國公之女，以後本宮在這後宮還有地位嗎？」

宮女蓮兒深感同情道：「主子，您還是寬心些吧？」

陰妃不甘道：「不行！蓮兒，給我梳妝一下，等一下我去拜訪楊妃、徐妃、鄭妃，我要叫上眾姐妹一起去立政殿找韋貴妃，她現在是後宮之主，我們現在的共同敵人是武才人！」

「是，奴婢這就給娘娘梳妝！」宮女蓮兒扶著陰妃一起進了內屋。

立政殿裡韋貴妃正在用剪子為盆景修剪枝葉，一旁的宮女端著盤子，盤子裡都是韋貴妃剪下來的枝蔓和枯葉。韋貴妃衣著樸素，但貌若天仙，風韻猶存，她專心致志地修剪著枝蔓，一副悠閒自得的樣子。

「燕賢妃、鄭妃、楊妃、陰妃、楊婕妤、韋昭容、蕭美人到。」立政殿看門太監的聲音傳了進來。

韋貴妃一聽，忙將手裡的剪子放在盆景一旁，對貼身宮女道：「瞧，真不讓人清淨，準又是來生事的！走吧，出去迎客。」

宮女連忙放下手中的盤子，拖著韋貴妃的玉手就往外面走去。立政殿的大殿上的後宮娘娘們齊聚一堂，一個個七嘴八舌的喋喋不休。直到韋貴妃駕齡，她們才安靜些。韋貴妃在宮女的攙扶下來到立政殿的大殿上，坐在了鳳椅上。

後宮娘娘們連忙上前，集體參拜道：「臣妾參加貴妃娘娘，貴妃娘娘萬福金安！」

韋貴妃故意陰陽怪氣地語氣道：「喲，今兒個是怎麼了，怎麼妳們像是約好了似的，這麼火急火燎的來見本宮是有什麼事情嗎？」

後宮娘娘們異口同聲道：「貴妃娘娘，妳現在是後宮之主，妳要為臣妾們做主啊！」

韋貴妃還沒開口，陰妃就迫不及待地跳了出來，道：「貴妃娘娘，妳可聽說皇上今兒個在紫宸殿又新封了才人，據說是應國公之女，此女子狐媚之術了得，以後我們的日子可不好過啊？」

韋貴妃一副若無其事的樣子，道：「妳們一早跑過來就為這事？本宮告訴妳們，這應國公也是我朝的功臣，現在留下遺孀和幼女，皇上念情照顧照顧也是應該的，本宮可聽說這女子才十四歲呀，皇上的歲數可以當她爹了，是不會看上她的，妳們還是回去吧，不要沒事找事兒啊？再說，皇上是九五之尊，這天下都是他的，他要將什麼女子帶入後宮那是他的事，我們只管本分做人就是，要是真惹的皇上不高興，那時可就吃不了兜著走！本宮承蒙陛下恩寵封了貴妃，住進了長孫皇后的立政殿，統領後宮，本宮可不想因為這件事情讓皇上不高興，妳們都回去吧！」

陰妃不甘心，道：「娘娘，這武才人能文能武，深得皇上和宰相大人的青睞，說不定日後會在後宮平步青雲，到時候娘娘可不要怪我等沒有提醒娘娘呀！臣妾也是為了姐妹們共同的利益所以才來請貴妃娘娘做主！」

韋貴妃冷冷一笑，道：「妳們這是讓本宮當這個出頭鳥啊！徐妃今日怎麼沒跟妳們一起來呀？」

楊妃回話道：「徐娘娘今日身體有恙！所以才沒來！」

韋貴妃喃喃自語道：「徐惠比妳們可狡猾多了！」

見韋貴妃猶豫不決，陰妃繼續煽風點火，道：「貴妃娘娘，臣妾聽說這武才人在并州並不安分，甚至連自己的兄長都打，這種人有什麼教養，貴妃娘娘不如給她一個下馬威，以後她定不敢在皇上面前邀寵、狐媚皇上！」

第三章　後宮聞聲風波起

「陰妃，以妳看有何良策啊？」韋貴妃問。

陰妃道：「娘娘，按規矩，武才人應該來立政殿拜見貴妃娘娘，如果她沒有按時來拜娘娘，娘娘可治她一個大不敬之罪，就算皇上也不能為她說什麼！」

韋貴妃假裝頭痛，用手按住額頭，一副不耐煩地樣子道：「妳們都先下去吧，本宮不舒服，想休息一下，至於說武才人之事本宮不想管，妳們自己看著辦吧。來呀，扶本宮下去！」

韋貴妃在貼身宮女的攙扶下走下了鳳椅，下了臺階，一直朝著寢宮走去。

「恭送娘娘。」後宮的娘娘們都顯得無可奈何，只有陰妃還一臉的不甘心。

武珝被封了才人，但由於是功臣之後，唐太宗又對武才人特殊厚遇，雖為才人，卻住在了婕妤的宮殿裡，身邊伺候她的宮女也不少，太宗對其萬般恩寵。武才人進宮以後迫於皇宮制度，再也不是俠女打扮，而穿上了後宮才人娘娘的衣服。雍容華貴，更增加了幾分成熟美。但武才人舞刀弄劍、吟詩作賦的習慣依然沒有改變。

時間來到深秋，大明宮內秋風掃落葉，各種樹葉撒滿院落，地上金黃一片，配上皇宮的宏偉壯觀、金碧輝煌顯得格外的美，陽光灑在金黃的落葉上，閃閃發光，猶如刺眼的寶石。武才人身著才人服飾，正在寢殿外面的院子裡舞劍，宮女們則站在一旁，紛紛拍手叫好。武才人的劍術耍的出神入化，讓人目不暇接。

侍武才人停下來，眾宮女連連拍手稱好，其中一個宮女道：「娘娘雖為女子，這劍術的造詣，想必就是宮裡的侍衛也不及吧！」

武才人道：「妳們呀，以後在我宮裡不要再把以前對付其他主子的招來對付我，最好都不要拍我馬屁，我這人平生最討厭拍馬屁的人，聽清楚了嗎？」

「是，娘娘。」眾人本想拍馬屁，結果拍到了馬蹄子上了，紛紛顯出一副惶恐不已的表情。

「陰妃娘娘到。」一個太監的聲音傳來。

武才人身邊的宮女一聽到陰妃到來，一個個都畏懼起來，紛紛站成一排，動也不敢動。其中一個宮女對武才人道：「武娘娘，妳可要小心啊，陰妃娘娘可不是好惹的！」

武才人看了看說話的宮女，但卻不以為然。

武才人見陰妃迎面走來，笑著道：「武珝見過陰妃娘娘！」

武才人身邊的幾個宮女，連忙跪迎道：「奴婢拜見娘娘。」

幾個宮女跪在地上拚命地拽武才人的裙子，示意她跪下來，而武才人卻一臉的執拗，不肯委屈自己。

陰妃卻不屑一顧，來到石凳子前坐下來，用手抖了抖衣裙，冷笑道：「怎麼？武才人，妳今日初見本宮為何不行跪拜禮，妳何以如此大膽？你們幾個都起來吧！」

幾個宮女這才起身站到一邊。

其中一個宮女連忙為武才人開脫道：「陰妃娘娘，才人娘娘初到皇宮不懂規矩，請娘娘贖罪！」

武才人道：「啟稟娘娘，臣妾自生下來只跪過天地、跪過父母、跪過君王，從未跪其他人，請娘娘不要為難臣妾！」

陰妃再次冷笑道：「好個武才人，跪天、跪地、跪父母，就是不跪本宮是吧？好！妳不跪本宮，本宮不跟妳計較，但是妳被封才人已經有幾日了吧，何以連韋貴妃娘娘都不參見？自從長孫皇后去世後，她就是後宮之主，妳仗著皇上的恩寵，也太目中無人了吧！」

武才人執拗道：「陰妃娘娘，我初到皇宮，與妳們素不相識，我為何要來拜見妳們？」

陰妃道：「好！妳有種，本宮今日就代表貴妃娘娘好好治治妳，讓妳知道什麼是宮規！來人，將武才人給我拖下去重打二十大板讓她長長記性！」

「是。」三五個太監一擁而上，將武才人按住。

武才人一臉不服，道：「你們太霸道了！」

武才人身邊的幾個宮女紛紛給他使眼色，但武才人都無動於衷。

陰妃瞪了幾個太監，吼道：「你們還不快給本宮拉下去打！」

怎料，武才人用力將幾個太監震開，陰妃急道：「本宮知道妳有武功，再來幾個人將武才人給本宮抓起來！」

接下來又上來幾個侍衛一同撲向武才人，武才人待幾個侍衛快要靠近她的時候使了一個掃腿，將眾人打倒在地。武才人快步走到陰妃娘娘的面前，一副要打人的樣子，嚇得陰妃結巴起來，道：「武才人，妳、妳、妳想幹什麼？」

武才人在陰妃的臉上左邊一巴掌右邊一巴掌打的啪啪作響。一旁的宮女們看的目瞪口呆，嚇得臉色煞白。

武才人幾個耳光下來，陰妃的臉已經被打腫了，畢竟是練武之人。

武才人一副強勢的樣子，道：「我看妳以後還敢不敢欺負人，妳以為我武珝是好欺負的嗎？」

「皇上駕到，徐妃娘娘駕到！」太監的聲音傳來。

武才人身邊的這些宮女們一下子驚慌失措起來，異口同聲道：「完了完了，這才皇上肯定饒不了我們！」

宮女們急的直跺腳。

一臉狼狽的陰妃笑道：「這下皇上來了，我看妳還不倒楣！」

唐太宗和徐妃見到地上的侍衛、太監倒了一片，一臉的詫異。

陰妃連忙跑過去，訴苦道：「陛下，你要為臣妾做主啊，武才人她把臣妾打了！」

唐太宗憤怒地看著武才人道：「怎麼回事？」

武才人不肯說話。

唐太宗又看了看陰妃道：「陰妃，妳跟朕過來，跟朕說說到底怎麼回事？」

唐太宗在徐妃的攙扶下來到石凳子前坐下來，而一臉紅腫且狼狽不堪的陰妃站在太宗面前，哭訴道：

「陛下，這武才人進宮好幾日了一直沒有去拜見韋貴妃娘娘，這有違禮數啊，臣妾今天過來就是替貴妃娘娘教教武才人這宮裡的規矩，武才人見了臣妾不拜，臣妾本想出手教訓教訓她，她就把臣妾打了！她說她拜天、拜地、拜父母，拜君王，不拜其他人！臣妾就是氣不過！」

唐太宗瞅著幾個宮女，問道：「妳們幾個，陰妃說的是真的嗎？」

「是。」幾個宮女回答的很整齊。

唐太宗震怒，道：「來人，將武才人拖下去重打十五大板，再給朕拖過來！」

幾個太監將武才人押了下去，就在唐太宗的面前打了十五大板，當太監將武才人拖到太宗面前的時候，武才人躺在地上臉不紅、氣不喘，連一滴眼淚都沒有。

唐太宗是揮淚斬馬謖，雖然心疼，但是不得不打，太宗問道：「武才人，妳雖為功臣之女，但是進了宮就要守宮規，妳今天出手打了朕的妃子，以下犯上，這傳揚出去，陰妃娘娘的臉往哪擱！朕的臉往哪擱！所以，就算妳在心裡在埋怨朕，朕也要打妳！」

武才人苦笑道：「陛下做的沒錯！是臣妾不對！臣妾以下犯上是該打，但是臣妾不服，所謂不知者無罪！臣妾剛進宮，對皇宮裡的規矩一無所知，臣妾自幼長在利州，自由懶散慣了！陛下還是放臣妾出宮去吧！」

陰妃倒是巴不得，連忙道：「陛下，要不就成全了武才人吧？」

唐太宗站了起來，面對躺在地上的武才人，道：「朕的意志沒有任何人能夠左右！當然，朕的決定不是隨便能更改的！今日之事就當是一次教訓，朕下次再來的時候，希望妳長點規矩！起駕！」

唐太宗在御前太監的攙扶下離開了。

徐妃待皇上走後，蹲在武珝的面前，安慰道：「武妹妹，陛下的眼裡從來不容沙子！這皇宮大院可不是妳在其他地方的時候，無拘無束是妳的個性，但也是妳的致命弱點，姐姐奉勸你以後在宮裡恪守宮規、謹言慎行，這樣妳可保平安！只要妳願意，以後我就是妳親姐姐，有什麼難處就來蓬萊殿找我！」

徐惠說完，便起身走了。陰妃也在幾個宮女的攙扶下離開了。武才人剛才一頓打算是挨明白了，一入宮門深似海。

第四章　武才人初顯鋒芒

武才人被唐太宗打了十五大板，雖說是練過武功的，但到底是女兒身，這十五個大板子打在她的屁股上，皮開肉綻。武才人躺在床上，幾個宮女正在她的床邊伺候她，一個宮女手裡端著熱水，另外一個宮女正在用熱毛巾為武才人敷屁股上的傷處，不斷地為她擦拭。清理好了受傷的部位後，另一個宮女拿著用小瓶子裝著的藥水遞給了武才人的貼身宮女。那宮女將瓶塞打開，將藥水敷在武才人的傷處，雖然在藥物的刺激下有些疼痛，但是武才人卻連眉頭都沒有皺一下。

「娘娘，皇上身邊的陳公公來了！」一個宮女急匆匆走到武才人的面前道。

武才人道：「請他進來吧！」

宮女道：「是。」宮女快步朝外面走去。

少時，陳公公大步邁進了武才人的寢殿，來到武才人的面前，行禮道：「咱家見過才人娘娘！」

武才人道：「陳公公免禮！不知陳公公所謂何事？」

陳公公道：「咱家是來傳陛下口諭的，陛下讓奴婢問娘娘，娘娘妳知罪嗎？若娘娘知罪，這西域進貢的療傷藥就賜給妳，若不知罪以後就在這寢宮思過，哪裡也不許去！」

陳公公從袖筒裡拿出一支藥瓶，伸到武才人的面前。

趴在床上的武才人看了看藥瓶，一陣冷笑，道：「陳公公，你將藥帶回去吧！請轉告陛下，若論以下犯上臣妾知罪，若論尊卑臣妾不知罪，臣妾從來跪天跪地跪君王跪父母，哪裡還跪過其他人，陰妃她是臣妾什麼人，臣妾為什麼要跪她！」

陳公公看到武才人一副強詞奪理的樣子，深感無奈又很同情，道：「妳……哎，好吧，既如此，那咱家就按照娘娘的原話回奏陛下！」

「公公請！」武才人道。

陳公公一副無可奈何的樣子走出了寢殿。

唐太宗正在宮殿裡批閱奏章，陳公公快步走到太宗陛下的面前，道：「皇上。」

唐太宗沒有抬頭，一邊提筆批閱奏章，一邊道：「怎麼樣啊？武才人她知罪了嗎？」

陳公公吞吞吐吐道：「陛下……奴婢不好說！」

「據實說。」太宗道。

陳公公猶豫了一下，道：「陛下，武才人讓奴婢轉告陛下，若論以下犯上她知罪，若論尊卑她不知罪，她從來跪天跪地跪君王跪父母，哪裡還跪過其他人，陰妃是她什麼人，她為什麼要跪陰妃！」

唐太宗咬了咬牙，將毛筆放下，道：「這麼說她沒有收下朕賜給她的療傷良藥嘍？」

「是的，陛下。」

唐太宗大怒，拍案而起，道：「豈有此理！朕活了大半輩子還第一次見到這樣的女子，連朕的面子也不給！好！朕要不是看在應國公的份上，朕早治她的罪了！」

陳公公道：「那陛下，這事兒該如何處置？」

唐太宗道：「你先下去吧，武才人的事情我們回頭再議！」

「遵旨。」陳公公行完禮便退出了大殿。

唐太宗李世民在御案上批了幾個時辰的奏章，已經明顯感覺到有些疲倦，他將玉質的毛筆擱在了筆擱上，然後伸了伸懶腰，站起來，喊道：「陳得祿！」

「奴才在。」太監陳得祿匆匆跑進來。

唐太宗道：「朕累了，朕想出去走走！」

陳得祿連忙上前攙扶著唐太宗從御案前走出來，往殿外走去。

見太宗面容憔悴，太監陳得祿總是一路給太宗解悶，太監攙扶著太宗走在御花園裡，陳得祿笑著道：「皇上，今兒個天氣好，陽光明媚，不如奴才讓人準備熱水，讓皇上沐浴，不知皇上希望哪位娘娘前來侍駕！」

「走，朕先去看看武才人，回來再沐浴！」太宗道。

陳得祿道：「皇上不降罪武才人了？」

第四章　武才人初顯鋒芒

太宗道：「應國公畢竟於我大唐有功啊！朕把武才人接進宮，只是希望應國公九泉之下得以安息！再說，這武才人剛進宮不知禮數，不知者無罪，朕相信以後她會聽話的！」

「陛下的心胸奴才欽佩不已啊！」陳得祿奉承道。

陳得祿攙扶著太宗往武才人居所走去。

武才人的傷已經基本上康復了，她正在寢宮裡的銅鏡前整理儀容，一名宮女正在為她捯飭頭髮和頭飾，經過一番打扮以後，銅鏡前的武才人真的是光彩照人。

「皇上駕到。」太監陳得祿的聲音從外面傳來。

寢宮裡的宮女們手忙腳亂，瞬間站成一排，整整齊齊，準備接駕。

太宗剛跨入武才人的寢宮，眾宮女連忙下跪，齊呼道：「吾皇萬歲萬歲萬萬歲。」

武才人也急忙轉身跪迎，道：「臣妾參見陛下，陛下萬福金安！」

太宗道：「都平身吧。」

唐太宗坐了下來，陳得祿站在他的身邊，太宗朝陳得祿笑著道：「瞧，這武才人在朕的面前沒有一點失儀嘛，這規矩還是知道的嘛！」

武才人上前幾步，道：「陛下，臣妾不是不知規矩，臣妾只是不願向小人低頭！」

太宗道：「誰是小人，妳是指陰妃，還是韋貴妃？」

武才人道：「陛下乃明君，這後宮誰是害群之馬陛下應該比臣妾清楚！」

太宗大笑道：「好！好個武才人，果然是有膽有識！朕活了大半輩子，還是頭一遭遇到妳這樣的人！武才人聽著，朕給妳特旨，以後這皇宮大院妳可隨便走動，除了朕和韋貴妃，妳無須給人下跪！」

眾宮女皆驚，武才人也深感受寵若驚，太監陳得祿連忙道：「武才人，皇上恩旨，妳還不快快謝恩！」

武才人連忙跪謝道：「謝陛下恩典。」

太宗道：「妳起來吧，朕看妳是個人才，不忍責罰妳，只是以後妳做人要謹慎穩妥些才好！」

少時，一個太監急速走進來，來到太宗的面前，啟奏道：「稟陛下，吐蕃國進貢了一批名馬，宰相魏徵請陛下前往御覽！」

「不過就是幾匹馬用得著朕親自去嘛，魏徵小題大做了吧！」唐太宗道。

太監道：「陛下，魏相爺說了，為了彰顯我大國風範、陛下之胸懷，還是請陛下親自查驗！」

唐太宗道：「走吧。」

唐太宗剛走幾步遠，回頭看了看武玥，道：「武才人也跟朕走吧，一起去看看！」

「遵旨。」武才人道。

武才人跟著唐太宗一起往殿外走去，剛走到大殿門口，太宗的幾位嬪妃，韋貴妃、燕妃、鄭妃、徐妃、陰妃、蕭美人等一起來到了武才人的寢殿外，正好與唐太宗撞見。

「臣妾參加陛下。」眾妃跪拜道。

唐太宗道：「諸位愛妃來的倒整齊，都來了，既然都來了就跟朕一起走吧，去看看吐蕃進貢的名馬！」

「臣妾遵旨。」眾妃異口同聲道。

唐太宗走在前面，後宮娘娘們按照品級大小依次走在後面。毋庸置疑，依武才人的品級，只能走在最後面。

太宗一行人很快來到了御馬場，魏徵領著眾大臣等候在馬場，並有吐蕃使臣在場，這次進貢的吐蕃名馬有十多匹，分別由宮裡的馴馬人牽著，只有一匹馬仍然有吐蕃來的馴馬師牽著。

太宗以及各位娘娘們入座後，魏徵帶領諸位大臣及吐蕃使臣一同跪拜道：「臣等拜見陛下、娘娘千歲！」

太宗道：「諸位愛卿請起！」

「謝陛下。」眾人起身，站在一邊。

太宗指著中間那匹被吐蕃馴馬師牽著的馬，問道：「那匹馬怎麼回事？」

魏徵出列，道：「啟奏陛下，眾馬皆被我大唐馴馬師馴服，唯獨這匹，請陛下定奪！」

太宗道：「難道我泱泱大唐無人能馴此馬？我大唐天威何在？傳旨，誰人能馴服此馬，朕賞銀一千兩！」

眾人皆沉默，沒有一人敢出聲，太宗皇帝看了看左右嬪妃，又看了看場下的文臣武將，竟沒有一人敢出頭。

唐太宗深感失望，道：「看來我大唐沒有能人了，竟然連一匹馬都沒有人能馴服，誰能為朕分憂，朕重重有賞！」

太宗的目光注意到幾個重傷的馴馬師。魏徵看了看受傷的馴馬師，道：「陛下，他們都是被馬踢傷、摔傷的，估計是沒有人再敢試馬！」

就在太宗皇帝一籌莫展的時候，武才人從座位上站起來，來到太宗的面前，道：「陛下，臣妾願意一試，請陛下恩准！」

唐太宗以及文武大臣皆十分驚訝，一個個膛目結舌。太宗不以為然，道：「妳？不行，妳一個女子哪能馴服此馬，況且妳的舊傷剛好！」

「請陛下恩准！陛下只需給我三樣東西，鐵鞭、鐵錘和匕首，如果臣妾不能為陛下分憂，陛下再賜臣妾的罪！」武才人斬釘截鐵道。

太宗見武才人態度如此堅定，猶豫片刻，道：「來人，取這三樣東西來賜予武才人！」

「謝陛下。」

少時，這三樣東西送到。武才人免了免衣袖，從太監的手裡接過這三樣東西，之後，武才人腰帶間插著鐵錘和匕首，手持鐵鞭，大步走向烈馬前。那吐蕃馴馬師便放開這匹馬的繩子，武才人站在這匹馬的面部前，看著馬的眼睛，那不怒自威的眼神讓馬都不寒而慄，嚇得馬退了退，並嘶叫起來。

武才人將鐵鞭高高舉起，朝著烈馬猛抽了幾鞭子，烈馬頓時受驚，武才人練過武功，縱身一躍，騎上了馬背，武才人死死抓住韁繩，烈馬當然不肯就範，一個勁兒地想要將武才人從自己的背上甩下來。武才人差點就要被烈馬甩下來，哪知武才人從腰間抽出鐵錘朝馬頭上猛地一敲，馬瞬間犯暈，暴脾氣銳減。

武才人喝斥道：「烈馬若再不服我，我只有將你殺死！」

也許是這馬通人話，武才人的話音剛落，這烈馬就溫順多了，武才人還騎著牠在馬場上狂奔好幾圈。

武才人騎著烈馬來到太宗皇帝的御前，從馬背上下來，道：「陛下，臣妾沒有讓你失望吧？」

太宗臉上並沒有一絲喜悅之情，道：「好！朕累了，魏卿家，你帶吐蕃使臣去歇息吧！」

陳公公扶著太宗皇帝從御座上起身離開。

「恭送陛下。」眾人跪下。

待太宗走後，眾人起身，嬪妃們一個個怒視武才人，眼神裡充滿了怒火，亦或是嫉妒。

魏徵心裡嘀咕道：「這武才人心狠手辣，不知道是福還是禍！」

武才人明明為了大唐爭了光，為皇帝分了憂，卻為得到任何的讚揚和賞賜，她心裡十分地不解，也不知道太宗是什麼態度。待眾人離開後，她才落寞地離開。

才人的宮殿裡，武才人衣袖挽的很高，端著架子，手裡拿著玉質的毛筆在紙上寫寫畫畫，徐惠在一旁觀摩，表情是那樣的全神貫注。一名宮女為武才人研墨，幾名宮女在一旁站著。

陳公公陪著太宗皇帝剛走到才人的寢殿外面，眾人連忙下跪，陳公公剛要拉開嗓子通報，太宗連忙制止道：「不通報，朕想進去看看武才人平日裡都在忙些什麼！」

陳公公低下頭，跟著太宗皇帝朝寢殿內走去。

太宗皇帝邁著輕盈的步伐，小心翼翼地朝武才人和徐惠走去，武才人和徐惠都十分的專注，根本注意不到屋裡有人進來。只是房間裡的太監和宮女們見太宗皇帝駕臨，剛要下跪，太宗急忙給她們使了眼色，宮女和太監們心領神會，這才退到一邊。太宗皇帝悄悄地來到了武才人和徐惠的身後，看著武才人寫字好半天，太宗無意中咳嗽了一聲，這才驚擾到武才人和徐惠。

武才人連忙放下筆，和徐惠一起跪在了太宗的面前，一副誠惶誠恐的樣子異口同聲道：「不知陛下駕臨有失遠迎，請陛下恕罪！」

太宗笑道：「平身。」

武才人和徐惠站了起來，退到一側，太宗看著徐惠笑道：「愛妃怎麼也在這？」

徐惠道：「臣妾今日專程過來看望妹妹的！妹妹正在寫字呢，沒想到陛下就來了！」

太宗道：「哦，朕聽說武才人的書法不錯，朕要看看。」太宗來到書案前，仔細看了看武才人寫的字。

太宗看著武才人寫的字如同在看一部天書，上面的字一個也不認識，他看著武才人，十分困惑不解道：「武才人，妳寫的這些都是什麼字？朕怎麼從來沒有見過？」

武才人不知如何應答，徐惠道：「皇上，這些字都是才人妹妹自己發明的！」

太宗吃驚道：「哦，這個字讀什麼？」太宗指著曌字，看著武才人問。

武才人誠惶誠恐道：「陛下，這個字讀曌（照）。」

「何解？」太宗問道。

武才人道：「拆開來解釋，就是日月當空的意思！」

太宗驚訝道：「日月當空？妳想幹什麼？」

武才人稍作鎮定，道：「陛下，息怒，臣妾只是造了一個字作為自己的名字，陛下富有四海應該不會因為這點事情降罪臣妾吧？」

太宗道：「武才人，這文字由朝廷法定，自有體系，這私造文字和貨幣可都是重罪，妳可知罪？」

「臣妾知罪！」武才人連忙下跪道。

「也罷，朕今天來就是為了獎賞妳馴服烈馬，看來這獎賞嘛可以免了！功過相抵吧！」太宗道。

說罷，太宗皇帝一臉不悅地離開了才人的寢殿。

徐惠跪下道：「恭送陛下。」

太宗皇帝臉色鐵青的走在皇宮裡，行色匆匆，陳公公緊趕慢趕才追上。陳公公看著表情緊繃的太宗皇帝，問道：「皇上莫非是因為武才人造字的事情生氣？」

「造字，朕倒不是因為她造字而生氣，這個女人不簡單吶，朕真不知道如何對她才好！」太宗無奈地語氣道。陳公公跟了太宗皇帝很多年，深知太宗皇帝這句話的含義。

第五章　情竇初開會情郎

如今的武曌已是亭亭玉立的大姑娘。武才人養在深宮裡，每日山珍海味，更有宮女和太監伺候，大部分日子都消磨在讀書和練武上面，日子一長，越發生的光彩照人，比剛進宮那會兒更像女人。但是太宗皇帝對她一直是若即若離，她跟太宗皇帝的關係始終讓人費解，是妃子更像是女兒。

長安城一到秋天就特別的美，五彩斑斕的秋色包圍著龐大而氣勢恢宏的大明宮。四十二歲的唐太宗在魏徵、房玄齡一干大臣以及後宮眾妃嬪、諸皇子的陪伴下，行走在大明宮的玄武門城樓上，皇帝出行，自是前呼後擁。

唐太宗將雙手背在身後，面朝長安城，先是低頭看了看玄武門下面，又抬頭望了望長安城，站在玄武門的制高點，整個長安城都一覽無遺，此時的長安已進入深秋，秋高氣爽，長安城在五彩斑斕的點綴和包裹下變的更加的妙不可言，太宗感慨道：「朕很久沒有這樣認真看過長安的秋色，景還是這個景，只是早已物是人非了！」

魏徵上前幾步，來到唐太宗的身邊，道：「陛下莫非是指十四年前那段往事？」

「是呀，當年皇太子李建成要是心胸寬廣一點，或許現在站在這裡的是他，這玄武門實在是不祥之地，十幾年過去了，朕還是第一次來到玄武門城樓上！」唐太宗感慨道。

房玄齡也上前幾步，道：「陛下，當年玄武門兵變，臣也是見證者之一，要不是陛下英明，當機立斷，後果不堪設想啊，當時那種情形陛下非如此做不可！」

「陛下登基乃是天意，如無陛下，何來的貞觀盛世啊！」武才人躲在人群中說道。

唐太宗喝道：「誰？出來說話？」

武才人這才低下頭，快步走到太宗皇帝的面前，太宗道：「抬起頭來！」

武才人緩緩抬頭，但眼光一直不敢正視太宗皇帝。

「武才人，剛才是妳在說話嗎？」太宗問。

武才人恭敬道地：「正是臣妾！」

太宗笑道：「妳這話朕愛聽，但朕想問妳，妳從哪裡看出現在是盛世？」

武才人朝長安城望去，道：「陛下請看，從玄武門看長安城一派祥和，百姓安居樂業，人丁興旺，陛下以文治天下，開疆拓土，民族融合，四海臣服，反正臣妾是佩服的五體投地！」

太宗大笑，道：「好！不愧是武才人，妳的眼睛真毒啊！大唐社稷以後還要靠你們這些股肱之臣啊！」

「臣等萬死不辭！」城樓上的文臣武將異口同聲地跪拜道。

「都起來吧。」太宗背著手，繼續往前走，眾臣紛紛跟隨。

待太宗皇帝走遠，徐惠將武瞾拉到一邊，低聲叮囑道：「才人妹妹，皇帝陛下乃千古聖君，心思難測，妳最好別說話，以免招致麻煩！」

武曌笑道：「徐妃姐姐未免過於小心謹慎了吧？這陛下又不是老虎，我又沒犯什麼大錯，他難道會吃了我不成！」

徐惠甚為驚訝，道：「妳……妳竟敢說陛下是老虎？」

武曌「哼」了一聲，得意地側過身去。

雖然徐惠和武曌的談話很小聲，但是還是被太宗皇帝聽到。太宗回頭面對徐惠和武曌，笑道：「徐愛妃，這裡不是朝堂，現在大家都可以暢所欲言，就算說錯話朕也不會治罪！武才人言語得體，深得朕心，何錯之有！沒有必要小題大做！」

徐惠面對得意洋洋的武才人，道：「妹妹還不趕快謝過陛下！」

「謝陛下。」武曌嬉笑道。

旁邊的陰妃見到武才人那肆無忌憚的樣子，氣打一處來，心裡直罵她是個狐狸精。

太宗皇帝見到玄武門的守衛軍紀嚴整，士兵們個個精神抖擻、端正姿勢，心裡自是滿意。

太宗回頭面對魏徵道：「朕記得玄武門的守將是李君羨吧？」

「是的，陛下。」魏徵回奏道。

太宗看了看四周圍，喊道：「李君羨何在啊？」

太監忙上前詢問太宗，道：「陛下，要宣召李將軍嗎？」

「宣李君羨覲見，朕要見他！」太宗道。

「遵旨。」太監忙從人群中離去，少時，一個身披戰袍，英武瀟灑的李君羨匆匆趕來，來到太宗皇帝的面前，太監緊跟在後，一副氣喘吁吁的樣子。

「李君羨參見陛下，陛下萬歲萬歲萬萬歲！」李君羨跪在太宗的面前。

太宗道：「將軍請起，朕召你來就是要獎勵你，玄武門是整個皇城的體面所在，想不到士兵們在你的管制下個個都這麼精神，好，傳旨賞李君羨文銀一千兩。」

「臣謝陛下恩典。」李君羨在此跪下謝恩。

太宗親自上前扶他起來，道：「李將軍請起。」

李君羨一副受寵若驚的樣子站起來，面對魏徵和房玄齡道：「見過兩位相爺。」

魏徵和房玄齡異口同聲道：「將軍無需多禮！」

「末將見過諸位娘娘。」李君羨一一見禮。

一個不經意，他的眼光剛好跟武才人撞上，武才人情竇初開，早在與李君羨比武的時候就被他的風采深深吸引，這一次見面更加青睞於李君羨，就連武才人看李君羨的眼神都是那樣的含情脈脈。

武曌畢竟是才人娘娘，李君羨深知尊卑有別，便有意迴避武才人的眼神。

太宗皇帝感慨道：「朕自即位以來日益繁忙，朕想想有多少年沒有狩獵了，現在正是秋天，五穀豐登，正是狩獵的好時機，君羨這一次你跟朕一起去，還有朝廷的一干老臣，以及朕的皇子們都去！武才人也跟著去！時間就定在本月的十八，這次誰打的獵物多，朕重重有賞！大唐是在馬背上打下的江山，朕有多少年沒有活動了，感覺都老了！朕想藉此機會好好活動活動筋骨！」

「臣等遵旨。」眾人跪接旨意。

距離長安城六百里外的隴州關山草原秋色醉人。這裡是廣闊無垠的草原，有稀稀落落的林木，有盛開在秋天的野菊，還有那肥壯的駿馬散布在草原各處。層林盡染，時有走獸行走在肥沃的草原上嚼著泛黃的野草，時有飛禽從天上飛過，關山地面上的飛禽種類很多，猶如一幅天然的畫卷。

四十來歲的唐太宗李世民此時正值中年，精力旺盛，他一身戎裝，彷彿回到了當年起兵反隋的時候。他策馬飛馳在關上草原上，太宗皇帝的身後大隊人馬緊隨其後，這些人包括太宗皇帝的諸位皇子，緊跟太宗身後的皇子是皇太子李承乾、皇四子李泰、皇九子李治等，還有李君羨等武將，老將尉遲恭、李靖、劉弘基等，丞相魏徵在太宗身邊伺候，整個隊伍中只有武曌一個女子，只因她能文能武，驍勇善戰，這才被太宗玄宗隨駕。

太宗策馬一路狂奔，奔馳在廣闊的草原上，隨從們只能是緊跟其後，四周圍的飛禽走獸被太宗的御駕驚擾，紛紛走散。奔馳一陣後，太宗將馬騎到一處山丘上突然停了下來。眾人也只好停下來。原來天上有三隻金雕正翱翔在天空，金雕的聲音響徹天空，聲音非常的尖銳，那三隻金雕頭頂黑褐色，後頭至後頸羽毛尖長，呈柳葉狀，羽基暗赤褐色，羽端金黃色，具黑褐色羽干紋。太宗從背上的箭筒裡抽出一支箭，隨即拉開弓弩，瞄準那三隻金雕，射了出去，三隻金雕瞬間被射中，掉了下來。一個隨行的小將跑了過去，將射中的獵物撿了回來，並跑步到太宗皇帝的面前，將獵物呈現給太宗，道：「恭喜陛下，一箭三雕！」

太宗接過獵物，得意道：「這天下太平了幾十年，朕有很多年沒有碰過刀兵了，想不到至今寶刀未老，還能射下三隻大雕！」

眾人皆異口同聲奉迎道：「陛下乃真龍天子，天生神力，臣等望塵莫及！」

太宗揮手示意，謙遜道：「哪裡的話，朕也只不過是運氣罷了！」

魏徵看著這三隻大雕，道：「自古有一箭雙鵰的說法，陛下能一箭三雕豈非天意乎？」

太宗笑道：「魏愛卿，想不到連你也開始奉承朕了啊？」

「臣並非奉承，臣所說句句都是肺腑之言！」魏徵道。

太宗笑著從馬上下來，眾人也都從馬上下來，太宗面對眾人，感慨道：「今兒跟朕隨駕的都是一些老臣，可惜啊，翼國公秦叔寶跟著朕南征北戰現在也撒手人寰，宿國公程咬金遠在瀘州，朕也想念他們啊，這次名為狩獵，其實也是朕和老臣們的一次聚首，不過朕還是有遺憾！乾兒、泰兒、治兒你們仨是朕最疼愛的皇子，你們的皇兄、皇弟很多都坐鎮地方，沒人能有此機遇，此次朕帶你們出來就是希望你們能夠向朕的這些老臣們、你們的叔伯們學習！將來大唐還有你們都需要他們的支持！」

李承乾、李泰、李治轉身一起向諸位老臣拱手見禮道：「我等願拜諸位叔伯為師，請叔伯們多多指教。」

眾臣皆誠惶誠恐，李靖道：「太子，兩位皇子，我等拿著大唐的俸祿，又是大唐之臣豈能不殫精竭慮，我等怎敢做三位皇子的師父，折煞我等了！」

劉弘基也惶恐道：「是呀，衛國公說得對，不用陛下說，我等也當萬死不辭！」

眾人皆異口同聲道：「是呀，是呀！」皆顯出一副誠惶誠恐、受寵若驚的樣子。

太宗皇帝淡然道：「諸位愛卿，朕也是肺腑之言啊，朕雖貴為天子，但朕的兒子也並非個個都是龍鳳，當然需要愛卿們多多提點！好了，客套話朕也不說了，今天既然出來了，我們就玩的盡興一些，大可不必恪守君臣之禮，這裡畢竟不是在大明宮！」

「遵旨。」眾人道。

太宗皇帝掃視了人群，道：「武才人何在？」

武曌從人群中走出來，快步走到太宗皇帝的面前，跪下道：「陛下，臣妾在！」

此時的武才人穿著一身戰袍，除了身形小了些，清瘦秀氣了些，則完全看不出她是一個女兒身，太宗則大為驚訝，道：「朕真想不到，武才人穿上這戰甲，就像一個女將軍，頗有點花木蘭的味道，妳起來吧！」

武曌站了起來，面對著太宗皇帝，太宗微笑著道：「武才人，妳一向不是喜歡說話嗎？怎麼今兒妳不說話，妳不說話，朕都差點把妳忘記了！」

「陛下在對大臣們和諸位皇子訓話，臣妾乃後宮女子哪裡敢多言！」武曌表情嚴肅，一副謹小慎微的樣子。

太宗笑道：「不錯嘛！看來這段日子妳已經適應了宮裡的規矩，朕知道妳散漫不羈，宮裡的規矩約束於妳，倒是讓妳為難了！」

武曌再次拱手、低頭道：「臣妾不敢！」

太宗滿意道地：「這一次，妳是朕帶出宮的唯一的一個女子，因為妳能文能武，今天妳不用感到拘謹，妳可盡情的遊玩！這吐蕃進貢的寶馬既然能被妳降服，以後牠就是妳的坐騎了，只屬於妳！」

「謝陛下。」武曌道。

太宗騎上了馬，回頭面對眾人道：「諸位愛卿，今日狩獵最多者，朕重重有賞！大家出發吧！」

太宗的語音剛落，武曌就策馬狂奔，朝草原深處飛奔而去。

太宗笑道：「這武才人啊，就是不一樣，朕還沒說完，就迫不及待了，看來是被朕的後宮關久了！」眾臣笑聲一片。隨後，幾個年輕人一隊，太宗和幾位老臣一隊，但太子為了奉迎太宗皇帝，便陪在皇帝的身後，各自朝著草原的四周散去，馬蹄聲響徹天空。

武才人的馭馬術十分精湛，她騎著那匹吐蕃進貢的野馬在草原上狂奔。身後有李君羨、李治、李泰等人。李泰為了獵到更多的獵物，便與之分散了，獨自朝一個方向跑去。武才人見不遠處有一隻灰色的兔子，急速穿梭在林間，武才人眼疾手快，迅速從背後的箭筒裡抽出一支箭，以迅雷不及掩耳之勢射了過去，一箭射死了兔子。武才人快馬奔馳過去，下馬撿起兔子，一副得意的樣子。

不遠處的李治見到後十分的吃驚，面對李君羨道：「李將軍，這武才人想不到還真有兩下子！聽說剛進宮那些還跟宮裡的侍衛比過武，宮裡的侍衛都打不過他，是真的嗎？」

李君羨笑了笑，道：「殿下若不信，可以過去找她試上一試！」

李治尷尬道：「算了吧，我又不會武功，我過去找她比試，輸了豈不是很丟人嘛！既然李將軍都認可了，今兒我又親眼目睹了，還有什麼不相信的！走，我們過去瞧瞧！」

李治策馬過去，來到了武才人的面前，然後從馬上下來，看了看武才人手中被箭射穿了的兔子，李治面對武才人調侃道：「武才人不僅箭術好，這心也真夠狠的，多麼可愛的兔子，竟然被妳射穿了！」

李君羨接話道：「那是因為殿下不夠了解武才人。」

武才人冷冷一笑，道：「李將軍好像挺了解我似的！」

「了解談不上，但起碼多少有過一些了解，武才人當年在并州的所作所為，我可是如雷貫耳啊！」李君羨調侃道。

武才人笑道：「殿下、李將軍，你們都高看我了，我只不過是小女子一個，再說這兔子本來就是人的獵物，天生就是讓人給吃的，天地萬物，弱肉強食，適者生存，哪有什麼可憐之物？後宮之爭，血雨腥風，如果自己不夠強大，就要被吞噬！」

說完，武才人將獵物扔進了綁在馬上的布袋裡，自己上了馬，奔向遠方。

李治目瞪口呆，愣了老半天，對李君羨道：「李將軍，這武才人有點意思啊！我感覺她跟其他女子不一樣，她的身上有股勁！」

李君羨冷笑道：「殿下，她能降服吐蕃烈馬，這位才人娘娘非等閒之輩啊，我想就是商代的婦好，北魏時期的花木蘭也不過如此啊！」

李治道：「你見過花木蘭？」

「沒見過！」李君羨回答。

李治笑道：「那你還對她評價那麼高？」

李君羨上了馬，道：「殿下若是不信，我們拭目以待吧！殿下還是趕緊找獵物吧，一會兒殿下空手而歸，該被群臣笑話了！」說罷，李君羨策馬朝著武才人的方向而去。

李治咧了咧嘴，上了馬，追趕上去。關上牧場很大，林區遍布各處，將軍們、大臣們都分散各自尋找獵物去了。李君羨一路跟著武才人，卻不見了蹤影。

李君羨深入叢林，四處張望，卻不見了武才人的蹤影，他不間斷地喊道：「娘娘……娘娘……」

「我在這裡。」武才人的聲音從不遠處的叢林傳出。

就在武才人回應的方向，一個像老虎的聲音同時從那邊傳過來，李君羨眉頭一皺，漸感危機，立刻掉頭朝武才人的方向策馬而去。馬是很警覺的，當牠感覺到前面有猛獸，便停止了前行，李君羨感到情況不妙，帶上長槍、背上弓箭，從馬背上取下佩劍朝著武才人所在叢林走去。當李君羨見到武才人正被一隻雄性的老虎堵住，李君羨很為她捏了一把汗，隨即喊道：「娘娘，站著別動！」

李君羨急速從背後拔出箭來，拉開弓，正要射殺猛虎。

武才人擼起了衣袖，以長劍對著老虎，拉開馬步，眼睛一直緊盯著老虎，她不敢回頭，只是喊道：「李將軍，不用你出手，我定然能誅殺牠！」

那老虎趁著武才人說話，猛攻過去，武才人以輕功飛在了老虎的上方，用長劍對準老虎的背部一劍插了下去，瞬間刺穿了老虎，自己卻騎在了虎背上，並以隨身的匕首拚命的扎著老虎的頭部，老虎已趴在地上一動也不動。

這一刻，李君羨才鬆了一口氣，頓時膛目結舌。

這時，皇子李治也找了過來，喊道：「李將軍，我打了一隻錦雞，我這是第一次打獵，想不到這麼有成就感！」

李治手裡拎著一隻錦雞正沾沾自喜。當他看到武才人正騎在虎背上，正一刀刀分割老虎時，他頓時驚呆了，手裡的錦雞也掉在了地上，他和李君羨都一副目瞪口呆的樣子。

少時，武才人從虎背上下來，將佩劍從虎背上拔出來，劍鋒還血淋淋的，武才人就這樣走到李君羨和李治的面前，兩人像丟了魂兒似的，一動也不動，武才人在二人面前用手晃盪，二人才回過神來。武才人道：「你們倆幹什麼？快幫忙抬回去啊。」

李治驚訝道：「李將軍，這老虎是武才人殺死的？」

李君羨沒有說話，點了點頭。

李治難以置信，再次問道：「你沒有出手幫忙？」

李君羨笑了笑，道：「你不都看見了嗎？」

李治道：「若不是親眼所見，難以置信！我長這麼大，還是頭一遭見到這樣的事情！」

武才人冷冷一笑，道：「一隻老虎而已，瞧你們說的！」

「你竟然說一隻老虎而已！」李治震驚道。

武才人道：「行了，趕快叫人抬走吧！這老虎肉我還真沒有吃過，倒是想嘗嘗！」

李君羨和李治準備上去收拾老虎的屍體，武才人將劍插入劍鞘中，退了幾步，剛才體力消耗過大，蹲在旁邊歇息起來，突然，大叫了一聲，感到腳下被什麼東西叮咬了一下，叫了一聲。李治猛一回頭，看見了一條眼鏡蛇，大叫道：「是蛇！」

李君羨連忙跑到武才人的身邊查看她的傷處，驚道：「看來娘娘是被蛇咬了！」

「我去找御醫。」李治拔腿朝叢林外跑去。

李君羨撩開武才人的傷口，眉頭緊鎖，道：「等太醫恐怕來不及了！」

李君羨連忙從自己的衣服上撕下一塊布條，緊緊地纏在武才人的傷口的上方。

武才人一臉憔悴且詫異的表情問道：「李將軍，你這是幹什麼？」

「娘娘，君羨這麼做就是為了防止蛇毒透過血液流走全身，那時候就是神仙也回天乏術！」李君羨急道。

李君羨說完，又急忙用嘴將武才人傷口處的毒吸出來。

武才人知道這很冒險，意欲制止，但被李君羨的男子氣概深深吸引住了，一副含情脈脈的樣子望著李君羨。

毒吸出來後，李君羨滿嘴都是血，嘴皮有些發黑，他站了起來，搖搖晃晃地在草叢裡尋找什麼，他苦尋半天，終於尋得一種草，他將其拔起來，然後嚼碎，敷在了武才人的傷口處，這一切武才人都看在眼裡。

「你這是在幹什麼？」武才人問。

李君羨恍惚道：「啟稟娘娘，這種草叫半邊蓮，專治毒蛇咬傷，我給娘娘敷上！娘娘不要亂動，不然毒走全身就麻煩了！」

李君羨一邊說著，一邊用布條將傷口包紮起來，然後便暈了過去。

這時，馬蹄聲朝這邊而來。唐太宗跑在前面，後面大隊人馬跟了過來。唐太宗見武才人和李君羨都躺在地上，太宗連忙從馬上下來，來到武才人的面前，蹲下來，推了推暈暈沉沉的武才人，急切地喊道：「媚娘，妳怎麼樣了？」

武才人暈暈欲睡，道：「陛下，快救救李將軍，他為我吸了蛇毒，再不救治就來不及了！」

唐太宗心急如焚，道：「來人，速速回宮！」

武才人正躺在自己的寢宮裡，床前站滿了後宮的韋貴妃、燕妃、鄭妃、徐妃、楊妃、陰妃等人，還有皇帝李世民及宮女太監人等，太醫署的劉太醫正在床前為昏睡的武才人號脈。太宗皇帝忍不住上前問道：「劉太醫，武才人怎麼樣了？」

劉太醫站了起來，回奏道：「陛下，好在李將軍搶救及時，娘娘並無大礙，這半邊蓮確實是最好的治療蛇毒的草藥！陛下放心，微臣再開個藥方按時給娘娘服下，三日後，便可痊癒！」

「去吧！」太宗皇帝安心道。

劉太醫來到桌子前，鋪開紙張，開始書寫藥方。

眾人的目光都聚焦在了武才人的身上，太宗皇帝更是一臉愁容。突然，武才人的手指動了動，眼皮也動了起來，她從迷迷糊糊中醒過來。剛好被徐惠看到，徐惠驚喜道：「陛下，才人妹妹醒了！」

太宗連忙上前叫喊道：「武才人……」

徐妃也上前叫喊道：「妹妹……」

武才人終於徹底清醒過來，她望了望周圍的環境，看了看身邊的人，笑道：「陛下，徐娘娘，你們都在啊？」

徐妃忙道：「妹妹被蛇咬傷，陛下一直陪在妳身邊一天一夜了，我們大家和陛下都快急死了！幸虧妳醒過來了！」

武才人一聽，彎腰起身，一副感激不盡的樣子，道：「陛下，諸位娘娘，讓大家擔心了，謝謝大家！」

太宗微笑道：「媚娘，妳平安就好！快些躺下歇息吧！」

武才人剛躺下，恍然大悟道：「陛下，李將軍呢？他怎麼樣了？他為了救我可也中了毒啊！」

「妳安心休息吧，李將軍為妳吸毒，毒尚輕，現在人已經痊癒了，正在玄武門站班呢！」太宗道。

武才人急道：「陛下，李將軍身體剛好，陛下怎麼不給他放個假休息？」

太宗一臉欣慰道：「李將軍就是這脾氣，但凡身體沒大礙，他是不肯休息的！這一次他救了妳，等妳的病好了，朕再好好賞賜他！」

武才人一臉憔悴道：「臣妾代李將軍謝過陛下！」

「妳呀妳，妳連老虎都能殺死，竟然被蛇咬傷！朕都難以置信！這次關山狩獵，雖然大家收穫都比妳多，但是妳獵了一隻兔子和一隻老虎，這次跟著朕的那些老將們也沒有獵到老虎，所以朕要重重賞你！等你病好了，朕就把這次關山帶回來的獵物全部做成御宴，在蓬萊池宴請群臣，讓這次跟著朕狩獵的臣子們都參加！你也嘗嘗老虎肉是什麼味道！」太宗用手指勾了勾武才人的鼻梁取笑道。

武才人朝太宗笑了笑。

劉太醫寫好了藥方遞到太宗面前，道：「陛下，藥方已經寫好，請陛下過目！」

太宗道：「給朕看沒用，朕又不懂醫理，你照著方子抓藥吧！」

「遵旨。」劉太醫拿著藥方緩緩退出。

太宗用手摸了摸武才人的臉龐，道：「媚娘，朕尚有奏摺要批，國家大事一大堆，妳既然無恙，那朕就不陪妳了，妳安心靜養，想吃什麼，直接吩咐御膳房做。」

武才人點了點頭，道：「謝陛下。」

太宗起身準備出去，見一干妃嬪杵在這裡，忙揮了揮手，道：「你們都走吧，就別打擾武才人休息了！」

「遵旨。」妃嬪們異口同聲道，然後便一同和太宗皇帝離開了武才人的寢宮。

第五章　情竇初開會情郎

徐惠走到武才人的面前，坐在床前緊緊地握了握武才人的手，體貼道：「妹妹，妳安心靜養，我在這後宮裡也沒有什麼朋友，真心把妳當親妹妹看待，有什麼需要儘管讓宮女們來找我便是！我先走了！」

「徐姐姐的好意武瞾心領了，徐姐姐慢走！」武才人道。

徐惠起身看了看武才人一副依依不捨的樣子離開了。

兩日後，仍然躺在床上的武才人身體已逐漸恢復，臉色也紅潤起來。小太監和宮女分別站在門口和床前，站成兩排，自從武才人中了蛇毒臥床後，太宗皇帝有意加派了人手伺候武才人。一個宮女端著一碗藥快步走到武才人的床邊，道：「娘娘，該用藥了！」

武才人坐起來，朝外頭望了望，問道：「今兒個天氣怎麼樣？」

「今兒天氣還不錯，娘娘。」宮女回答。

武才人從床上下來，穿上鞋子，對身邊的宮人吩咐道：「你們幾個快給我更衣，我想出去走走！」幾名宮女開始忙起來，有的為武才人提靴子，有的為她拿外套，紛紛為武才人更衣忙起來。那手持藥碗的宮女道：「娘娘還是先把藥喝了吧，不然涼了，這是陛下吩咐的，讓奴婢們看著娘娘親自喝下去！」

宮女將藥碗伸到武才人的面前，武才人看了看，道：「不喝了，我的身體已經恢復的差不多了！」

宮女苦苦哀求，道：「娘娘還是喝了吧，不然我們會被陛下責罰的！」

武才人深感同情地看了看那宮女，道：「也罷！」

武才人接過藥碗，很快就將一碗藥一飲而盡，藥很苦，但是她卻絲毫沒有一般女子的嬌氣。

武才人將藥碗遞給那宮女，這時候衣服也已經都穿好了，武才人對著銅鏡瞅了瞅自己，道：「我先出去自個逛逛，妳們都不用跟著我！」

武才人迫不及待地朝宮外跑去，宮女們只能是很無奈地遵照武才人的命令。

武才人走著走著就來到了玄武門的城樓上，這時候李君羨正帶著幾名士兵在城牆上巡視，並談話，隔的遠，武才人聽不見他們說什麼。武才人急速走到李君羨的面前，喊道：「李將軍。」

李君羨見武才人到此，連忙跪迎道：「末將參見人才娘娘。」

士兵們不認得武才人，只見李君羨下跪，他們也跟著下跪。

武才人走過去，親自扶起李君羨，道：「李將軍請起，將軍，媚娘有話對你說！」

武才人看了看一邊的士兵，李君羨回頭對幾名士兵道：「你們幾個先去忙吧，這裡沒什麼事情了！」

「遵命。」幾個士兵朝著不同的方向離開了。

武才人和李君羨來到城樓上的一處隱蔽處，武才人見周圍沒人，忙下跪道：「武曌謝將軍的救命之恩！」

李君羨誠惶誠恐，連忙扶起武曌，道：「娘娘怎麼給臣子下跪，真是折煞末將了，要是傳到陛下的耳朵裡，臣可是百口莫辯啊！」

武曌道：「這一次我被毒蛇咬傷，要不是將軍，媚娘恐怕早已不在人世！媚娘身為女子沒有什麼可以報答將軍的，只有說些感恩的話了！」

第五章　情竇初開會情郎

李君羨道：「娘娘，末將救妳是應該的，莫說妳是宮裡的娘娘，妳就算是普通的百姓，末將也不能見死不救啊！」

武曌含情脈脈道：「對了，將軍，你怎麼會懂醫術？」

李君羨笑了笑，道：「娘娘有所不知，末將自小家境貧寒，體弱多病，買不起藥，只有自己看些醫書，然後對著醫書去山下採些草藥，自己調理，俗話說久病成良醫嘛，末將的醫術就是這麼來的！讓娘娘見笑了！」

武曌笑著問道：「那將軍如今這一身好武功也是當初為了強身健體嗎？」

「對。練武本身也是一種鍛鍊嘛！」李君羨有些羞澀地撓了撓後腦勺道。

這個天不怕地不怕、頂天立地的男人沒想到也有害羞的一面，這讓武才人頓時心生愛慕。

武才人有意暗示，並調戲道：「那將軍哪天教教我武功吧？將軍是第一個打敗我的男人！」

李君羨似乎感覺到了武才人的曖昧，羞澀地點下了頭，道：「末將一定。」

「我希望你手把手教！」武才人用玉手輕輕地從李君羨的手背上滑過，這讓李君羨受寵若驚，且十分的難為情。此時，李君羨已不敢正視武才人的眼睛。

就在李君羨十分尷尬的時候，李君羨身邊的一個副將走過來，道：「將軍，皇上有旨讓將軍前往太液池參加宴會。」

「我知道了，你先去吧。」李君羨回道。

待副將走後，李君羨面對武才人，表情尷尬道：「娘娘，不如妳先去太液池吧，末將隨後即到。」

武才人調戲道：「李將軍莫不是怕別人看見我們在一起？」

「君羨正是此意。」李君羨一副不苟言笑的樣子。

武才人面對一本正經的李君羨，她倒是一副哭笑不得的樣子，這個李將軍實在太有意思。

武才人冷冷一笑，道：「好吧，我先走。」

說完，武才人便轉身離去。李君羨雙手抱拳，一副作揖的樣子，連頭也不敢抬起來。

太液池，一片蕭條，蓮葉已經枯黃敗落。只聽得人聲鼎沸，太宗皇帝在池邊擺了一個長席宴，大約有幾十桌，從空中鳥瞰就像是一條蜿蜒的蛇。宴席上擺滿了各種菜品，以肉類居多。文武大臣身著朝服陸陸續續入席，後宮的娘娘們坐在最前面，依次是魏徵、房玄齡等大臣，再次是文臣武將，李君羨坐在武將的位置上，跟武才人距離很遠，李君羨不忘打量一番，正好與武才人的眼光對上，可能武才人此時也在尋覓李君羨。

「皇上駕到。」遠處傳來御前太監陳得祿的聲音。

太宗皇帝在韋貴妃和太監陳得祿的陪伴下朝長席宴這邊緩緩走來，眾臣紛紛站起來，面對迎面而來的太宗皇帝，待太宗皇帝和韋貴妃坐下來後，眾臣連忙跪迎道：「臣等拜見陛下，見過貴妃娘娘！」

太宗端正姿勢後，面對群臣，抬手示意道：「眾愛卿平身，今天是家宴不是國宴，眾卿不必多禮！」

眾臣起身各自坐了下來，紛紛面對著太宗。

太宗道：「今天朕請的都是皇親國戚、肱股之臣，還有此次隨朕狩獵的人，所以，請大家不必拘禮！大家儘可放下一切心理包袱，與朕把酒言歡！宴席之上，諸位愛卿儘可暢所欲言，有說錯話的，朕一概不予追究！」

「謝陛下。」眾臣異口同聲道。

唐太宗注意到了坐在後宮之末位的武才人，笑著喊道：「武才人坐到朕的身邊來！」

武才人得意道：「謝陛下。」武才人起身朝著太宗走來，坐在了皇帝的身邊，一邊是韋貴妃，一邊是武才人，讓後宮的娘娘們充滿了嫉妒，尤其是陰妃，她的眼神更加充滿了憎惡。

太宗看了看宴席之上的菜品，笑道：「這次宴席上的菜品多是此次狩獵得來的！都是各位將軍、皇子的戰利品，大家可要細細品嘗哦，難得的野味！大家可以享用了！」

眾臣接到旨意後，便各自拿起筷子開始夾菜，一個個笑顏逐開，對這些野味都讚不絕口。

太宗皇帝看了看武才人，對桌子上的一盤虎肉道：「武才人，這就是妳捕殺的老虎肉，御廚用了精心調配的祕方製作，嘗嘗看！」

武才人聽罷，迫不及待道：「真的？陛下，那臣妾就不客氣了！」

武才人拿起筷子就夾了一大塊肉，吃的是津津有味，一副回味無窮的樣子，道：「陛下，臣妾還是第一次吃老虎肉呢，實在是太好吃了！」

武才人又接著夾第二塊、第三塊，完全沒有一點大殿閨秀的派頭，吃相甚是粗俗。

太宗看到武才人的吃相，心裡嘀咕道：「這個武才人，有時候看起來天真無邪，有時候連朕都捉摸不透！」

想不通的時候，太宗皇帝也懶得想，他對身邊的嬪妃們和大臣道：「你們也都嘗嘗武才人捕殺的老虎肉！」

眾臣皆遵旨行事，紛紛吃起虎肉來。

御前太監陳得祿在長席宴上打了一圈，回到太宗的跟前，太宗正在低頭享用著美味，陳得祿湊到太宗耳邊，低聲道：「陛下，群臣想一起向陛下敬一杯酒。」

「哦，好。」太宗抬頭，準備舉杯，眾臣已經都站了起來，一起面對著太宗舉杯。

太宗也舉起了杯子。

「臣等祝陛下萬壽無疆，祝大唐永享太平！」群臣異口同聲祝賀道，然後一飲而盡。

太宗點了點頭，欣慰道：「大唐有你們在，朕很放心。」

太宗也將一杯烈酒一飲而盡，然後示意群臣坐下來。

太宗突然想起了李君羨，問太監陳得祿道：「李君羨何在？」

「啟奏陛下，李將軍也在宴席之上。」

陳得祿喊道：「宣李君羨覲見！」

少時，李君羨身披戰袍，一副威風凜凜的樣子不跨步朝太宗面前走來，雙手抱拳，跪道：「臣李君羨參加陛下，萬歲萬歲萬萬歲。」

太宗笑道：「朕召見你，是因為你此次救武才人有功，朕沒來得及賞賜你！傳旨封李君羨為左武侯中郎將、武連縣公，欽此。」

「謝陛下恩典，臣肝腦塗地報答陛下、報答大唐。」

一旁的韋貴妃道：「李將軍，起來吧。」

李君羨站了起來，看到恩人受封，武才人正沾沾自喜，一雙含情脈脈的眼睛看著他。李君羨不敢正視武才人一眼，低著頭道：「臣救娘娘是應該的。」

太宗欣慰道：「你先下去吧。」

「臣告退。」李君羨低著頭，雙手作揖，緩緩退下。

第六章　女主武王有天下

唐朝太史局裡，約莫四十多歲，長鬚，通身道士模樣的太史令李淳風正在太史局裡的桌案上大筆揮霍記載歷史。桌案邊上放著一盞茶，冒著輕煙，他時不時擱下筆喝上幾口，又再繼續書寫，終於一口氣寫完了百餘字便將筆擱下來，便又再喝了一口茶，伸了伸懶腰，站了起來，準備往外面走去。

身著道袍的李淳風一隻手背在背後，摸了摸鬍子便朝太史局外面走去，太史局門口有一處觀星臺，約有十來米高。當天藍天白雲，陽光溫和，並不刺眼，李淳風朝東方天空望去，他彷彿看到了什麼東西，臉色煞白，眉頭緊鎖，便提了提袍子登上了觀星臺。站在觀星臺上，李淳風舉目望去，他不敢相信自己的眼睛，便用手揉了揉眼睛，閉上眼再睜開，定睛一看，東邊的太白金星閃閃發光。

李淳風大驚失色，道：「奇怪，這太白金星怎麼會出現在白天！」

李淳風快步從觀星臺上走下來，進入太史局，來到房間，拿出平日裡占卜用的盒子，將盒子裡的銅錢倒了出來。他將幾枚銅錢捧在手心，眼睛閉上，默唸咒語，少時，便將銅板撒在桌面上，李淳風仔細地看了看桌面上銅錢的布局，用手指掐算，表情沉重道：「看來當年袁天罡的預言就要應驗了，此乃天意，我等也無能為力啊！來人。」

太史局的屬官從另一側的房間走出，道：「大人有什麼事嗎？」

李淳風從椅子上站起來，面對屬官道：「你把這些銅錢都收起來，本官有事要馬上覲見皇上，這裡就交給你了！」

「是，大人。」屬官回話道。

李淳風一臉沉重，好像有什麼大事要發生，他神色匆忙地朝太史局外走去。

唐太宗身穿龍袍伏在立政殿內的御案上批閱奏章，御案上的奏章堆積成山，御案的一側燃著檀香，太宗皇帝正全神貫注地瀏覽著奏摺，時不時用硃筆圈圈花花。

御前太監陳得祿手持拂塵，快步來到太宗御前，道：「陛下，太史令李大人求見！」

太宗抬起頭，面對陳得祿道：「他來幹什麼！讓他等等，朕批閱完了這些奏章再見他！」

「陛下，太史令有急事要求見陛下！」陳得祿強調道。

唐太宗無奈道：「讓他進來。」

陳得祿站在一旁，喊道：「陛下有旨，宣太史令李淳風覲見！」

少時，身著道袍的李淳風快步來到太宗皇帝的御前，跪拜道：「臣拜見陛下。」

唐太宗將毛筆擱在筆格上，抬起頭看著李淳風，道：「繁文縟節就免了，有事兒說事兒，朕忙著呢！」

李淳風看了看陳得祿，又看了看太宗皇帝，一副為難的表情道：「陛下，臣有件事情不知道當講不當講？」

陳得祿站出來，面對太宗道：「陛下，那奴才就先告退！」

太宗道：「李愛卿，陳公公是朕的人，有什麼話你不妨直說！」

一向瀟灑的李淳風此刻正忐忑不安，他在太宗御前徘徊了幾圈，道：「陛下，臣今日竟然在白天見到了太白金星！」

太宗困惑道：「太白金星白天看不到嗎？你有什麼話直說吧！」

李淳風一籌莫展道：「陛下有所不知，金星如若出現在白天恐有不詳之兆啊！臣占卜過後得知此乃女皇登基之預兆！」

太宗大驚失色，從龍椅上起身出來，道：「果有其事？朕往日在夢中經常見到一個如花似玉的少女變成一條巨龍將朕牢牢纏住！」

李淳風忙問道：「陛下可曾看到這女子長什麼模樣？」

太宗努力回憶道：「朕只記得那夢中女子會變臉，千變萬化，每一次出現在朕夢中都長得不同！」

面對李淳風一籌莫展的樣子，太宗忙問道：「愛卿能找出此女子嗎？」

李淳風道：「陛下，此女子登基是天意，臣也無能為力，就算此女子身在宮中，陛下也找不到她，天意的事情不好說，它可以轉移到任何人身上，總之，陛下殺的任何一個值得懷疑的女子都並非是登基的女子！既然是天意，陛下也只能順應天意！」

冷靜下來的太宗道：「不對，你說的不對，從三皇五帝到如今，朕還沒有見到哪個女子稱王稱帝的！」

李淳風道：「陛下，天意誰也說不好，商代的婦好、漢代的呂雉這些人哪個不是女中豪傑，陛下，寧可信其有不可信其無啊！」

太宗憂心忡忡，道：「魏徵對周易也頗有心得，陳得祿，宣魏徵、房玄齡速來立政殿見駕！」

「遵旨。」陳得祿急忙朝殿外走去。

太監陳得祿離開後，唐太宗瞅了瞅李淳風，被李淳風剛才的那一番話著實驚了一身冷汗，他一屁股回到了龍椅上，表情沉重，一副心事重重的樣子。他沉默片刻，道：「愛卿，難道我李唐的江山社稷真的要毀在一個女人的手裡沒有迴旋的餘地嗎？」

「陛下，依照卦象來看，女皇登基乃是天意，不僅不會給天下造成混亂，還會成就一代盛世！」李淳風道。

太宗一臉難以置信的樣子，道：「我泱泱華夏，幾千年來，為帝王者皆為男兒，想不到竟在朕之後出現女皇！不行，朕一定要找出這宮裡任何一個值得懷疑的女子然後再殺了她，以免她禍害天下！」

李淳風奏道：「陛下，臣跟你說過，既然是天意，陛下又怎麼能輕易找到呢？再說陛下如果因為這件事情濫殺無辜，將滿朝上下搞的人心惶惶，對陛下的名聲不利啊！」

少時，陳得祿領著大臣魏徵和房玄齡來到了立政殿太宗面前，陳得祿道：「陛下，魏徵、房玄齡二位大人來了！」

二位大人一起跪在了太宗面前，異口同聲道：「臣參加陛下，吾皇萬歲萬歲萬萬歲。」

太宗道：「二位愛卿平身吧，朕召你們來，是有緊急之事找二位商議！」

魏徵和房玄齡二位大人站了起來，看了看一旁的李淳風，房玄齡道：「太史令李大人也在啊！」

「下官見過兩位相爺。」李淳風拱手見禮道。

魏徵和房玄齡連忙賠禮。

太宗憂心忡忡道：「兩位愛卿，剛才李愛卿說他在白晝見到太白金星，說什麼是女皇登基的先兆，魏愛卿你對周易之事頗有研究，朕想聽聽你們的想法！」

魏徵道：「陛下，臣這幾日觀天象的確也在大白天見到太白金星，而且這幾日太白金星屢次出現在白晝，這是以前從未有過的，臣私下也算了一掛，跟李大人得出同樣的結論！」

「陛下，近來長安城流言四起啊！」房玄齡道。

太宗急問道：「什麼流言？」

房玄齡道：「民間都在傳說一句話，說唐朝三代之後，女主武王取代李氏據有天下！」

太宗震怒，拍案而起，看了看下面的太監陳得祿，問道：「你聽說了嗎？」

陳得祿點了點頭。太宗又繼續問道：「你們幾位都聽說了嗎？」

魏徵和李淳風也都點了點頭。太宗氣急敗壞道：「你們都知道，就朕一個人矇在鼓裡！」

房玄齡道：「陛下，我和魏相爺正準備來向陛下稟報，沒想到李大人先來一步！這件事情可大可小，臣等實在沒有把握向陛下說明這件事情啊，臣也不相信此等邪祟之事！」

太宗喝斥道：「好了！寧可信其有，這關乎到我大唐的社稷安危！你們占卜的結論都是女皇登基，而且還姓武！朕想最有可能登基的武姓女子都在這皇宮大內，朕把她們找出來都殺了便是！」

魏徵道：「陛下，萬萬不可！第一，女皇登基乃是天意，陛下這樣做可就是逆天行事！第二，陛下若因為傳言而殺無辜，恐會在這大明宮內掀起一場風波，搞的人人自危，這樣陛下恐背負暴君的罵名啊！第三，宮中武姓女子那麼多，陛下怎麼找？怎麼找都找不到，天意是循環的，陛下真殺了那個登基的女子，上天會派下來一個更加心狠手辣的女子來！你殺她，她殺陛下的子女，會釀成因果循環的！」

太宗急道：「那怎麼辦？難道讓朕眼睜睜看著她奪我大唐江山嗎？」

幾位大臣無話可說，都顯出一副束手無策的樣子。

李淳風道：「二位大人說的極是，陛下只管做好眼前之事即可！凡是多多謹慎小心就是！既是天意，我等凡人也怎麼能輕易改變！還有陛下，女皇武氏並非單單指女性，可能還包括閹人，還包括名字中帶有女字的人！這些人陛下都要防範！臣的建議也許在天意面前於事無補！」

太宗一臉的困頓，不耐煩道：「你們都先下去吧，朕先靜一靜！」

「臣等告退。」幾位大臣便退了出去。李淳風剛才說到閹人，似乎冒犯了太監陳得祿，讓他臉上很不好看。

幾位大臣剛剛退出殿外，一個小太監從殿外的柱子旁一閃而過，他影子快得驚人，不輕易被人發現。武才人正端正坐姿在宮殿裡看書，一隻手拿著《史記》，另一隻手拿起杯子，喝了一口茶又放下。宮女急步來見，道：「娘娘，小鄧子來了！」

武才人放下手中的《史記》，道：「讓他進來！」

宮女走了出去。

少時，太監小鄧子快步走到武才人的面前，跪道：「小鄧子參見娘娘！」

「起來吧。」武才人道。

武才人瞪了瞪小鄧子，小鄧子一副誠惶誠恐的樣子，道：「娘娘，今天太史令李淳風大人見了皇上，李大人說他在白天看到太白金星，說是女皇登基的預兆，皇上又召見了魏徵和房玄齡二位大人，兩位大人都對女皇登基的預兆深信不疑，房玄齡大人還說民間有傳言，唐朝三代之後，女主武王據有天下！」

武才人道：「那皇上是什麼態度？」

「皇上說將宮裡姓武的女子都找出來殺了！」小鄧子心驚膽寒地說。

武才人臉色鐵青，拳頭握的緊緊的，問道：「那幾位大人又是什麼態度？」

小鄧子道：「魏徵丞相說，女皇登基乃是天意，又勸陛下說濫殺無辜會背負暴君的罵名，李淳風大人對陛下說，女皇武氏也許不是指女人，也包括閹人，還有那些名字中帶有女字的人！」

小鄧子說話的時候戰戰兢兢，渾身都在發抖，對於一個小太監來說，這算是掉腦袋的大事。武才人笑了笑，道：「小鄧子你不要怕，今日之事不要跟任何人提起，否則後果你是知道的！」

微微發抖的小鄧子，道：「娘娘讓奴才每日監聽陛下的言行舉止，奴才不敢有一絲怠慢啊！這種事情奴才怎麼敢對外人說，請娘娘放心！」

「玉兒。」武才人喊道。

少時，一個叫玉兒的宮女走了進來，她是武才人最信任的人，武才人對玉兒道：「送小鄧子出去，看賞！」

「唯。」宮女玉兒領著太監小鄧子走了出去。

武才人眉頭緊鎖，咬了咬牙，心裡暗暗在想：「看來，我也在皇上的誅殺名單之中，在這深宮裡生存，沒有耳目，沒有手段實難苟活啊！所有人都想要你的命！」

唐太宗李世民與愛妃韋貴妃走在御花園裡，他們的身後跟著太監陳得祿與幾位伺候韋貴妃的宮女。此時，正值春暖花開，御花園裡各種類型的花爭奇鬥豔，柳樹枝開始探出嫩芽來，將御花園兩旁點綴的綠意怏然，花叢裡偶然有幾隻蜜蜂飛過，花蕊間有蝴蝶在翩翩起舞。唐太宗停下腳步，面對那琳瑯滿目的鮮花，看了看韋貴妃，感慨道：「愛妃，妳看多麼鮮豔的花朵，只可惜過了春天就又看不到了！世間萬物沒有一層不變的！正所謂花無百日好，人無百日紅啊！」

韋貴妃很是納悶，問道：「陛下似乎另有所指？」

「愛妃，朕百年之後，山還是那山，水還是那水，只怕這江山早已易主！」唐太宗道。

韋貴妃道：「陛下，大唐江山一定會千秋萬載的！」

太宗冷冷一笑，道：「愛妃，只怕妳這是在安慰朕罷了！夏六百年止於商，商六百年止於周，周八百年止於秦，秦不過數十年止於漢，漢歷時四百多年止於三國，最長的王朝不過周八百年之數，哪有什麼永恆啊！朕只是希望大唐江山能夠像周朝八百年國運，朕就無憾了！」

韋貴妃感同身受，但也十分不解，道：「陛下何出此言啊？陛下為何突然發此感慨？」

太宗道：「愛妃，太史令李淳風跟朕說唐朝三代之後，女主武王據有天下！朕從來不相信這等邪說，但是民間廣為流傳此事，令朕惶恐不安，朕本想將宮裡姓武的女子全部殺死，但眾卿又力勸朕，妳說朕當如何是好？」

韋貴妃道：「陛下，臣妾乃後宮女子按祖制不應干政，所以，臣妾對此事不好妄加評議！」

太宗道：「愛妃，朕讓妳說！」

「陛下，臣妾認為此事不足為信，從古到今哪有女人當皇帝的，陛下若處死宮中所有武氏女子恐招非議，故臣妾建議陛下嚴查宮裡所有值得懷疑的武姓女子，將其趕出宮便是！倘若真是天意，非人力所能為也。」韋貴妃道。

太宗道：「愛妃與朕所想不謀而合。」

韋貴妃笑了笑道：「陛下，自從長孫皇后去世後，陛下身邊也沒有一個可心的人，臣妾願意為陛下分憂，做陛下心裡的那個女人！」

太宗欣慰地笑了笑，將韋貴妃緊緊地摟在懷中。

春天的大明宮花團錦簇，鳥語花香，到處都是鳥兒在嘰嘰喳喳，聲音格外的清脆悅耳。武才人提著鋤頭獨自在寢宮外面的花圃中勞作，她的身後宮女們站成一排，整整齊齊，也不讓誰插手。宮女們的眼光都聚集在了這位娘娘的身上，他們十分不能理解，宮裡這麼多勞動力為何要自己動手。武才人正在用小鋤頭在地上刨起一個小土坑，將地面上的櫻花、杏花等花瓣都埋在了土裡，隨之又用土蓋上。武才人此時是一身農婦打扮，粗衣麻布，身上完全沒有一絲一毫大戶人家的派頭。

「皇上駕到。」太監陳得祿的聲音傳來。

武才人一聽，連忙放下鋤頭，回頭道：「快幫我把衣服上的泥土都抖一下，把我的頭髮弄一下。」說罷，三兩個宮女上前為武才人掇飭起來，一名宮女為她弄頭髮，另外兩名宮女為她抖起衣服上的泥土來。

宮女們手忙腳亂，此時太宗皇帝已經來到了武才人的面前，太宗皇帝一臉詫異，道：「媚娘，妳在幹什麼？」

武才人見太宗，連忙下跪道：「陛下萬福金安！」

在場的眾人一起跪拜道：「陛下萬歲萬歲萬萬歲。」

「都起來吧。」太宗道。

眾人跟著武才人一起站起來。武才人笑道：「陛下，臣妾正在除草、栽花、葬花呢！」

「葬花？」太宗詫異道。

武才人道：「陛下，臣妾見這些花瓣長得粉紅肥厚，卻是好東西，不忍心見它就此掉落、腐爛，臣妾將它們都埋在土裡是為了讓他們入土為安！是為了他們更好的養護活著的這些花草！化作春泥更加能養花！臣妾只是希望留住美好！」

太宗笑道：「妳的想法真的是古靈精怪，這朕還是頭一回聽說！」

武才人道：「陛下，家父應國公昨日又託夢給臣妾了，他希望臣妾放棄武藝，說姑娘家學武不是什麼好事，他希望我相夫教子，做一個賢妻良母，好好讀書、吟詩，做一個尋常女子！陛下，臣妾的願望就是能夠像平民百姓那樣，日出而作日落而息！所以，臣妾牢記家父的話，今日便在此學習農作！」

太宗道：「對，女子就應該做一些女紅之類的東西！不過，朕封為妳武才人，妳自當比別的女子自由些！」

武才人一副受寵若驚的樣子，道：「陛下所言極是。」

太宗走到武才人的面前，用手擦了擦武才人臉上的泥土，笑道：「妳還學農婦種地呢，看妳一臉的泥土！行了，朕走了！」

「恭送陛下。」由武才人牽頭，眾人一起跪送道。

太宗在太監陳得祿的陪伴下離開了。

太宗暗暗在想：「這個武才人，朕真的看不透她，有時候她的志氣沖天，不像尋常女子，有時候又鼓弄起這些農事來！朕實在看不出她會是篡奪我大唐江山的人！」

太宗皇帝一邊想著，一邊搖頭，眉頭緊鎖，百思不得其解。

春色撩人，武才人假借購物、踏青之名出了宮，身邊跟著幾名宮女和太監，她們跟在武才人的身後片刻不離。這讓武才人心裡直發毛，她藉口出宮就是為了去見情人李君羨的，哪能讓人跟著，這讓皇帝知道了那還得了，豈不是給太宗皇帝戴綠帽子。武才人轉過身去，笑著面對眾隨從，問道：「你們幾個平日裡也很少有機會出宮吧？」

眾人點頭，不敢吱聲。

武才人笑道：「那好，本宮給你們一個機會，玉兒拿出些錢來分給她們！」

宮女玉兒從身上取下一包碎銀子，一一分給她們，武才人道：「這些錢賞給你們，你們可以各自去挑選一些心愛之物，這長安城這麼大，難得出來逛逛！」

眾人皆眉開眼笑，捧著銀子笑得合不攏嘴，連連答謝武曌，其中一個宮女道：「娘娘，我們都各自散去，誰來保護娘娘啊？要是主子知道了，我等吃不了兜著走！」

武才人笑道：「沒事，有玉兒跟著我就行了，我練過武，再說這裡是皇城，我是皇帝的女人，誰敢對我怎麼樣？去吧，這件事情，我不會對人說！」

眾人高興的手舞足蹈，捧著銀子，異口同聲道：「謝娘娘。」

隨後，幾名太監和宮女興高采烈地離開了，奔向各自要去的地方。

見眾人離去，武才人便和宮女玉兒繼續往前走去，兩個人一直來到長安城外的關帝廟，此處是早已荒廢的關帝廟，四周雜草叢生，平時很少有人來，連路都沒有。就連關帝廟的牆壁和窗戶紙都殘破不堪，四周一片寂靜。武才人望了望關帝廟，面對宮女玉兒道：「玉兒，妳守在廟門口，不要放任何人進來，如果有人來，妳要立刻通知我！」

「唯。娘娘放心，玉兒一定看好廟門。」宮女玉兒道。

武才人安排好了一切，便進入到關帝廟的院子裡，院子裡早已破敗，武才人拎著褲腳小心翼翼地從草叢裡穿過，她推開了廟門，此時身著便裝的李君羨早已守候在廟裡。武才人一見到李君羨，情不自禁地撲向李君羨的懷抱，道：「李將軍，武曌好想你！」

李君羨面對武曌的情不自禁，雖然盡量恪守臣下之禮，但終究還是男人，難免也會有慾火焚身的時候，一把抱住了武才人，一陣熱吻，雙手不斷地在武曌的身體上撫摸，並扒下她的外衣，兩人隨之倒地纏綿在一起。

整個過程持續了一炷香的時間，武才人從地上坐了起來，慢慢穿起衣服，李君羨也站了起來，將衣服一件件穿上，並抖了抖身上的塵土。李君羨一向是一個頂天立地的男兒，沒想到竟敢背叛了皇帝，上了皇帝的女人，他不敢直視武曌。

武曌有意調戲道：「將軍，事情都已經做了，你還感到惶恐和內疚嗎？人生苦短，就已經及時行樂，陛下後宮嬪妃那麼多，本宮夜夜獨守空房，空耗了這大好年華！武曌對將軍一見鍾情，將軍就不要內疚了！」

李君羨一臉慚愧的樣子，道：「我李君羨自問對得起天地良心，在戰場上沒有被敵人俘虜，到頭來，我還是沒能過得了這情關啊！此事若被陛下發現，我們兩個都是死罪啊！」

武曌冷笑道：「將軍，武曌問你一句話，你第一次見到本宮的時候腦子裡有沒有幻想過跟我在一起的場面？你要如實回答！」

李君羨羞愧地點了點頭。

武曌穿好衣服，站了起來，近距離面對李君羨，道：「將軍，武曌再問你一個問題，你剛才和我野合之時快樂嗎？」

「這是我生命中最快樂的一天！」李君羨滿足道。

武曌道：「這就是了，人生中除了快樂，還有什麼東西是我們值得留念的？金銀？功名？我告訴你，這些都不是，人生中只要有一天是快樂的，那都沒有遺憾！」

李君羨匪夷所思，道：「娘娘……」

武曌笑道：「李將軍，謝謝你，謝謝你讓我得到了滿足！將軍，此事天知地知你知我知！我先回宮了，不能待的太久！」

武曌看了看李君羨，回頭打開了廟門，便走了出去。

李君羨負疚之深，跪了下來，一個巴掌一個巴掌地抽打著自己，道：「李君羨你不是人，你有負皇恩！你再也不是那個正直的開國名將了！」

此時的李君羨狼狽不堪，反倒身為男子漢的李君羨像是一個剛被強姦後的女人，對此事耿耿於懷，不依不撓。

第七章　李君羡含冤枉死

在關帝廟裡與李君羨偷情歡悅後的武才人從關帝廟走出來，紅光滿面，氣色滋潤，她在心裡正沾沾自喜。這裡是荒郊野外，平時很少有人來，親信宮女玉兒在廟門口站的腿都麻木了，這才坐在廟門口的臺階上焦急地等待著。她聽到身後的腳步聲，這才站了起來，道：「娘娘。」

武才人望了望四周圍，又看了看玉兒，問道：「玉兒，沒有什麼人來過吧？」

宮女玉兒搖了搖頭，道：「娘娘放心，奴婢盯著呢，連個過路的人都沒有！」

武才人道：「玉兒，今天本宮來這裡的事情不要跟任何人說起，妳是本宮最信任的人，要是此時走漏半點風聲，我拿妳是問！」武才人的語氣像是在警告，卻帶著幾分恐嚇。

玉兒嚇得連忙跪在武才人的面前，道：「娘娘，奴婢不敢，就當娘娘從來沒有來過這裡！」

武才人道：「走吧！」

宮女玉兒納悶道：「娘娘，我們去哪兒？回宮嗎？」

武才人道：「好不容易出來一次，還是給後宮的那些娘娘們帶點禮物吧，不然，她們又在背後搞鬼！

這女人啊，一旦有了虛榮心，便什麼都忘記了！」

宮女玉兒問道：「那娘娘，我們買什麼好呢？」

「投其所好，胭脂水粉，珠釵之類，跟著那些主子們的喜好來吧！」武才人強調道。

一邊說著，兩人朝著草叢中走去。

武才人帶著一干宮女和太監提著禮盒來到了立政殿外，還沒有進殿，就聽到這裡鬧哄哄的，七嘴八舌，都是女人的聲音，說什麼的都有。還有些娘娘們正在議論武才人，除了徐惠說些好話外，其他嬪妃也都是落井下石，都在詆毀武才人。武才人身後的太監和宮女們聽到裡面的談話，紛紛左顧右盼，不敢說話，她們都在觀望武才人的表情。武才人聽了那些長舌婦的話，心裡當然不高興，但是她沒有忘記此行的目的，買這些禮物就是為了消除芥蒂的，眼下皇帝對「女主武王有天下」的謠言是深信不疑，這些特徵武才人都具備，她不得不小心謹慎。

「武才人到。」立政殿外的太監通報。

武才人領著太監和宮女走了進去，進去一看，韋貴妃端坐在中央，兩邊坐滿了各宮的娘娘，除了韋貴妃和徐惠臉上有笑臉，其他娘娘們一個個是怒目以對，大多沒有什麼好臉色。

武才人假裝不在意，她來到韋貴妃的面前，拜見道：「臣妾參見貴妃娘娘。」

韋貴妃笑道：「武才人請起！」

武才人又向兩邊的娘娘們見禮，道：「武才人見過諸位姐姐！」

陰妃不屑一顧，道：「免禮了！」

徐惠朝武才人點了點頭，笑了笑。

武才人身後的太監和宮女一起朝諸位嬪妃拜見道：「奴婢拜見諸位主子！」

「你們都請來吧！」韋貴妃道。

「謝娘娘。」眾宮女、太監道。

韋貴妃看了看宮女們手裡提著的盒子，十分不解，道：「武才人，妳很少來我這裡，妳這是？」

武才人笑道：「貴妃娘娘，臣妾出了一趟宮，為貴妃娘娘和諸位姐姐買了一點禮物，好在諸位姐姐都在，武曌也不用一一上門了！」

韋貴妃以及眾妃都按捺不住喜悅之情，一個個眉飛色舞，迫不及待地朝各個盒子看去。

韋貴妃笑道：「想不到妹妹如此有心！本宮謝過了！」

武才人回頭吩咐道：「快按照盒子上寫的名單將禮盒一一送到諸位娘娘的手上！」

「唯。」眾人應道，然後將各自手中的禮盒分別送到了在場的諸位娘娘們的手裡。

「我最喜歡的一款胭脂！」楊婕妤打開禮盒，欣喜若狂道。

「這款唇脂的顏色正合我意！」楊妃打開禮盒，驚喜不已道。

娘娘們各自從開禮盒都在為盒子裡的禮物沾沾自喜。

陰妃卻眼巴巴地看著，宮女送到陰妃手裡的禮盒被陰妃擱在椅子旁邊的桌案上，見娘娘們正樂得合不攏嘴，陰妃道：「瞧妳們一個個的，就這樣被收買了？」

韋貴妃笑道：「陰妃不能這樣說，這也是才人妹妹的一番心意嘛！」

陰妃卻不以為然地將臉側到了另一邊。

武才人走到陰妃的面前，笑道：「陰姐姐，妳倒是打開看看啊，也許妳看了會很高興的！」

武才人將桌子上的禮盒打開，伸到了陰妃的面前，陰妃故意將臉側到一邊，武才人又再次伸了過去，陰妃斜眼看了一下，忍不住喜悅之情，但又故意裝作不領情。武才人笑道：「陰姐姐，我知妳最愛美玉，這是我請玉師雕刻的觀音像，妳喜歡嗎？希望它能保佑妳！」

雖然，陰妃很喜歡，但是礙於面子的她，一時找不到臺階，上座的韋貴妃笑道：「陰妃，妳就收下吧，妳看才人妹妹多細心啊，把妳們一個個的愛好都摸得透透的！」

陰妃勉強接過禮盒，故作高冷道：「謝了啊，武才人！」

武才人笑道：「妹妹給姐姐們買禮物都是應該的！」

此話一出，娘娘們頓時心被融化了，對這個武才人也沒有了芥蒂，一個個臉上都顯得有些內疚。

韋貴妃笑道：「才人妹妹，妳的禮物本宮收下了，謝謝妳！」

「我大姐不在身邊，以後妳們就是我的親姐姐，妹妹我有好東西，肯定先想到姐姐們！」武才人道。

徐惠道：「才人妹妹，妳在我心裡一直就是我的親妹妹！」

武才人笑道：「謝謝徐姐姐！姐姐們慢慢聊，我今天出了一趟宮，累壞了，先回寢宮歇息了！」

武才人和隨行的宮女、太監一起走出了立政殿。

見武才人遠去，韋貴妃瞧了瞧在場的嬪妃，道：「妳們看看，武才人多麼了解妳們，把妳們當成親姐妹，妳們可不能再暗中為難她了！」

嬪妃們的表情有些信以為真，有些不以為然。

光陰荏苒，一轉眼，長安城又進入冬天。一連颳了幾天幾夜的西北大風，長安城外的城牆上已結成了乾冰。樹枝上的葉子搖搖欲落，飄落的滿地都是。街上的行人很少，出門的人也都像包粽子一樣將自己包裹的嚴嚴實實。一連數日的大風，終於在某天晚上，大雪光顧了長安城，窗外的雪花嗖嗖嗖地下個不停，夜很靜，靜的可以聽見雪花落地的聲音。從大明宮外望去，長安城漆黑一片，只有零星的燈光分布在黑暗中。蓬萊殿裡太宗皇帝李世民躺在龍床上翻來翻去的睡不著覺，在床上輾轉反側。太宗身旁的徐妃也被太宗驚動，甦醒過來，徐惠面對太宗問道：「陛下不舒服嗎？」

太宗煩惱道：「外面好像下雪了！朕能聽到雪花落地的聲音！」

徐妃道：「難道下雪的聲音也能干擾到陛下睡覺嗎？」

太宗道：「愛妃，朕總覺得心神不寧，自從李淳風告訴朕大唐江山要易主，朕就寢食難安，這就是朕心裡的一塊石頭，朕雖然不願意輕信此等愚昧之事，但俗話說得好，寧可信其有不可信其無啊！朕的歲數越來越大，身體也不好，也不知道哪天就被老天爺帶走了！朕實在放心不下社稷啊！沒有找到這個禍害我大唐後世的人，朕死不瞑目！」

徐妃同情道：「陛下，既是天意，人又怎麼能改變呢？」

太宗嘆道：「妳說的這些，朕都明白，朕辛辛苦苦打下的江山，到頭來江山社稷落到外姓手裡，朕即使到了九泉之下也愧對太祖啊！」

徐妃安慰道：「陛下，睡吧！陛下宅心仁厚，乃一代明君，相信上天會保佑大唐的！」

太宗依然一副愁容，體貼的徐妃將被子扯上來給太宗蓋上。

次日清晨，太監進到蓬萊殿，升起了炭爐，並打開了窗戶。徐惠下了床，三兩個宮女上前親自為徐惠穿戴整齊。徐惠穿好衣服後，緊接著太宗下了床，徐惠親自為太宗穿好了龍袍。穿戴整齊後，太宗來到炭火爐子前烤了烤冰冷的手，便來到窗戶前，望了望大明宮，整個大明宮被厚厚的白雪籠罩，長安城已呈現出一片白的世界，天空看不到一片雲，寂靜的可怕。

體貼的徐惠拿來一件披風給太宗披上，道：「陛下，天涼，還是回到火爐前取暖吧！」

太宗舒展舒展筋骨，心情不錯的樣子，道：「愛妃，妳看，這雪還在下，所謂瑞雪兆豐年吶，明年又是一個豐收年！朕真希望大唐的百姓能夠豐衣足食！」

徐妃笑道：「大唐有了皇上是臣民之福！陛下，還是過去烤火取暖吧！」

太宗道：「不了，朕還要感到宣政殿上朝呢！」

說罷，太宗便風風火火朝殿外走去，緊接著太監陳得祿前來伺駕，幾個小太監也隨之跟上。

雪風夾帶著雪花吹進了宣政殿，宣政殿的門被刮的吱吱作響。宣政殿裡文武大臣手持笏板站成兩班，他們冷的直發抖，一雙手凍得青一塊紫一塊。

「皇上駕到。」陳得祿一邊朝殿內喊道，一邊扶著唐太宗走進宣政殿，朝大殿內的寶座走去。

群眾跪了下來，齊呼：「吾皇萬歲萬歲萬萬歲。」

太宗在陳得祿的攙扶下來到寶座前坐下來，太宗道：「諸位愛卿平身。」

「謝陛下。」眾臣齊刷刷地站起來。

太宗朝殿下的文武大臣看去，掃視了一圈，感慨道：「這俗話說得好啊，文臣治天下，武將打天下，朕今年已經五十一歲了，不知還能活多久，凌煙閣二十四功臣如今還剩幾人吶？河間郡王李孝恭、蔡國公杜如晦、許國公高士廉、蔣國忠公屈突通、鄖國公殷嶠、譙國公柴紹、胡國公秦瓊都先朕而去，就連朕的股肱大臣魏徵和房玄齡兩位愛卿也棄朕而去！朕想他們啊！」

眾臣連忙跪下，齊呼：「皇上！」大臣們的語氣充滿了同情。

「朕的身體每況日下，每日以丹藥續命，朕當年在玄武門親手殺死了那個對太祖不忠不孝、對兄弟不仁不義的皇太子李建成，朕背負著世人的唾罵和指責，但朕不後悔，朕窮盡一生才有了今天的貞觀盛世，朕只是盼望諸位愛卿日後能殫精竭慮的為大唐效力，保大唐，也是在保你們自己！大唐繁榮，你們的爵位和富貴才能延續啊！」太宗道。

跪在地上中書令長孫無忌持笏板道：「陛下，保重龍體要緊啊！臣等身為大唐之民、陛下之臣理應為陛下分憂，為了陛下和大唐臣等肝腦塗地在所不辭啊！」

「臣等為大唐為陛下萬死不辭！」眾臣一起回應道。

大臣們一個個慷慨激昂，讓太宗皇帝欣慰不已。太宗道：「你們都起來吧！」

「謝陛下。」眾臣起身。

太宗道：「近日大雪天氣寒冷，朕今日就緊閉殿門，在這宣政殿宴請諸位愛卿喝羊肉湯，這草原上的羊啊肉質鮮嫩肥美！」

群臣相顧以盼，都表現的十分期待。

太宗對一旁的太監陳得祿道：「傳旨下去凡有爵位的武將都來參加！」

「唯。」陳得祿接旨後便向殿外走去。

大臣們退到兩邊，殿門大開，太監們分兩人一組抬著小長桌走進來，宮女們則端著果盤和菜品走進來，待太監們將桌子都擺好後，宮女們將菜品一一上擺上。很快整個宣政殿都擺滿了桌子和菜品，太宗的御案上也擺上了御膳和貢品。隨後，武將們紛紛從宣政殿的正門和側門紛紛入內。待所有人等進入到殿內以後，殿門隨之全部關上。

「臣等拜見陛下，吾皇萬歲萬歲萬萬歲。」眾將一起跪道。

太宗望著這一桌桌豐盛的菜餚，笑道：「諸位愛卿都對號入座吧。」

「遵旨。」大臣們按官階大小一一對號入座。

待百官坐定後，太宗道：「現在你們每人面前都放著一碗熱氣騰騰的羊肉湯，諸位愛卿還是趕快享用吧，等你們喝完了羊肉湯朕再說話！」

群臣此時已經冷的直發抖，臉色蒼白，紛紛捧著羊肉湯碗，大喝，猛喝起來。很快，大臣們將一碗發燙的羊肉湯乾的一滴也不剩。

太宗看了忍俊不禁，道：「朕看你們平時都斯斯文文的，想不到一說到喝羊肉湯，大家都狼吞虎嚥啊！」

「讓陛下見笑了！」群臣異口同聲道。

長孫無忌道：「陛下，臣等此刻的雙腿雙手都已經麻木了，要不是陛下賞臣等一碗羊肉湯，估計是受不了了！」

群臣連忙放下手中的碗筷，迎合長孫無忌剛才的話，異口同聲道：「是呀，陛下。臣等謝陛下恩典。」

太宗笑道：「我大唐開國幾十年了，朕從來沒有請過這麼多大臣吃飯，還是在這大殿之上，今天趕上冬至，加上天氣寒冷，所以才想到請大家喝羊肉湯！今天，諸位無需恪守君臣之禮，大家開懷暢飲！」

群臣面向太宗，就地跪謝道：「謝陛下恩典！」

太宗道：「朕剛不是說了嘛，怎麼又注重這些繁文縟節了！快平身吧！」

「謝陛下。」群臣紛紛入座。

第七章　李君羨含冤枉死

太宗道：「這俗話說的好，人生七十古來稀，朕已過了知天命之年，不知來日幾何？今日君臣同樂，我們不談國事，只管吃好喝好！不如，我們行酒令如何？誰先來？」

眾臣左顧右盼，都不敢第一個站出來表現自己。

太宗笑道：「你們誰先來？不如朕提議，諸位愛卿不妨說說自己的乳名吧！誰也不許隱瞞和虛報！朕聽慣了諸位愛卿的大名，這乳名頗能引發朕的興趣！不如從長孫無忌開始吧，你是百官之首！」

一聽太宗皇帝提出這樣的要求，眾臣皆畏縮起來，目光迴避。

長孫無忌道：「陛下，微臣沒有乳名，只是大夥兒在臣小的時候喜歡叫我信陵君！」

太宗一臉詫異道：「信陵君不是魏公子魏無忌嗎？怎麼叫你信陵君？」

長孫無忌道：「讓陛下見笑了，陛下有所不知，臣在小的時候因為仰慕戰國四公子之一的信陵君魏無忌，故改名為長孫無忌，後來臣的性格喜歡打抱不平，又時常收養一些孤兒和有才之士，所以，鄰里街坊都叫我信陵君，久而久之，就成習慣了！」

太宗大笑道：「朕認識你這麼多年，還不知道你的名字竟然是這麼來的！朕看你比那魏公子是有過之而無不及啊！」

群臣跟著笑了起來。

太宗舉杯道：「諸位愛卿，來，朕敬諸位愛卿一杯！」

見皇帝舉杯，眾臣連忙站了起來，舉杯面向太宗，道：「謝陛下。」眾臣將一杯酒一飲而盡。

幾杯下肚，眾臣也有些醉意。

兵部尚書李勣道：「陛下，老臣的乳名叫默兒！」

李勣有些難為情地環視了周圍，太宗忍不住笑道：「默兒，太師這名字怎麼講？」

「老臣曾經聽娘說老臣生下來沒有哭，長到很大才開始說話，我娘就叫我默兒，就是啞巴的意思！」李勣道。

太宗大笑道：「朕看太師你的口才很好嘛！」

群臣也笑了起來。

緊接著是禮部尚書唐儉，道：「陛下，臣的娘說臣自小多動，又愛哭鬧，所以，臣的娘就管臣叫鬧兒，唐鬧！」

群臣又笑了起來。唐太宗笑道：「諸位愛卿啊，沒想到大家的乳名一個比一個有趣！大夥兒都說說，一個個來，朕和諸位大臣就當樂子聽！每個人都有童年，沒有什麼難為情的！」

每個大臣都要說，輪流著來，終於輪到武連縣公李君羨了。將領出身的李君羨性情爽朗，跟身旁的將軍們猛喝了幾碗下肚就萌生醉意，渾然不知輪到自己說出乳名了。

太宗喊道：「君羨，該你了！」

李君羨已經醉的迷迷糊糊，身邊的將軍推了推他，道：「李將軍，輪到你了！」

酩酊大醉的李君羨，藉著醉意，道：「陛下，小將乳名五娘子！」

第七章　李君羨含冤枉死

群臣鬨然大笑。

太宗的臉色卻十分的難看，臉色鐵青，問道：「妳既然為女子，為何這般雄健勇猛？」

李君羨醉醺醺地笑道：「陛下，我娘說我是九天玄女下凡！」

太宗身邊的太監陳得祿道：「大膽，妳竟敢在皇上面前稱自己是天神下凡！該當何罪！」

李君羨從宴席前走出來，站在大殿的中央，面對唐太宗，提著酒壺一邊喝，一邊撒潑道：「如果沒有我們這些武將，他能當上皇上嗎？」

群臣為李君羨捏了一把汗，長孫無忌斥道：「李君羨，快下去，休要胡言！」一時上來幾位將軍，要將李君羨拽下去，李君羨執意不肯。

太宗道：「你們都下去，讓他說！酒後吐真言嘛！」

醉酒的李君羨拎著酒壺，繼續喝了一口，接著道：「當年要不是我出賣了王世充，陛下能有今天嗎？」

長孫無忌為了保李君羨的性命，忙朝外面的侍衛喊道：「來人，將李君羨帶下去打入天牢！」

眾臣同情李君羨，一同站了起來，面對唐太宗，異口同聲道：「陛下，李將軍酒後失言，還是饒恕他吧！」

唐太宗朝進來的兩名侍衛揮了揮手，一副無可奈何的樣子，示意他們將李君羨帶下去。

暗藏殺機的唐太宗暗暗在想：「李君羨身居武衛將軍，封號為武連縣公，皆有武字，偏又號五娘子，此人有勇有謀，莫非他就是那篡奪我大唐江山的人！」

想到這裡，唐太宗的表情十分的可怕。

自從皇帝懷疑女皇登基，尤其對宮裡姓武的女子尤為提防。武曌明白，如果不如履薄冰，不小心謹慎，隨時都有被殺的可能，弄不好還要滿門抄斬。所以，從那以後，武曌在宮裡隨時扮演一個胸無大志的普通女人，不敢再在皇帝面前賣弄才華。長安城裡冰天雪地，白茫茫的一片，整個大明宮除了站崗的士兵，基本上沒有人在外面走。武曌在寢宮裡，生著炭爐，坐在爐火邊一邊烤著火，一邊繡花，也不再舞刀弄棒了，連一些聖人的典籍都不敢輕易翻。武曌坐在爐火邊全神貫注地繡著花。這時，太監小鄧子出現在她跟前，低頭繡花的武曌看到了小鄧子的腳，這才抬起頭來。小鄧子連忙見禮道：「奴才拜見娘娘！」

「免禮了！你們都下去吧！」武曌看了看周圍的宮女和太監吩咐道，並放下手裡的繡具。

小鄧子將嘴湊到武曌的耳邊，低聲道：「娘娘，今日陛下在宣政殿大宴群臣，主要宴請的是武將，皇上一時興起讓眾臣報出乳名，哪知武衛將軍李君羨醉酒在大殿上得罪了皇上，現在人被關進了天牢！」

武曌問道：「怎麼回事？說說！」

小鄧子道：「李將軍自稱乳名五娘子！還說大唐有今天都是他們那些武將的功勞，陛下震怒，將其收監！」

武曌道：「我知道了，你先下去吧！」

「奴才告退。」小鄧子剛要踏出門。

武曌喊道：「回來！」

第七章　李君羨含冤枉死

武曌將自己頭上的髮釵取了一支下來賞給了太監小鄧子，並囑咐道：「要是有人看到你來我這裡，你什麼也不要說，如果實在要說，你就說本宮家裡有人帶口信兒，知道嗎？」

太監小鄧子雙手捧著金釵，道：「謝娘娘，娘娘放心，奴才若是吐露半個字，除非是不要腦袋了！」

說完，武曌放心讓他離去。

小鄧子剛走，武曌的親信宮女玉兒來到了她的面前，道：「娘娘沒事吧？」

武曌緊張道：「玉兒，李將軍被皇上關了！」

玉兒不敢多言，只是問：「那娘娘要去天牢探監嗎？」

「不了，玉兒，妳先下去吧，讓我一個人靜靜！」武曌道。

玉兒只好恭敬地退了下去。

武曌站起來，圍著火爐徘徊了幾圈，伸手烤了烤，眉頭緊鎖，暗想道：「皇上，好一齣鴻門宴吶，你請武將吃飯，將其灌醉，還探聽乳名，你這不就是要找那登基之人嘛！武衛將軍、武連縣公李君羨，偏偏又叫五娘子！李將軍啊，你這次是死定了，本宮也救不了你啊！你既死，但願你不要拉本宮墊背啊！」

天牢裡陰暗潮溼，常常有老鼠在牢房裡四處流竄。李君羨身著囚服蹲在牢房的角落裡，蜷成一團，形貌甚是狼狽。他的樣子甚至連長安城外的叫化子都不如，完全沒有往日那英姿颯爽的氣派。

皇上身邊的太監陳得祿帶著幾位小太監出現在李君羨所在的牢房門口，獄卒打開了牢門，陳得祿朝李君羨喊道：「聖旨到，武衛大將軍李君羨接旨！」

精神恍惚的李君羨掉飭了一些頭髮，連跪帶爬地來到了陳得祿的跟前，道：「罪臣接旨！」

陳得祿緩緩展開聖旨，道：「皇帝詔日：經查武連縣公李君羨勾結奸邪，詛咒皇上，現革職抄家，武衛將軍李君羨於三日後午時在玄武門外斬首示眾！欽此！」

李君羨疾呼道：「陛下，臣冤枉啊，都是臣酒後胡言，臣絕對沒有勾結奸邪，詛咒陛下啊！」

李君羨痛心疾首。

陳得祿同情道：「李將軍，你在大殿之上對皇上大不敬，皇上如果不殺你，如何能重振朝綱，如何能在文武大臣面前豎立威信，李將軍你還是接旨吧！皇上開恩，沒有讓你的家人連坐，已經是莫大的恩典！」

李君羨流著淚，伸出雙手捧回聖旨，道：「臣接旨。」

李君羨熱淚盈眶，倒不是李君羨怕死，只是他心裡不甘，不甘心一個眾臣被汙衊為奸臣。

「娘娘，娘娘，出大事了！」武曌身邊的宮女玉兒火急火燎地趕到武曌的面前。

此時的武曌正在寢宮外面修剪著盆景的枝葉，武曌一邊修剪枝葉，一邊道：「是不是李將軍的事情？」

玉兒連連點頭，急道：「娘娘，宮裡傳出消息，皇上下旨三日後要在玄武門外處斬李將軍！」

武曌道：「以何罪名？」

玉兒道：「聖旨上說李將軍勾結奸邪，詛咒陛下，這次是死罪難逃了！李將軍不敢在大殿之上當著百官的面讓陛下難堪啊！」

武曌放下剪子，道：「玉兒，跟我進來！」

武曌和玉兒進入到寢宮裡，來到自己的書房，鋪開紙張寫了起來，寫完後，武曌將紙條捲起來給玉兒道：「玉兒，妳找一個信得過的奴才，將這張紙條送到天牢裡交到李將軍的手裡！」

「唯。」玉兒握著紙條匆匆忙忙地走下去。

精神失常的李君羨坐在牢房裡，用石塊在地上寫寫畫畫，不知他在畫些什麼東西。突然牢門打開，一個獄卒提著飯盒走進來，將飯盒放在李君羨的面前，道：「李君羨，吃飯了！」

獄卒放下盒子便鎖上門出去了。

李君羨打開了飯盒，裡面是幾個饅頭還有一些青菜和肉食，李君羨撿起一個饅頭便啃了起來，剛一啃就發現了饅頭裡有一張紙條，他望了望周圍沒有人，趕緊將紙條取出，回到角落裡匆匆打開紙條，上面寫著：「李將軍，皇上殺你不僅僅是因為你在金殿上辱罵他，只因近來民間傳出女主武皇代李稱帝一事廣為流傳，陛下甚是忌諱，將軍被封武衛將軍、武連縣公，就連將軍的乳名也被陛下懷疑，所以陛下殺將軍是必然的！事到如今，武曌也無能為力，關帝廟之事天知地知你知我知，將軍活著一天就讓武曌寢食難安，既然皇上要殺將軍，武曌奉勸將軍還是自盡的好！也可保全屍！將軍放心，你的家眷武曌會竭力照應！時下風聲正緊，武曌不好親自前往天牢探視，往將軍走好！看後請將軍銷毀紙條！」

李君羨讀罷，將紙條捏成一團，帶著一口米飯一口氣嚥了下去。

李君羨冷笑，道：「原來末將只是娘娘拿來消遣的男寵罷了！末將謝娘娘照顧末將的家眷！」

李君羨一狠心，咬舌自盡。

太宗皇帝正在御書房裡批閱奏章，太監陳得祿領著長孫無忌匆匆趕來，陳得祿道：「陛下，長孫大人到了！」

唐太宗抬起頭，看了看長孫無忌，便放下筆，道：「愛卿來了？」

長孫無忌叩拜道：「臣參見陛下！」

「平身吧。」

「謝陛下。」長孫無忌站起來。

還沒等太宗問話，長孫無忌急道：「陛下，武衛將軍李君羨在天牢裡自裁了！」

唐太宗質疑道：「天牢裡，一無上吊用的白綾，二無毒藥，他是如何自盡的？」

長孫無忌道：「陛下，自殺的方式有很多，並非要用此二物，李將軍是咬舌自盡！」

唐太宗震怒道：「豈有此理！不過李君羨也算我大唐的開國功臣，就留他一個全屍吧！不過，這件事情在朕看來甚是蹊蹺，會不會有人從中作梗？」

長孫無忌道：「陛下，李將軍一向忠於大唐、忠於陛下，他是絕對不會勾結奸邪的！希望陛下明察！

關於李將軍突然暴斃，臣也難以置信，臣也在調查之中！」

唐太宗道：「行了，這件事情到此為止！朕累了！你們都下去吧！」

「是。」臣告退。長孫無忌和陳得祿紛紛退出殿外，長孫無忌的表情有些不甘心。

第八章　太宗薨武媚出家

位於秦嶺山脈的終南山，連綿數百里，崎嶇而險阻，讓人望而卻步。終南山山高雲淡，青蔥翠綠，直達天穹。山間煙霧繚繞，如同仙境。著名的皇家行宮翠微宮屹立森林之中，翠微宮亭臺樓閣環抱，層層疊疊，通身道家氣派。為終南山的神祕徒增了幾分色彩。五十二歲的唐太宗生病了，他面容憔悴，嘴唇乾燥，雙目無神，在太監陳得祿和老道士飄渺道人陪同下行走在翠微宮外面的走廊上。唐太宗步履蹣跚地走在前面，陳得祿攙扶著他，老道飄渺跟在後面，不知不覺中，唐太宗已臨近懸崖邊，他就地在一塊巨石上坐了下來。

「陛下先起來，奴才給您墊件衣服，地下涼！」陳得祿急道。

唐太宗卻不在意，他望著遠方，道：「陳得祿，道長你們都坐下來，不用站著，陪朕聊聊！」

「遵旨。」飄渺道人和陳得祿也在太宗的身邊盤腿而坐。

唐太宗望著終南山遠處的崇山峻嶺，感慨道：「朕和太祖辛辛苦苦創立了大唐，成就了一段盛世，到頭來終免不了一死啊！古往今來的皇帝，秦始皇、漢武帝、梁武帝他們都在尋求長生不老藥，但他們都死了！道長，朕問你，你要如實回答，這世上果真有長生藥嗎？」

飄渺道人揮了揮拂塵，道：「陛下，我輩修道之人只知道去參悟經書裡面的奧妙，哪裡見過真正的神仙！神仙也許只是我輩精神依靠罷了！人世間的一切原本就是過眼雲煙，信仰才是貧道的立身之本啊！陛下乃明君，當知這個道理！」

唐太宗不甘心，問道：「那長生不老藥難道也是不存在的嗎？」

「陛下，貧道問陛下一句，從三皇五帝到如今又有幾人能活過百歲！有沒有長生藥，陛下心當明瞭！」飄渺道人道。

太宗繼續發問道：「那平日你給朕吃的難道不是長生藥？」

飄渺道人道：「陛下，貧道為陛下煉製的丹藥都是一些養生、增壽的補丸，並無長生的功效！是藥三分毒，只是陛下長期服用藥物，陛下的身體已經日漸消瘦、體力不支！這些都是貧道的罪過，貧道向陛下請罪！」

說罷，飄渺道人跪在了太宗的面前，一味兒的向太宗請罪。

太宗道：「你起來吧！這長生藥是朕讓你煉製的，錯不在你！」

「謝陛下。」飄渺道人畢恭畢敬的站到一邊。

太宗看了看陳得祿吩咐道：「朕的身體大不如從前，已經無力再主持朝政，傳旨回長安，讓太子李治監國，長孫無忌和褚遂良輔佐！讓韋貴妃、徐惠和武才人到終南山輪流照顧朕的起居！」

「遵旨。陛下回行宮吧，這裡風大！」陳得祿小心翼翼地攙扶著太宗。

三人一行朝著行宮的方向走去。

太宗皇帝躺在翠微宮裡的龍床上，雙目無神地看著正在為他把脈的御醫，飄渺道人則在一旁守候。跪在床前為唐太宗把脈的御醫眉頭緊鎖，他站了起來，一籌莫展地奏道：「陛下，你的脈象虛弱，體內毒氣攻心，你不能再服用丹藥了！微臣建議陛下還是用食療法比較妥當！臣給陛下列出幾道菜，陛下每日吃即可！」

太宗朝御醫揮了揮手，示意他退下，並點頭，同意御醫的食療法。

御醫緩緩退去，來到桌案邊書寫起來。

飄渺道人戰戰兢兢道：「陛下，貧道不能欺瞞陛下，這世上確無長生藥！微臣的丹藥也是根據《黃帝內經》上的藥材以及我道家的藥材煉製而成！但貧道確無謀害陛下之意啊！」

太宗點了點頭，微弱的聲音道：「道長，你退下，朕沒有怪罪你的意思！一切都是朕的錯，朕也是凡夫俗子，妄想什麼長生！道長，朕服食長生藥的事情千萬不要洩露出去，朕不想讓天下百姓笑話！」

「貧道不敢！」飄渺道人道。

這時候，太監陳得祿領著韋貴妃、徐惠和武才人匆匆趕到御前，陳得祿道：「陛下，三位娘娘奴才已經請到了！」

陳得祿剛剛彙報完，韋貴妃和徐惠連忙下跪參拜道：「臣妾參加陛下！」

而武才人故作一副傷心不已的樣子，她一頭撲倒在了太宗皇帝的胸前，哭道：「陛下怎麼了？臣妾聽說您病了，臣妾心急如焚！」

武才人一邊問，一邊哭泣，表現地十分在意太宗皇帝的身體狀況。而韋貴妃和徐惠見武才人淚流滿面，連忙起身安慰。

韋貴妃和徐惠也俯身在了太宗床前，兩人也表現地憂心忡忡，韋貴妃道：「陛下，臣妾想你，這麼多天你不在宮裡，臣妾聽說你病了，早就想來看你，但是沒有陛下的旨意，臣妾也不敢擅自離開皇宮！」

徐惠也忍不住傷心起來，道：「是呀，陛下，臣妾和貴妃娘娘還有才人妹妹，我們在來終南山的路上一直擔憂陛下的身體！」

太宗伸出手去一一摸了摸她們的手，道：「朕的身體不礙事，朕就是太累，歇息幾天就好了！朕召妳們來就是為了讓妳們照顧朕的飲食起居，女人做事細心，這宮裡的那些奴才粗心大意！以後妳們就住在翠微宮吧！」

三個女人哭的跟淚人似的。

太宗看了看太監陳得祿，道：「陳得祿，就去給三位娘娘安排一下寢宮，這翠微宮房間很大，她們自己挑吧！」

「遵旨。」陳得祿道，然後引著三位娘娘望外走。

三位娘娘剛要跨出殿門，太宗喊道：「韋貴妃留下來陪朕，朕有話對妳說！」

陳得祿領著徐惠和武曌出了門。韋貴妃便轉身來到了太宗的身邊。太宗摸著韋貴妃的手，道：「愛妃！朕看妳又瘦了很多，最近吃的不好嗎？」

「陛下，你就不要管臣妾了，臣妾現在最擔心的是陛下的身體！看到陛下這樣，臣妾真的想哭！」韋貴妃說著眼睛就紅了起來，便又是一把鼻涕一把淚。

太宗用手拍了拍貴妃的手，安慰道：「沒事！朕的身體沒事！放心吧！」

這些日子，三位娘娘輪流到唐太宗的寢殿裡照顧他的飲食起居，當最勤快也最細心的當屬武曌。這一天，太宗皇帝李治依然在床上躺著，而武曌則在距離太宗的龍床不遠的地方用搗藥杵在搗藥罐裡搗藥，武曌就那樣跪坐著搗藥，全神貫注，一邊搗藥，一邊用袖筒擦拭自己額頭上的汗水。藥罐發出乒乒乓乓的聲音，在唐太宗聽來，這是十分清脆悅耳的，唐太宗欣慰地對武曌道：「媚娘，這搗藥之事還是讓奴才們去做吧！妳去歇歇吧？」

武曌道：「陛下，臣妾不累！臣妾現在心裡想的就是陛下的身體快點康復！」

唐太宗已經被武曌灌了迷魂湯，竟分不清她的忠奸。

「太子到。」太監陳得祿的聲音傳了進來。

太監陳得祿帶著太子李治一腳跨入了殿門，一眼就看見了衣著風騷的武曌，道：「娘娘也在呀！」

武曌連忙放下搗藥杵，起身施禮道：「見過太子！」

李治朝著太宗的龍床前走去，一邊走，一邊回頭看了看風情萬種的武媚娘，武媚娘眼睛一眨一眨的看著李治，好像是在眉目傳情。

李治來到太宗床前跪下來，道：「兒臣參見父皇！」

太宗急道：「你起來吧！朕不是讓你在長安監國嗎？你跑到這裡來幹什麼？」

李治起身道：「父皇，自從你生病以來兒臣還從未來看過父皇，兒臣怕天下百姓說兒臣不孝！朝廷的事情，有長孫無忌和褚遂良兩位大人主持，父皇就放心吧！兒臣好不容易從長安趕來終南山，肯定要住幾日的，等父皇的身體好些了，兒臣再走！」

太宗欣慰道：「也罷！既如此你就在這裡住幾日吧！記住父皇的話，大臣可以依附，但是也要防範吶！人心隔肚皮！記得曹魏時期的司馬懿吧，就是因為司馬懿偽裝的太好，導致曹魏後人被滅族！」

「兒臣謹記父皇教誨！」李治恭敬道。

太宗點了點頭，道：「你去吧！」

「兒臣告退。」李治緩緩退去。

李治寢殿門口時，發現了武才人和搗藥罐都不見了，心裡難免有些失落，已經成年的武曌形體已經生的十分豐滿，這讓李治滿腦子出現邪想。

自從太子李治來到了終南山是日以繼夜的照顧唐太宗，其用心的程度超過了韋貴妃、徐惠、武才人，可能這是太子故意在太宗面前表現吧。到了晚上，已經夜深人靜，太宗寢宮外面的宮女和太監也在昏昏欲睡，彼此站著還打瞌睡。寢宮裡，只有武才人和太子兩個人照顧太宗。太子李治搬來一個凳子，就坐在太宗皇帝的床前守候著他，李治服侍太宗喝完湯藥之後，太宗便很快熟睡。而犯睏的李治也在太宗的床前打起瞌睡來，一不小心一頭磕在了床的菱角，額頭陣痛，頓時睡意全無。就在李治清醒的時候，他無意中轉身看到簾子那邊的更衣室，武瞾正在脫衣服，在燭光的照耀下，武瞾的身材透過簾子反映在李治的眼裡，豐乳肥臀，比以往看起來更加性感。

李治直嚥口水，他站起身來，看了看熟睡的太宗，又望了望寢宮四周，匆匆走到了簾子後面，並一把捂住了武瞾的嘴，李治一副如飢似渴的樣子道：「媚娘，我想妳很久了！」

李治便將武瞾一把按在了地上，開始在武瞾的臉上一陣狂吻，並肆意撫摸。

武瞾明明會武功，哪能輕易讓李治得逞，很顯然她是故意不掙脫。她推開李治，低聲道：「殿下，皇上就在身邊，你這麼做不怕嗎？」

李治一副色膽包天的樣子，低聲道：「媚娘，妳放心吧，我已經在父皇的湯藥裡放了安眠藥，現在就是打雷他也聽不見！太監和宮女們都在殿外，沒有我和父皇的命令，他們不敢進來！來吧，我等不及了！」

李治說罷，迫不及待的他開始在武瞾的身上肆意發洩，而青春旺盛的武瞾很快就被慾望征服了，她跟太子纏綿在一起，相互撫慰。

李治的藥勁很大，次日已日上三竿，太宗還在昏睡中，此時太子李治依然假裝坐在太宗床前伺候，而武瞾已於昨晚離開了太宗的寢宮，早上一大早武瞾就端著湯藥，韋貴妃就端著早點，徐惠端著漱口的水盅，有太監端著洗臉盆，總之很多人站在太宗皇帝的面前。

李治朝太宗喊道：「父皇！」

太監陳得祿也與幾位娘娘異口同聲地呼喊道：「陛下……」

一連喊了幾聲，太宗皇帝終於甦醒過來。太宗道：「朕睡多久了？」

「陛下，現在已經日上三竿了！幾位娘娘還等著伺候呢！」太監陳得祿道。

徐惠將漱口的工具端到了太宗面前，道：「陛下，先漱漱口吧！」

李治小心翼翼地將太宗扶起來，並支上枕頭，讓太宗皇帝靠在床上，徐惠將水盅遞到了李治的手裡，李治親自伸給太宗，太宗一一照做了。

對於李治和武曌偷情亂倫的事情，太宗毫不知情，還一臉欣慰地看著他們，笑道：「這些日子多虧了你們了！」

「兒臣服侍父皇是應該的！」李治道。

韋貴妃道：「陛下，是臣妾照顧陛下不周，這些天都是才人妹妹和太子在照顧陛下！」

太宗似有疑慮地看了看太子和武曌，道：「皇兒、媚娘你們都辛苦了！」

武曌連忙將湯藥遞過去，道：「陛下，快別這麼說，湯藥快涼了，你快些喝了吧！」

太宗伸出手去對太子道：「皇兒，扶朕起來，朕下床走走！」

「兒臣遵旨。」太子和陳得祿小心翼翼地扶著太宗下了床。

太宗下床以後，徐惠服侍太宗穿靴子，而韋貴妃將早點遞到一名宮女的手裡，韋貴妃則伺候太宗穿龍袍，太宗穿好了衣服，太監這才將溫熱的臉盆伸到太宗面前，另一名太監則將臉盆裡的熱帕擰乾交到太宗手裡，太宗用熱毛巾敷了敷臉，便將毛巾扔在盆裡，太監則退到一邊。

武曌將湯藥再次端到太宗面前，道：「陛下，喝了吧，再不喝就真的涼了！」

太宗看著武曌，從她的手裡接過湯藥，便一飲而盡。

韋貴妃示意小太監將點心呈上，小太監將點心雙手捧到太宗的面前，道：「陛下，請陛下用早點！」

太宗揮了揮衣袖，道：「退下吧，朕不餓，朕想出去走走！」

韋貴妃忙道：「陛下，你還是吃點吧，你的身體本就不好，不吃早點怎麼行？」

太宗不聽，在太監陳得祿的攙扶下往外面走去。

武曌從太監手裡接過早點，追著太宗喊道：「陛下，你吃點吧，道家對飲食頗有心得，這些早點都是道家弟子精心配製，有益養生之道哦！」

太宗回頭，質疑道：「是嗎？」

「是呀，陛下！」武曌堅定不移道地。

太宗笑道：「既如此，那朕就嘗嘗！」

太宗從碟子裡拿出幾塊糕點吃了起來，武曌就在太宗身邊為他捧著碟子。

徐惠笑著對眾人道：「還是武才人有辦法！」

第八章　太宗薨武媚出家

眾人跟著帶病的唐太宗一起走出了翠微宮，翠微宮外面晴空萬里，終南山的雲霧已經消散，終南山層層疊疊的峰巒盡收眼底。太宗皇帝在陳得祿的攙扶下走在翠微宮外面的石板上，太宗回頭看了看太子李治，道：「治兒，朕昨晚是什麼時辰睡的？朕怎麼一點都沒有印象！」

太子李治疾步來到太宗面前，戰戰兢兢道：「父皇，你是在亥時睡下的！」

太宗道：「不算早啊，那朕怎麼一點也不知道！朕好像聽到了什麼響聲！」

做賊心虛的李治不敢再說話，聽到太宗說聽到響聲，他立刻冒著虛汗，心裡撲通撲通跳個不停。

太宗又回頭看武瞾，問道：「媚娘，妳昨晚是什麼時候離開朕的寢宮的？」

武瞾道：「陛下，臣妾在陛下睡下沒多久就離開了！臣妾走的時候太子還陪在陛下的身邊，太子昨晚一宿未睡。」

太宗疑心道：「這麼說昨晚朕的寢宮裡只有你們兩個人？」

武瞾道：「是的陛下，昨晚就臣妾和太子兩人在！」

太宗道：「朕明明聽到有響聲，這聲音是哪裡傳出來的？好像有人喘著粗氣！」

太子強作鎮定道：「父皇，昨晚武才人走了之後，兒臣發現了一隻老鼠，兒臣就在房間裡逮老鼠，怕驚擾父皇，所以沒有叫太監和宮女進來幫忙！兒臣自幼體弱，沒跑幾下就氣喘吁吁！」

「哦，原來是這樣。」太宗半信半疑道。

總算矇混過關，太子李治這才鬆了一口氣。而隨行的武曌卻若無其事，像什麼事情也沒有發生，她的心如止水。

貞觀二十三年五月中旬，李世民已經病入膏肓，已經在床上躺了正正一個月，就連下床的力氣也沒有，見不得風和陽光，否則兩眼犯渾。太子李治、韋貴妃、徐惠、武才人、太監陳得祿、太子太師李勣、趙國公長孫無忌、尚書右僕射褚遂良等守候在太宗的病榻前，寢宮門口站滿了侍衛、宮女和太監。

宮裡的那些娘娘們看到面容蒼白、奄奄一息的太宗皇帝，哭哭啼啼，整個寢宮都籠罩在哀傷的氛圍當中，韋貴妃坐在床沿上用湯匙給太宗餵藥，徐惠則坐在床頭為太宗捏拿、按摩雙腿，徐惠邊按摩眼淚卻不停地往外流。

太宗看到兩位愛妃沮喪的表情，又看了看兩位妃子身後的眾人，道：「你們都先出去，在門口侯旨，朕有話對兩位愛妃說！」

「遵旨。」眾人異口同聲道。

待眾人離去，太宗拚著全身力氣從床上坐了起來，韋貴妃用枕頭為太宗墊著，太宗靠著枕頭，笑著道：「兩位愛妃都靠近些！」

徐惠和韋貴妃與太宗圍坐在一起，太宗伸出一雙手，一隻手牽著韋貴妃，一隻手牽著徐惠，語重心長道：「珪兒，朕的身體已經如同那朽木，支撐不了幾天了，以後朕不能再在妳身邊照顧妳了，妳和惠兒一定要像親姐妹一樣相互扶持，朕的後妃當中也只有妳二人最為賢德，朕相信妳們一定會把朕的孩子教育的很好！李慎、臨川公主都是好孩子，妳們一定要替朕好好培養他們，朕希望他們都成為國家的棟梁之才！」

韋貴妃哭道：「陛下不要說些胡話，臣妾是你的女人，你走了，丟下我們孤兒寡母，要是被人欺負怎麼辦！」

唐太宗緊緊地握住韋貴妃和徐惠的手，安慰道：「愛妃，妳們就放心吧，太子李治雖然不是妳們的親生兒子，但太子自幼聰慧、寬厚仁慈、和睦兄弟，又有經世之才，朕將社稷交到他的手上朕安心！他也會把妳們當親生母親孝敬的！」

「臣妾不！臣妾沒能給陛下生下一男半女，陛下要是走了，臣妾活著還有什麼意思！臣妾要一直陪著陛下，如果陛下真的有不測，臣妾也絕不苟活！」徐惠情不自禁地哭著拽著太宗皇帝的手，將太宗的手暖在自己的胸口，久久不能釋懷。

見徐惠哭的死去活來不能自拔，太宗對韋貴妃點了點頭，韋貴妃對太宗的意思心領神會，韋貴妃將徐惠從太宗身邊拉開。太宗面對韋貴妃道：「朕的時間不多了！傳武才人進來！」

韋貴妃半抱著徐惠一起出了寢宮，少時，武才人從殿外進來，她是一路哭啼著跑到太宗的病榻前，她一見到太宗連忙撲上去，一副傷心欲絕的樣子，喊道：「陛下！臣妾來了！」

太宗示意武才人在病榻上坐下來，太宗一隻手握住武才人的手，另一隻手撫摸著武才人的臉頰，一副依依不捨樣子，道：「媚娘，這些日子多虧了妳對朕的照顧！」

武才人哭泣道：「陛下，快別這麼說，臣妾是陛下的女人，伺候陛下是應該的！」

太宗道：「妳進宮到如今已有十年，一直是才人，朕始終未給妳加封，妳恨朕嗎？」

武才人連忙道：「臣妾只想伺候陛下，封號那些臣妾不敢妄想！」

太宗道：「妳不說，朕也知道妳心裡有怨氣！大好的年華消耗在了宮裡！朕沒有對妳加封，一來是因為妳沒有為朕生育皇子，朕對妳加封沒有理由！二來妳生性鋒芒畢露，才氣外露，朕要是對妳加封，擔心後宮裡的那些娘娘們會吃醋，怨朕獨寵於妳！畢竟她們都是早於妳進宮！朕這樣做也是在為妳好，妳明白朕的苦心嗎？」

「媚娘明白，媚娘都明白的，陛下還是躺下休息吧！不要說話了！」武才人就要伺候太宗皇帝躺下休息。

太宗推開了武才人，道：「不必了！媚娘沒有為朕生育皇子，又一心要陪在朕的身邊，這些日子對朕的照顧朕都看在眼裡，朕擔心朕走後，有人暗算妳，妳不如與朕陪葬昭陵如何？」

武才人內心一驚，大為恐慌，但故作鎮定，絲毫沒有遲疑道地：「陛下，臣妾願殉葬，生生世世永遠守候在陛下的身邊！」

太宗心裡難以置信，心裡嘀咕道：「這世上果真有不怕死的人！」

其實，太宗對武才人的懷疑一直沒有消退，武才人姓武，又是女人，而且還滿懷抱負，太宗兩眼盯著武才人，武才人的眼光裡也看不到絲毫的閃爍和虛偽，連聽到殉葬這樣的旨意一點也不恐慌，太宗冷笑道：「很好！看來妳是真心對待朕的！朕剛才是在考驗妳！朕不是秦始皇！妳下去吧，叫太子、陳得祿、長孫無忌、褚遂良、太師李勣進來，朕有話說！」

「臣妾遵旨。」武瞾拜了拜太宗，便緩緩退下去。

武曌在離開寢宮的那一刻深呼一口氣，暗自道：「好險吶！要是剛才猶豫，陛下必殺我！」

武曌出了寢宮，太宗皇帝背靠著坐在床上，少時，太子、長孫無忌等人便依旨進入到太宗皇帝的寢宮，眾臣來到太宗病榻前跪拜道：「臣等參見陛下！」

太宗側了側身子，面對眾臣道：「都起來吧！」

眾臣起身站起來，太宗看了看太子李治，道：「皇兒，你過來！父皇有話對你說！」

太子看了看長孫無忌，長孫無忌點了點頭，示意他過去。

太子李治誠惶誠恐地來到太宗的病榻上坐下來，他面對太子鄭重其事地告誡道：「皇兒，你要以古代的聖哲賢王為師，像父皇這樣是一定不能效法的。如果取法於上，只能僅得其中，要是取法於中，就只能僅得其下。朕自從登基以來，所犯的過失很多，錦繡珠玉不絕於前，宮室臺榭屢有興作，犬馬鷹隼無遠不致，行遊四方供頓煩勞。所有這些都是朕所犯的最大過失，千萬不要把朕作榜樣去效法！」

太子李治恭敬道地：「兒臣謹記父皇教誨！」

唐太宗又面對幾位大臣道：「幾位愛卿，你們都過來，朕有旨意！」

長孫無忌、褚遂良、李勣都靠了過去，太監陳得祿走過去，將太宗的靠墊枕得高一些。太宗語重心長道：「幾位愛卿，朕自知時日不多，以後大唐的江山社稷就交到你們的手裡了，幾位愛卿一定要替朕好好輔佐太子！」

「臣等一定不負陛下所託！」眾臣異口同聲道。

長孫無忌道：「陛下，你一定會好起來的！陛下才五十出頭，一定會挺過去的！臣即刻發榜在全國尋找良醫！」

病懨懨的唐太宗揮了揮手道：「不必了，既是朽木何以續梁？」

太宗說到這裡，幾位眾臣又流下眼淚來。

太宗握著長孫無忌的手，又看了看其他人道：「你們幾位都是朕的股肱之臣，朕託孤於你們，朕十分放心！輔機啊，你還記得當年太史令李淳風關於女皇登基的預言吧？因為這件事情朕數年來寢食難安，直到現在朕始終沒能找到那個人，朕擔心大唐江山會易主！才人武媚娘飽讀詩書、能文能武，朕始終揣摩不透她！她對朕像是真心，但朕又忐忑不安！朕本想殺她，但她畢竟是功臣之後，朕又擔心錯殺！故朕決定讓她到感業寺出家，終生不能再回大明宮！嚴令後代君王不得有違朕的旨意！你們幾位都聽清楚了嗎？朕一旦駕崩，武才人立刻出家！」

眾臣皆左顧右盼，吃驚不已，太子李治似有不平，道：「父皇，兒臣看那武才人不像是有野心的人！她花季般從此與青燈古佛相伴，豈不可惜？」

太宗道：「孩兒，野心是寫在臉上的嗎？你還太年輕，不識人性的險惡！要是她果真是那篡奪我大唐社稷的人，那為時晚矣！朕歷來是寧可錯殺也不枉縱！」

太子吞吞吐吐道：「可是……」

太宗生氣道：「別可是了，朕的聖旨就是鐵律，如有人敢不遵從當按大唐律執行！」

太子無可奈何，道：「兒臣遵旨。」

太宗又看了看眾臣，問道：「你們記清楚了嗎？」

「臣等遵旨。」眾臣異口同聲道。

太宗一臉疲倦地朝眾人揮了揮手，道：「你們都先下去吧，朕累了，朕想要休息一會兒！」

「臣等告退，陛下保重。」眾臣告辭後，緩緩退去。

太監陳得祿再次將太宗身後的靠墊取出，伺候太宗躺下來，並為他蓋上被子，太宗疲倦的雙眼慢慢閉下。

貞觀二十三年五月二十六日，以長孫無忌為首的大臣數十人還有武才人及徐妃等後宮娘娘們跪在翠微宮唐太宗的寢殿門口，太宗寢殿的大門緊閉，氣氛異常的沉悶而憂鬱，大臣們都低著頭跪著，安靜地可以聽到人的呼吸和心跳。

少時，由老太監陳得祿將殿門打開，韋貴妃哀傷地從裡面走出來，她站在大臣們的面前，忍不住掩面痛哭，道：「皇上歸天了！」

眾臣聽到皇帝駕崩的噩耗，哭天搶地，紛紛伏地痛哭，異口同聲地哭喊道：「陛下！」

長孫無忌用衣袖擦乾了眼淚，從袖筒裡取出聖旨，站了起來，面對眾人道：「先皇遺詔，眾臣接旨！」

眾臣嗚咽，齊呼道：「臣等接旨！」所有人都跪了下來。

長孫無忌緩緩展開聖旨，宣讀道：「著太子李治即日登基，由中書令長孫無忌、尚書右僕射褚遂良、太子太師李勣共同輔政，才人武媚娘在朕歸天後責令其感業寺出家，為大唐祈福，終生不得再返宮廷，欽此。」

武才人聽罷，瞬間崩潰了，傷心難過的她一屁股坐在了地上，黯然神傷起來。

第八章　太宗薨武媚出家

第九章　青燈古佛非我願

時年二十五歲的武曌，正值花容月貌的年歲，卻被發配到感業寺出家，她的心裡十分痛苦，尤其是先帝的那一道永世不得再入宮的聖旨更將她打入了萬丈深淵，難道這一輩子都要長伴青燈古佛？當幾名侍衛和女官押解武曌前往感業寺的路上，武曌的心裡陷入了恐慌，眼看著感業寺距離自己越來越近，尤其是聽到感業寺裡傳出的聲聲鐘聲，還有木魚聲，以及尼姑誦經的聲音，她就感到這一切都是噩夢。

感業寺到了，看到黃牆紅瓦，頭頂上是「感業寺」三個大字，寺廟門口站滿了迎接武曌的尼姑，其中有一個領頭的。武曌看到她們的樣子，就感覺是「凶神惡煞」的惡鬼。

武曌看到她們，便想要逃走，邊跑邊喊道：「本宮不要進去！她們是惡鬼！」

兩名侍衛趕上去便將她抓了回來，押到了一個老尼姑的面前，老尼姑笑道：「施主，貧尼乃是感業寺的主持了塵師太，請施主跟貧尼進來！」

武曌不服，憤力震開了押解她的侍衛，便又是三拳兩腳將兩名侍衛打倒在地。緊接著幾名侍衛一擁而上，圍住了武曌，武曌剛要出手，其中領頭的侍衛道：「請娘娘自重，先帝聖旨之下誰敢違抗？就算娘娘逃出感業寺，又如何逃得出長安，逃得出大唐？四海之內皆為大唐附屬國！娘娘還是在寺裡安心禮佛，以求解釋才是正道啊！」

窩了一肚子火的武曌這才收了拳頭，道：「本宮既已是甕中之鱉，只好認命，走吧！我們進去吧！」

武曌這才跟著了塵師太和一幫尼姑進了感業寺，侍衛見關了大門，這才離去。

唐太宗李世民駕崩，舉國震驚，國喪期間，家家戶戶門口都掛著白燈籠，長安城裡的百姓出門都身著素服，自發的追悼太宗皇帝。大明宮內，滿眼是白花花一片，大明宮裡的城牆上、宮門口那些站崗的士兵們臂膀上都纏著白布條。含元殿裡，大臣們早已等候在那裡，他們各自的膀臂上纏著白布條，手持笏板。含元殿內寂靜的可怕，大臣們的表情十分的嚴肅，沒有誰敢說話。

年輕的太監侍奉著年輕的唐高宗李治從含元殿的後面走出來，唐高宗李治身著華服，頭頂帝冠緩緩走向含元殿的寶座之上，待高宗入座。太監上前幾步，道：「皇上駕到。」

群臣持笏板齊跪道：「吾皇萬歲萬歲萬萬歲。」

躊躇滿志的李治，道：「眾愛卿平身。」

「謝陛下。」群臣站了起來，面對高宗。

李治道：「禮部尚書于志寧何在？」

「臣在。」于志寧持笏板站出來。

高宗道：「大行皇帝的葬禮、廟號、謚號一切交由禮部商定落實再報與朕！」

于志寧信心滿滿道：「老臣遵旨。」

唐高宗道：「我大唐開國至今，有太祖和先帝的勵精圖治，我大唐才有今日之興！朕當繼承貞觀遺風，延續大唐之繁榮，朕當謹遵先帝遺旨，封李勣、長孫無忌、褚遂良三人為輔政大臣，改元永徽，望眾卿同心同德共保大唐！」

長孫無忌、褚遂良、李勣站了出來，異口同聲道：「臣必當盡心盡力輔佐陛下。」

其他大臣也隨之回應，異口同聲道：「臣等誓死追隨陛下！」

唐高宗欣慰道：「如此甚好！王氏寬厚仁孝，朕封王氏為皇后，眾卿可有異議？」

群臣左顧右盼。長孫無忌奏道：「陛下，陛下當太子時王氏就貴為太子妃，如今陛下登基，太子妃理當貴為皇后母儀天下，老臣等附議！」

褚遂良道：「臣附議。」

眾臣隨之回應「附議」。

唐高宗道：「好！這件事情就這麼定了！才人武媚娘是否已發配至感業寺出家為尼？」

李勣出班道：「陛下，武才人已送至感業寺，正在剃度受戒！」

唐高宗深感遺憾，道：「朕知道了！退朝！」

「退朝。」太監上前幾步喊道。

唐高宗在太監的侍奉下離開了含元殿，眾臣跪送道：「臣等恭送陛下。」

感業寺裡傳出隆隆鐘聲，在大雄寶殿裡，主持了塵師太親自帶著寺廟裡各院的掌院尼姑在大雄寶殿為

第九章　青燈古佛非我願

武曌正式剃度，武曌的華服已經脫去，她換上了一件尼姑的素服，正坐在佛墊上，她很安靜。尼姑盤腿圍坐在大雄寶殿，為武曌誦經，了塵師太親自操刀為武曌剃度，整個過程武曌都沒有說話。剃度結束後，便正式受戒，一名尼姑將正在燃燒的香交到了塵師太的手裡。了塵師太在武曌的頭皮上燒戒疤，不想幾次都熄滅。旁邊的尼姑吃驚道：「師父，香又滅了！」

了塵師太放下香，雙手合掌，道：「阿彌陀佛。看來武施主塵緣未了！終非我佛門中人！但此乃天子詔命，貧尼不敢不從！阿彌陀佛！」

了塵命尼姑點上香，繼續為武曌受戒，香火燒的武曌錐心的痛，武曌始終不吭一聲，只是眼淚不住的往外流。

武曌的受戒儀式結束後，了塵再次合掌，道：「阿彌陀佛。以後武施主的法名就叫明空，在文殊院修行。本空扶明空起來。」

「是，師父。」本空尼姑扶武曌站起來。

武曌六神無主，一副失魂落魄的樣子，她面對了塵師太雙手合掌拜了拜便出了大雄寶殿。

夜深了，寺廟裡的尼姑們都睡下了，獨文殊院裡武曌所在的禪房裡，燈火還亮著。禪房裡並不安靜，傳出的並非武曌誦經、敲木魚的聲音，而是摔打東西發出的巨大響聲。

「為什麼？我也是開國功臣之後，我十四歲進了宮，將十年的光陰都獻給了先帝，到頭來卻是這樣的下場！我武曌花容月貌、飽讀詩書，縱使男兒也不如，我怎麼甘心就這樣一輩子長伴青燈古佛，我才二十多歲，我難道要在這裡待一輩子嗎？我不甘心！不甘心！」武曌的精神已經崩潰，她一個勁兒的拽扯自己的袍子，把自己搞成了一個瘋婆子。精神失常的她再次將菩薩旁邊的貢品掀落一地。

巨大的響聲驚動了文殊院裡的尼姑，甚至驚動了主持了塵師父。

了塵師父帶著弟子來到了武嬰的禪房外面，敲了敲門，見武嬰不開，了塵只要強行撞開門，見武嬰狼狽地坐在地上。

了塵深感同情的合掌道：「阿彌陀佛！明空，既來之則安之，佛門乃清修之地，妳可要靜心修行啊！上天自有上天的道理，倘若妳果真與佛無緣，到了時辰妳自會離開！妳現在要做的就是順其自然，安心修行。」

聽罷，武嬰興奮地站起來，激動地握住了塵師太的手，問道：「師父，你說的是真的？我果真能離開這裡？」

了塵無奈地點點頭，道：「師父相信這只是妳的劫數，劫數過後，妳會有新的開始！」

武嬰笑道：「師父，弟子知道了，你們先回去睡吧，弟子不會再摔東西折磨自己了，弟子知道該怎麼做了！」

了塵欣慰地合掌道：「阿彌陀佛。」便帶著手下弟子離開了武嬰所在的禪房。

武嬰也將地下散落的物件一一撿了起來，回到硬床上躺了下來，她望著禪房裡的菩薩，她在心裡開始了謀劃。

第九章　青燈古佛非我願

次日一早，武曌就像脫胎換骨一樣，開始在文殊院裡擺弄貢品，為菩薩點起向蠟，並在文殊院裡打掃院子，袖子免的高高的，路過的尼姑見了都感到很吃驚。武曌完全像變了一個人。

突然一個長相俊美、氣質脫俗的女尼出現在她的面前，武曌的掃帚剛掃的那女尼的腳下，武曌順著腳往上看，看到了女尼的樣子。女尼雙手合掌，微笑著面對武曌道：「阿彌陀佛，施主早。」

武曌雖然剛進寺廟，但很快也進入了狀態，她也雙手合掌，回敬道：「阿彌陀佛，妳是？」

那女尼笑道：「貧尼俗名陳碩真，來自江南，在感業寺掛單。」

武曌忙道：「碩真師父。」

陳碩真道：「貧尼是該叫妳明空師父呢，還是娘娘？」

武曌一臉詫異，問道：「妳怎麼知道？」

陳碩真淡淡一笑，道：「先帝的才人娘娘到感業寺出家，鬧的滿城風雨，不僅傳遍了長安，估計現在關外的人都知道了，這不再是什麼祕密！」

武曌笑道：「讓碩真師父見笑了，況且我已不再是宮裡的娘娘，我現在是尼姑明空！碩真師父就叫我明空吧！」

陳碩真道：「娘娘也好，明空也罷，如同佛家所說萬境皆空，貧尼只是沒有想到娘娘這麼快就想通了，貧尼以為娘娘還要在這裡難過一段時間，沒想到是貧尼眼拙了！娘娘心胸寬廣，貧尼相信這感業寺實在不是娘娘久困之地！」

武曌冷笑道：「碩真師父言重了！先帝遺詔媚娘終生不得離開感業寺一步！」

陳碩真不以為然，搖搖頭，笑道：「娘娘大才，貧尼早有耳聞，辦法總是人想出來的，這對於娘娘想必不是難事！脫困是遲早的事情！娘娘若是不信自己，我們走著瞧！」

說罷，陳碩真便離開了。

而陳碩真的話在武曌的耳邊餘音不絕。

武曌心裡感慨道：「這陳碩真到底是什麼人呀！」

想著想著，武曌再次拿起掃帚開始清掃院子。

到了晚上，武曌等到夜深人靜的時候，來到了陳碩真的禪房，見陳碩真的禪房裡燭火還亮著，武曌敲響了陳碩真的房門。陳碩真打開了門請武曌進來一敘。

武曌笑著面對陳碩真道：「碩真師父，妳今天白天說的話玄妙的很啊，媚娘實在是聽不明白，所以，媚娘特意前來請教！」

陳碩真和武曌在佛堂前坐下來，陳碩真冷冷一笑，道：「娘娘，先帝太宗皇帝生性多疑，為了實現其當皇帝的野心，連自己的親兄弟都不放過，娘娘在宮裡處處忍讓、如履薄冰，沒想到還是逃脫不了被圈禁感業寺的命運！還不都是女皇登基的謠言！」

武曌吃驚道：「妳怎麼知道這些？」

陳碩真笑道：「娘娘，女皇登基的謠言早已在民間廣為流傳，這不是什麼祕密！娘娘，妳該慶幸太宗皇帝臨死前沒有殺你！但是保不準以後又有人在新皇面前進讒言，那娘娘可就大禍臨頭了！為何只有男人能當皇帝，我們女人為何不能？」

武曌深感震驚，道：「這話可是大逆不道啊！妳不是什麼尼姑吧？妳到底是誰？」

陳碩真站了起來，道：「娘娘，實不相瞞，我是個假尼姑，我本是睦州人士，當地官員與黑惡勢力勾結殘害百姓，我一氣之下殺了地方官！現在正在被朝廷通緝，我只有隱姓埋名，躲進了這感業寺中！」

武曌不解，道：「妳既然招惹了官府，應該躲到偏遠地帶或者深山老林中，怎麼還敢到京城？」

陳碩真道：「這俗話說得好，最危險的地方就是最安全的地方！很多人都以為我逃遠了，沒想到我躲在天子腳下！想必朝廷已經在邊疆和城裡到處搜捕我！」

武曌道：「妳告訴我這些，不怕我出賣妳？」

陳碩真冷笑道：「不怕，因為娘娘現在和我同是天涯淪落人！再說，我敢說出這些，也是對娘娘有所了解的，娘娘在大是大非面前還是有立場的，娘娘生平最見不慣的就是貪官欺壓良民！」

武曌笑了笑，道：「妳似乎很了解我？」

「了解娘娘談不上，只是略知一二罷了！」陳碩真成竹在胸道。

武曌道：「妳休息吧，我回房去了！」武曌準備開門。

陳碩真道：「娘娘請留步，我有一言相告，看得出來娘娘是有大志向的人，絕不甘心久困於此，娘娘這些年在太宗皇帝身邊，為太宗建言獻策，為百姓做了很多實實在在的好事情，娘娘足以堪當才人封號！

我希望娘娘能回宮繼續為百姓多做好事！娘娘，女人稱帝未嘗不可！」

武曌臉色很難看，她沒有說話，頭也沒有回，開了門，就離開了。

武曌趁著月色邊走邊想：「這個女人不簡單，好像我在她眼裡就沒有祕密，她好像什麼都看透了！這個女人留不得！」

回到房間裡，武曌躺在床上，她熄了燈，想了很多。此時的武曌正在心裡醞釀一個天大的陰謀，她的野心也開始膨脹，她深深地體會到人要想獲得真正的自由，就要掌握絕對的權力。尤其是陳碩真那句「女人稱帝未嘗不可」的話還迴盪她的耳邊。武曌想高宗皇帝在百忙之中，又生活在富貴風流鄉了，有可能一年、兩年、三年之後，他就會忘了自己，而自己也會一天天老去，想到這裡武曌的心裡十分的恐懼。在武曌的心裡十分清楚能夠改變她命運的只能是當今天子。

次日，酉時。到了下朝的時間，武曌偷偷地從感業寺跑出去，來到了褚遂良的府邸門口，躲在褚府石獅子的後面耐心地等待著褚遂良下朝的官轎。終於一頂八抬大轎停在了褚府門口，後面還跟著一些兵丁。褚遂良從轎子上下來，褚府的保全連忙下跪道：「恭迎大人回府。」

武曌迅雷不及掩耳之勢跑出去，拽著褚遂良的手臂，喊道：「褚大人！」

衛兵一急，喊道：「什麼人？」衛兵便持兵器一擁而上。

褚遂良深感吃驚，道：「娘娘怎麼跑出來了？」

褚遂良向著衛兵揮了揮手，示意他們退下。

武曌連忙跪在了褚遂良的面前，祈求道：「褚大人，我要見皇上，請大人帶我進宮面聖！」

褚遂良一副無可奈何的樣子，道：「娘娘這是折煞老臣了！先起來再說。」

武曌扯著褚遂良的褲腳道：「褚大人，我現在是戴罪之身，無品無職，進不了皇宮，這滿朝文武，我只信得過你褚大人！」

褚遂良深感為難道：「娘娘先起來，妳這樣跪著，老臣深感壓力啊，妳先起來再說，好嗎？」

武曌這才站了起來。

褚遂良道：「娘娘，先帝有旨，將妳終生圈禁感業寺，甭說進宮了，恐怕娘娘想要重獲自由都難！當今陛下也不能違抗先帝聖旨啊！否則，陛下將會被天下人視為不孝！」

武曌無可奈何，道：「也罷，那請褚大人幫媚娘一個忙，將我這封信交給陛下！」

褚遂良猶豫片刻，道：「那好吧。」

武曌從袖筒裡拿出書信交到了褚遂良的手裡。

武曌叮囑道：「請大人務必親自交到陛下的手裡，切勿借人之手代交啊！」

「請娘娘放心，老臣一定親自交給陛下。」褚遂良承諾道。

武曌道：「謝褚大人，我先回寺裡了！拜託了！」

說罷，武曌便用紗巾捂面迅速離開。

褚遂良遠遠地望著武曌離去，隨之嘆了一口氣，深感同情的樣子。

待武曌走遠後，褚遂良回次回到了官轎上，轎子朝大明宮的方向抬去。

唐高宗李治正在宣政殿旁邊的中書省批閱奏章，中書省的大臣們此時都下朝回家，中書省裡冷冷清清的，只有皇帝那一盞燭火還在燃燒。他扶著身子，埋頭專心致志的用硃筆在奏章上做符號，太監匆匆趕來，奏道：「陛下，褚遂良褚大人求見！」

唐高宗道：「哦，不是剛下朝嗎？褚大人怎麼又回來了，想必是有什麼急事，宣！」

太監匆匆走到中書省的門口，喊道：「宣褚遂良褚大人覲見！」

褚遂良匆匆走進來，來到高宗的御前，抖了抖身上的塵土，跪拜道：「陛下萬歲萬歲萬萬歲。」

高宗放下筆，道：「褚大人，你怎麼急著見朕有事嗎？」

褚遂良從袖筒裡拿出書信，遞到了御案前，道：「陛下，這是先帝的武才人寫給陛下的信，讓老臣轉交！皇上政務繁忙，所以，老臣趕在下朝的時候轉交陛下！」

唐高宗深感詫異，道：「武才人？你見到她了？她還好嗎？」

褚遂良道：「陛下，武才人說她思念陛下，讓老臣務必親自交給陛下！」

唐高宗道：「愛卿，你先回去吧。」

「老臣告退。」褚遂良匆匆離去。

唐高宗待褚遂良走後，四周無人的情況下，急忙拆開信封，掏出了武才人的信，信上是一首詩，詩名〈如意娘〉：

第九章　青燈古佛非我願

看朱成碧思紛紛，憔悴支離為憶君。
不信比來常下淚，開箱驗取石榴裙。

唐高宗握著這封信，沉吟片刻，掉下了眼淚，道：「媚娘，妳受苦了！」

第十章　費盡心機復還宮

武才人是個耐不住寂寞的人，由於是在這四大皆空的寺院裡，她簡直生不如死。為了能回宮，為了能見到皇上，她總是在夜深人靜的時候給皇帝寫一些寄託相思的情詩。久而久之，她的溫柔，她的才情，她的執著再次感動了皇帝，喚起了幾年前他們在終南山翠微宮裡的情意綿綿。那種肉體間的碰撞，加上靈魂的默契，勾起了高宗皇帝的心火。

終於有一天，高宗處理完公務之後，便換上便裝，帶上幾名武功高強的侍衛來到長安城裡微服私訪，走著走著就來到了感業寺。感業寺內香火鼎盛，香客源源不斷地湧入感業寺。唐高宗李治在大內侍衛的陪同下，進入了感業寺，高宗走路雍容爾雅，幾名侍衛走路也氣勢十足，就像是三分鐘熱風，根本不像是前來進香的佛教徒。微服出行的高宗一行引起了其他香客和寺裡尼姑的注意，紛紛以猜測的眼光看著他們。

站在大雄寶殿門口的主持了塵師太見高宗來勢洶洶、氣度不凡，便上前道：「阿彌陀佛，請問施主是要上香嗎？」

高宗笑了笑，道：「阿彌陀佛，我們是來上香的，也來找人！」

了塵納悶道：「不知幾位施主要找何人？」

「朕是來找媚娘的！」高宗道。

了塵道：「朕……」

一名侍衛站了出來，取出令牌，喝道：「大膽，此乃當今聖上，爾等還不跪下！」

了塵等尼姑臉色煞白，連忙跪迎道：「貧尼不知陛下駕到有失遠迎，請陛下贖罪！」

站在了塵身後的尼姑也跟著跪下。

了塵戰戰兢兢地回道：「陛下，你是來找明空的吧，她現在在文殊院修行，請陛下隨我來！」

了塵站起來朝文殊院的方向走去，唐高宗一行緊隨其後。到了文殊院，這裡的香客不多，只有稀稀落落的行人。此時在武瞾正在院子裡用斧子劈柴，她的袖子免得很高。劈柴劈的相當俐落。

武瞾此時正全神貫注的劈柴，哪裡能分心看其他，就在高宗站在她的面前，她才抬頭一看，道：「陛下！」

「明空參見陛下，陛下萬歲萬歲萬萬歲。」武瞾跪迎高宗。

高宗難以掩飾喜悅之情道：「媚娘，妳起來！」

高宗親自蹲下扶武瞾起來。

高宗含情脈脈地看著武瞾，又回頭對眾人道：「你們都先下去吧，朕想單獨和媚娘聊會兒。」

「遵旨。」眾人異口同聲道。

待眾人走遠後，高宗拉著武瞾來到了文殊院一個角落裡，這裡很偏僻，少有人來。高宗激動地摟著武曌，道：「媚娘，朕好想妳，其實朕也無時無刻不再思念妳！」

武曌淡淡一笑，道：「媚娘何嘗不是。媚娘十年的青春都給了先帝，到頭來是這樣的下場！」

高宗道：「媚娘，妳心裡有怨氣？」

武曌據理力爭，道：「陛下，如果媚娘說沒有怨氣，你肯定也不會相信，媚娘十年來盡心盡力的侍奉先帝，沒想到卻被終生圈禁在這裡！可憐媚娘這如花似玉的年歲就要老死寺中！」

高宗深感同情，道：「媚娘，妳的苦衷朕心裡清楚，朕也很想把妳接回宮裡，只是先帝遺詔就算是朕也不能違背，否則那些輔政大臣會天天在朕的耳邊嘮叨！而且天下人也會埋怨朕不孝！朕失民心該要如何治國？」

武曌道：「陛下，媚娘不敢奢望還能走出這感業寺，既然出不去，那媚娘就一輩子老死在這寺院裡，終生為大唐為陛下祈福！媚娘只想見見陛下，所以才冒死找褚大人！」

高宗道：「朕聽出來了，妳的心裡還是不甘心吶，妳放心，再過段日子，等百姓和群臣漸漸忘了此事，朕再想辦法把妳接回宮中！」

武曌的眼神裡充滿了期待，也充滿了茫然，似乎再度進宮的日子遙遙無期。

高宗道：「媚娘，朕對妳朝思暮想，尤其是妳寫給朕的那首詩，看的朕心都碎了！」

高宗摟著武曌又是親吻，又是撫摸，而武曌也很快上火了。

武曌推了推高宗，道：「陛下，這裡不行！」

第十章　費盡心機復還宮

武曌拉著高宗便來到禪房，將禪房的門關上，插上門栓。武曌撲倒了高宗，將高宗按在佛堂的地上，自己則坐在高宗的身上，開始主動親吻高宗，一邊親吻，一層一層的撥開高宗的衣服，兩個人纏綿在一起。烈火乾柴燒的很旺。

一通歡愉過後，高宗穿好衣服，武曌為高宗整理好了頭髮，高宗便開了門，回頭道：「媚娘，妳放心，朕一定接妳回宮！」

「不管能不能回宮，媚娘的心始終屬於皇上。」武曌柔情似水道。

唐高宗依依不捨地離開了。

高宗走後，武曌才慢慢穿好自己的衣服，心裡美滋滋的，沾沾自喜道：「回宮之日，指日可待。」

唐高宗走出了文殊院，了塵師太等尼姑和一干侍衛正守候在出門的位置。

見高宗到此，眾人連忙跪迎。

高宗對了塵等人道：「朕今日私服到此見武才人的事情不要跟任何人說起，要是走漏了消息，朕殺無赦！」

「遵旨。」眾人應道。

高宗急速走出感業寺，侍衛們緊步跟上。

若要人不知除非己莫為，世上沒有不透風的牆。皇帝李治到感業寺的事情很快就不脛而走，消息很快就傳到了蕭淑妃的耳朵裡。蕭淑妃和王皇后等後宮主子在這件事情上的利益是一致的，都不希望在皇帝的心裡還有別的女人。王皇后正坐在立政殿寢宮裡的梳妝檯前化妝，她面對著銅鏡，正在用唇脂，宮女在為她梳頭髮。

「娘娘，淑妃娘娘到了。」一個太監走進來稟報。

太監剛剛稟報完，還沒有等皇后回話，蕭淑妃已經站在了王皇后的身後，蕭淑妃性格較為活潑，遇事就是那種咋咗喝呼的人。

王皇后看了看蕭淑妃，道：「淑妃，什麼事這麼著急見本宮，連起碼的規矩都不懂了！」

蕭淑妃連忙跪拜道：「臣妾拜見皇后娘娘。」

王皇后一臉輕視道：「起來吧，什麼事，說？」

蕭淑妃看了看周圍的人。

王皇后道：「你們都下去吧。」

「遵懿旨。」寢宮裡的宮女和太監紛紛退了出去。

待眾人走後，蕭淑妃按捺不住，急道：「皇后娘娘，今天皇上去了感業寺，據說是去看武媚娘的，這事妳還不知道吧？」

王皇后一驚，放下唇脂，問道：「妳怎麼知道？」

「哎呀，娘娘妳就甭管臣妾是怎麼知道的，眼下這事該怎麼辦？皇上該不會是要把武媚娘接回宮裡吧？」蕭淑妃急道。

王皇后思索片刻，道：「應該不會，這是先帝遺詔。」

蕭淑妃急道：「我說皇后娘娘，我們的皇上你還不了解嗎？他就不是一個受管制的人，何況先帝的一道遺詔！臣妾看這武媚娘回宮是遲早的事情，到時候這後宮又多一個爭寵的人！」

王皇后表現的很鎮定，道：「妳先回去吧。本宮知道該怎麼辦！記住，陛下去感業寺的事情妳不要跟任何人說，如果妳還想留住腦袋的話！妳走出這個門，我就當妳沒有來過！」

「臣妾告退。」蕭淑妃沾沾自喜地走出了立政殿。

夜深人靜，一群黑衣蒙面人出現在長安城外的樹林裡，他們站成一排，整裝待發，站的整整齊齊。他們的手裡都拿著長長而鋒利的佩刀或者佩劍。一個蒙紗巾的女子出現在這群黑衣人的面前，她站在眾人面前，道：「這次行動要保密，要是走漏消息，爾等家中老小一個也活不了！你只管拿錢辦事就行！這是感業寺的分布圖，刺殺對象圖中有指示，你們要手腳俐落。」

那蒙面女子將圖交到了帶頭的手裡。

那帶頭人道：「請問姑娘，我們這次刺殺的對象是何身分？我們又是受誰指派？」

蒙面女子道：「我剛才說了，你們拿錢辦事就行，沒必要知道！」

帶頭人道：「姑娘，我們不做這無主的生意！這是我們的規矩。」

蒙面女子道：「既如此，我只能告訴你，我家主子住在皇宮裡，通天的主，這下你們該放心了吧，不用我再明言吧！」

帶頭人道：「不用姑娘再明言了，我等大概知道是誰了，放心吧，我們妻兒都在你們的手裡，我們保證完成任務。」

帶頭人說完，便帶著人朝密林裡散去。

感業寺裡，武曌在禪房裡數著佛珠念著佛經，此時已經夜深人靜，處於午夜時分，武曌因為心緒不寧而睡不著，她總感覺有事情要發生。突然，紙窗外面的樹影有些離奇，晃動的厲害。不時發現有人影在四處跳動。武曌連忙進入到警戒狀態，她站了起來，迅速從禪房裡找了一根棍子，躲在了門口。這時候用毒煙捅破窗戶紙進入到佛堂，武曌連忙捂住摳鼻，緊接著門栓被人用刀緩緩挑開。武曌的心繃得很緊。

待有人闖進來，武曌就從黑衣人的身後一棒打暈了他，緊接著一群人操刀闖進來，武曌忙喊道：「來人啊，寺裡進來殺手了！」

武曌一邊喊，一邊以精湛的武功將殺手打退，這些人都是高手，人多勢眾，武曌儘管武功高強，畢竟是女子，而且寡不敵眾，幾個回合下來，武曌就累的上氣不接下氣，畢竟禪房太小，施展不開，而且不便逃離，武曌盡全力打出一條路，踹開禪房的門，便逃了出去。

這事，殺手們將武曌團團圍在文殊院裡。寺裡的尼姑們被武曌的呼救聲驚醒，但是她們都不會武功，都衣衫不整的起了床，躲在一旁喊叫，並幫不上忙。

第十章　費盡心機復還宮

就在武曌陷入重圍的時候，一個蒙面的尼姑持劍跳了出去，並丟給武曌一把劍，兩人背靠背，奮力一搏，終於擊退了殺手，武曌拿著劍招招致命，幾名殺手都受了重傷，逃離了現場。

待殺手走後，武曌當面向這位蒙面的尼姑道謝：「多謝救命之恩！」

那蒙面尼姑揭開紗布，笑道：「娘娘，是我！」

武曌道：「是妳，陳碩真，果不出我所料！」

這時候，以了塵師太為首的尼姑紛紛向武曌靠近，陳碩真迅速蒙上紗布，一躍，便消失在黑夜裡。

了塵師太等人驚魂未定，了塵師太走到武曌的面前，道：「阿彌陀佛，菩薩保佑，這些是什麼人，為什麼要殺妳？竟然痛下殺手！」

武曌笑了笑，安慰道：「師父們不要怕，這些人很明顯是衝我來的，他們不會傷害你們，你們回房休息吧！」

了塵道：「那妳沒事吧？要是他們再來怎麼辦？」

武曌道：「沒事，至少他們今晚不會再來，他們的人已經受了傷，我能猜到這些人是誰派來的，我自能應付，你們都回去吧！」

了塵等尼姑便無能為力地離開了文殊院，一個個的臉上都充滿了恐懼的神情。

武曌收起刀兵，返回禪房，一邊走，武曌還一邊思考：「這些人究竟是誰派來的？不可能是皇上，可能是朝中的某個大臣，又或許是後宮裡的某位娘娘，多半是後宮的某位主子，陛下來感業寺的事情已經洩露了！看來，我要時時刻刻提防有人報復！」

武曌熄了燈，躺在床上久久不能入眠，她想了很多，必須要盡快回到宮裡，回到權力的中樞。

王皇后背對著銅鏡，她的身後站著一個侍女，這侍女就是王皇后派出去暗殺武曌的女子。那女子站在王皇后的身後，一副恭敬的樣子，紋絲不動。只是吞吞吐吐道：「娘娘，我們派出去的人失手了！」

王皇后將梳妝檯上的東西一掀，憤怒道：「失手了？就這麼點事情，你們都失手了？都哪裡找的人連個女人都殺不了？」

侍女嚇得連忙跪了下來，道：「娘娘，這事不能怪他們，我們都沒有想到武才人身邊還有一個絕世高手在保護她！那人武功很高，我們的人都近不了她的身！」

王皇后轉過身來，吃驚道：「竟有這事？那絕世高手的底細查清楚了嗎？」

「寺院裡黑燈瞎火，什麼也看不見，我們派出去的人說好像是個女子！」侍女道。

王皇后難以置信，道：「奇了！我們派出去那麼多高手竟然連個女人都打不過！也罷！妳先下去吧！」

侍女道：「那娘娘，我們還繼續追殺嗎？」

王皇后道：「算了，這件事情鬧大了也不好，妳先下去吧，該賞的賞，該滅口的滅口，本宮相信妳知道該怎麼做！」

「遵懿旨。」侍女低著頭作揖並緩緩退出。

王皇后冷冷一笑，暗暗在想：「也罷，看來這武才人回宮是早晚的事情，正好借武才人的手對付蕭淑妃那個賤人！等除了蕭淑妃，我再來解決這個武媚娘！」

王皇后想著想著又開始對著銅鏡梳起頭髮來，她的表情是那樣的深沉。

光陰荏苒，又過了兩個春秋，時間來到了永徽二年（西元六五一年）。這年的五月，唐太宗李世民已經去世整整兩週年，武曌已經在青燈古佛之下過了兩年枯燥乏味的生活。高宗皇帝李治帶著王皇后來到了感業寺燒香，其目的是為了祭奠先帝唐太宗。永徽二年五月二十六日這天，感業寺進行了禁寺，民間香客通通被擋在了外面。御林軍將感業寺團團圍住，感業寺的各個出口都站滿了衛兵。能進寺的只有文武百官還有就是高宗的嬪以上的後宮娘娘們。

百官都守候在大雄寶殿的外面，他們站的整整齊齊。由高宗皇帝牽頭，王皇后以及後宮娘娘們緊跟其後，她們的手上各自點著香。在了塵等尼姑的帶引下，進入到大雄寶殿，眾人持香朝佛祖三拜九叩後，便將各自手裡的香依次插進了香爐。

武曌為了引起高宗的注意，故意出現在了塵師太的身後面，她還在臉上擦了什麼東西，看起來格外的光鮮靚麗。

就在太宗回頭的一剎那，武曌故意滑到，撲倒在高宗的身上，高宗扶起她，吃驚道：「媚娘，是妳嗎？」

「陛下，是媚娘魯莽衝撞了陛下，請陛下贖罪！」武曌連忙站起來，一副深感歉意的樣子。

一旁的蕭淑妃道：「妳怎麼這麼不小心！冒犯天子，妳吃罪的起嗎？」

唐高宗道：「愛妃，她就是武才人。」

「哦，妳就是武才人！」蕭淑妃吃驚道。

王皇后這是第一次見武曌，也深感吃驚，道：「原來妳就是武才人，這臉蛋長得，果然是傾國傾城啊！」

蕭淑妃冷嘲熱諷道：「是呀，這武才人哪有皇后長的好看啊！」

唐高宗牽起武曌的手，含情脈脈道：「走，跟朕回宮！朕再也不能丟下妳了！」

唐高宗不顧身分和場合，拉著武曌就往外跑，群臣深感吃驚，長孫無忌急忙跪在高宗面前，道：「陛下，武媚娘乃戴罪之身，先帝有遺詔，武媚娘終生不得走出感業寺一步！臣等乃先帝託孤的輔臣，臣等不能坐視不管！」

太師李勣也跪在高宗面前，道：「陛下，長孫大人說的正是啊，陛下要是硬帶武才人回宮，天下人會說陛下不孝，說臣等不忠啊！請陛下三思！」

長孫無忌見高宗鐵了心，看了看一旁的褚遂良，急道：「褚大人，你身為輔臣倒是說句話啊！」

褚遂良深感同情道：「二位大人，兩年來，武才人在感業寺寺門不出，潛心修行，這些你們都是看得到的，再說武才人並無大錯啊！太宗先帝已去世兩年，遺詔之事又豈能驗證今日之事，陛下和武才人兩情相悅，二位大人又何苦再咄咄逼人呢！」

高宗欣慰道：「還是褚愛卿明事理啊！」

長孫無忌和李勣見褚遂良如此說，高宗皇帝態度又如此堅決，當然是無可奈何。

武曌見眾臣為難，便道：「陛下，還是不要為難了，幾位大人也難做，還是將媚娘留在寺裡吧，只要媚娘能繼續為大唐祈福，媚娘就心滿意足了！」

群臣見武才人這樣明白事理，突然對她的遭遇也深感同情。

高宗道：「不行，朕身為皇帝，如果連一個女人都留不住，枉為皇帝！」

此時的氣氛很緊張，王皇后站了出來，笑了笑，道：「陛下，只要陛下喜歡，臣妾沒有異議！臣妾只是希望我大唐皇室子嗣繁榮！」

王皇后心裡暗暗想道：「正好利用武媚娘去對付蕭淑妃那個賤人！」

唐高宗欣慰道：「還是皇后知書達理，走，媚娘，跟朕回宮。」

「起駕。」太監喊道。

唐高宗拉著武曌的手，在浩浩蕩蕩的隊伍的擁護下離開了感業寺，從此回到大明宮。

幾位輔政大臣也深感無奈，王皇后和蕭淑妃等人對武曌恨得牙根癢癢。王皇后心裡明白，皇帝是鐵了心帶武曌回宮，不如送給武曌和皇帝一個人情，也多了一個對付蕭淑妃的籌碼。

第十一章　後宮爭寵日激烈

唐高宗不顧眾怒，堅持將武曌帶回宮中，直接領到了含元殿，後宮的娘娘們回了各自的寢宮，群臣跟著來到含元殿，片刻也不願再等的唐高宗準備為武曌加封。唐高宗坐在含元殿的龍椅之上，正沾沾自喜，群臣手持笏板，齊跪道：「吾皇萬歲萬歲萬萬歲。」

「平身。」

「謝陛下。」群臣站了起來，面對高宗。

唐高宗對身邊的太監道：「宣武才人進殿。」

太監上前三步走，喊道：「宣武才人覲見。」

群臣回頭，見武曌上殿，紛紛為她讓開來一條路，眾臣是敢怒不敢言，長孫無忌的臉上尤其難看。

武曌來到高宗面前，在高宗的御前跪下來，道：「臣妾拜見陛下，吾皇萬歲萬歲萬萬歲。」

唐高宗道：「武曌聽封，朕封妳為二品昭儀，以後這蓬萊殿就賜給妳住了！冊封具體事宜交予禮部辦理。」

第十一章　後宮爭寵日激烈

「謝陛下隆恩。」武曌對唐高宗三跪九叩。

長孫無忌持笏板，奏道：「陛下，接武才人回宮本就不妥，況武才人只是個五品才人，陛下直接將其提升為二品昭儀，臣擔心難堵天下人的悠悠之口啊，還有後宮娘娘們的立場！」

群臣齊跪，請願道：「請陛下三思！」

唐高宗道：「在朕看來，武才人德才兼備，太宗朝十多年來未晉封，朕封她一個昭儀何來不妥？退朝。」

說完，唐高宗起身，拂袖而去。

太監匆匆喊道：「退朝。」便跟了上去。

群臣依然跪著，左顧右盼，紛紛搖頭，表示無奈。

武媚娘重新回到皇宮，本就不是小事，不僅讓後宮炸了鍋，民間的呼聲也隨之接踵而來。後宮的娘娘是親眼目睹了皇帝從感業寺把武曌帶回宮，娘娘們的心裡本就不滿，再加上高宗剛回宮就迫不及待地、名正言順地對武曌進行冊封，這讓後宮裡的娘娘們更加的眼紅。這些其實武曌都是十分清楚的。

高宗在含元殿正式封賜武曌的時候，各宮的娘娘們哪裡安耐得住，紛紛來到了立政殿，與皇后娘娘商議對策，在這件事情上，她們的立場始終保持一致。王皇后端坐鳳椅上，她的兩邊坐著蕭淑妃、徐婕妤、劉宮人等數人。見王皇后穩如泰山，各宮的小主們心急火燎。王皇后一邊品著茶，一邊在等待著蕭淑妃發飆，哪知蕭淑妃竟也穩定住，第一個跳出來的是劉宮人。

劉宮人一臉委屈道：「娘娘，臣妾身為宮人，本就不受陛下恩寵，現在多出一個武媚娘，只怕娘娘的地位也不保啊！」

王皇后心裡認可劉宮人的話，但是面子上過不去，惱羞成怒，將茶碗在桌子上重重放下，道：「胡說，本宮地位不保，本宮乃正宮皇后，當今皇上明媒正娶的妻子，她武媚娘只是先帝的一個遺妾！皇上就封她一個昭儀，難道她還敢騎到本宮的頭上不成！本宮壓根就沒把她放在眼裡！」

蕭淑妃陰陽怪氣，道：「是呀，皇后娘娘閉月羞花，深得皇上恩寵，這武媚娘哪裡是皇后娘娘的對手！」

王皇后一聽，不以為然，冷冷一笑。

劉宮人忙問道：「淑妃娘娘，妳和皇后娘娘在感業寺見過武媚娘，她的相貌如何？美嗎？」

蕭淑妃道：「不美，能魅惑先帝和陛下嗎？不美，先帝能賜她武媚娘的封號嗎？本宮看她就是一個狐狸精！」

王皇后暗暗得意道：「不忙，這個狐狸精很快就會成為本宮對付妳的棋子！」

「皇上駕到。」御前太監的聲音傳入了立政殿。

後宮的娘娘們聽聞皇上駕到，紛紛站了起來，表情慌張。

唐高宗和武昭儀一起來到了立政殿，由皇后牽頭，後宮的娘娘們一起跪迎高宗，道：「皇上萬歲萬歲萬萬歲。」

「喲，妳們都在啊？」唐高宗道。

娘娘們左顧右盼，面紅耳赤，蕭淑妃反應快，忙道：「陛下，皇后娘娘身體不適，臣妾是來看望皇后娘娘的。」

後宮的娘娘們異口同聲道：「是呀，皇上。」

唐高宗急道：「皇后看過御醫了嗎？」

王皇后笑道：「陛下，臣妾已經看過御醫了，不礙事，只是偶感風寒！」

武曌來到皇后和蕭淑妃的面前，見禮道：「臣妾見過皇后娘娘、淑妃娘娘。」

王皇后假裝熱情，親自扶起武媚娘，道：「武昭儀免禮。」

蕭淑妃走過去拉著武曌的手，一副古道熱腸的樣子，笑道：「昭儀姐姐，在我們面前就不要客氣了，以後私下無人時，我們儘可姐妹相稱！妹妹以後還要多多仰仗姐姐！」

武曌一副受寵若驚的樣子，道：「妹妹哪裡的話，在這後宮妳和皇后才是主子，媚娘只願盡心服侍皇上和皇后娘娘，還有淑妃娘娘！」

唐高宗笑道：「媚娘，妳太客氣了，今天朕帶妳過來，就是讓妳認認臉，以後在這後宮妳們能一團和睦，那朕就再放心不過了！」

王皇后道：「陛下，臣妾乃後宮之主，臣妾必當盡心盡力為皇上打理好後宮！」

唐高宗道：「皇后，朕沒有跟妳商量就封媚娘為昭儀，妳不介意吧？」

王皇后笑道：「陛下，臣妾身為妻子，夫唱婦隨，陛下只不過是納一個妃子，臣妾怎麼會有意見，陛下這麼做也是延續皇室血統，臣妾是能理解的！」

唐高宗欣慰道：「如此甚好！媚娘，我們走！」

唐高宗牽起武昭儀的手，就要離開。

王皇后道：「陛下，你不再坐會兒？」

「不坐了，朝廷大事一大堆，朕休息一會兒，這天下又要發生多少事情！」唐高宗拉著武昭儀，肩並肩地朝殿外走去。

王皇后看到高宗和武昭儀恩愛交融的樣子，心裡很不是滋味，咬牙切齒，眼神裡透露著憎恨。

蕭淑妃有意火上澆油，上前道：「皇后娘娘，妳才是陛下的妻子，妳看現在好像武昭儀成了皇后！」

王皇后氣急敗壞，喝道：「這世上有哪個女人能夠跟別的女人一起分享自己的丈夫？妳們都給本宮滾出去，本宮想靜一靜！」

蕭淑妃目的已經達到，她面對其他嬪妃沾沾自喜道：「我們走吧，皇后娘娘現在正在氣頭上，我們還是讓她靜靜！我們就不要再火上澆油了！」

蕭淑妃說罷，便和其他娘娘們幸災樂禍地走了出去。

自從武媚娘回宮以後，高宗夜夜讓武媚娘侍寢，夜夜笙歌漫舞。在武媚娘回宮前，王皇后和蕭淑妃寵冠六宮，現在每夜蓬萊殿都燈火通明，裡面載歌載舞，熱鬧非凡，皇帝也開始懶政了。王皇后和蕭淑妃每夜都獨守空房，她們將矛頭都對準了武昭儀。日復一日，王皇后和蕭淑妃的醋勁兒越來越大，她們終於也都按捺不住了。有一日，清晨，天已大亮，高宗在太監的服侍下走出了蓬萊殿，太監和宮女們前呼後擁，離開了蓬萊殿。此時，王皇后、蕭淑妃二人領著一群武功高強的侍衛躲在蓬萊殿外面的假山後面偷看，待高宗遠去，王皇后和蕭淑妃就指揮侍衛將蓬萊殿的們牢牢為主，蓬萊殿外面的太監都被侍衛拿下。王皇后和蕭淑妃便大搖大擺地來到了蓬萊殿的門口。

王皇后憤力推開了門，和蕭淑妃怒氣沖沖地闖了進去，見兩名宮女正在服侍武昭儀穿衣服，武昭儀見皇后和淑妃到此，連忙避開了兩名宮女，便自己穿了起來，三兩下就穿好了，笑著來到皇后和蕭淑妃的面前，跪迎道：「不知皇后娘娘和蕭淑妃駕到，有失遠迎，請皇后娘娘和淑妃娘娘恕罪！」

王皇后圍著跪在地上的武曌走了幾圈，冷笑道：「武昭儀，在妳的眼裡還有本宮這個皇后和蕭淑妃嗎？皇上護妳，我們不敢招惹妳，我們只有等皇上走了，才敢來找妳，妳是不是很得意啊？」

蕭淑妃不滿道：「武昭儀，妳在本宮和皇后娘娘面前，難道還要裝蒜嗎？妳現在寵冠六宮也就算了，妳難道不知道後宮自貴妃以下的所有嬪妃每日早上都要到立政殿向皇后娘娘請安嗎？妳現在得寵，皇上每夜找妳侍寢，每天早上皇上都疲倦不堪，連朝政也荒廢了，妳知罪嗎？」

武昭儀再也不狡辯，連連叩首，道：「皇后娘娘，臣妾知錯了！」

王皇后道：「妳既知錯就好，那本宮就按宮規懲罰妳了！本宮是後宮之主，打妳，完全有這個權力！來人，將武昭儀拖出去重打二十大板，讓她長長記性！」

說完，三五個侍衛衝了進來，押解武昭儀出蓬萊殿。

蓬萊殿的宮女們見王皇后發威，沒有人敢發言，其中一個宮女道：「皇后娘娘，妳就饒了我家主子吧！」

「你們誰敢替武昭儀求情，本宮一起打！武昭儀，本宮知道妳身懷武功，所以本宮才叫上幾名武功高強的侍衛拿妳！」王皇后得意道。

一旁的蕭淑妃看著武昭儀被帶出去，一副幸災樂禍的樣子。

武昭儀被帶到了蓬萊殿外面的甬子上，太監們搬來一條木板凳，侍衛押武昭儀躺在了木板凳上，整個過程武昭儀都不反抗一下。

一名侍衛高舉板子下不去手，王皇后瞪了那侍衛一眼，急道：「你還等什麼？快給本宮打，一會兒皇上來了，就碰不了她了！」

那侍衛很無奈，只能重重地打，很快，武昭儀的屁股被打出了血跡。

而一旁的蕭淑妃沒有一點的心軟，喊道：「給本宮打，狠狠地打，你們打的越重，才能解本宮的心頭之恨！」

在場的太監和宮女不忍目睹，她們紛紛蒙上了眼睛，有拍皇帝和武昭儀馬屁的太監偷偷溜走，準備通風報信。而武昭儀在整個被打的過程中，臉不紅，氣不喘，沒有發出一絲求饒的聲音。

高宗離開蓬萊殿，便到中書省批閱奏章，就在高宗全身心投入的時候，御前太監急急忙忙跑來，來到高宗的面前，低聲道：「陛下，昭儀娘娘在蓬萊殿被皇后娘娘帶人打了！打人的還有淑妃娘娘！」

唐高宗大驚，道：「她們想幹什麼？朕原本以為她們會和睦相處的！」

高宗皇帝的巨大反應驚擾了中書省正在辦公的大臣們，大臣們紛紛致以詫異的眼光看著高宗，高宗站起來，面對眾人道：「沒事，朕有點小事要出去一趟，眾卿各自忙去吧！」

高宗在太監的陪同下，急急忙忙離開了中書省。中書省的大臣們不明緣由，繼續工作。

唐高宗接到武昭儀被打的消息，便馬不停蹄地趕過來。當他趕過來的時候，已經打完了，板凳還在。武昭儀屁股上的血已經染紅了她的臀部。奄奄一息的武昭儀被兩名侍衛左右架著。王皇后走到武媚娘的面前，道：「武昭儀，妳給本宮記住了，本宮今天打妳不存在個人恩怨，本宮就是為了讓妳長長記性、熟悉熟悉宮規！長幼尊卑還是要要的！」

「武昭儀，妳沒有錯，也沒得罪我們，但是妳狐媚皇上，就是妳的錯！」蕭淑妃憎惡的眼神看著武昭儀道。

「皇上駕到。」御前太監的聲音傳來。

王皇后和蕭淑妃立刻嚇得臉色煞白，忙跪迎高宗。王皇后看了看蕭淑妃，低聲問道：「皇上怎麼會突然來到？」

王皇后看到皇上身邊那名太監，就知道是怎麼回事了。

高宗氣喘吁吁地跑過來，來到武曌的面前，看著渾身是傷的武曌，心疼道：「怎麼這麼狠心，把妳打成這個樣子！給朕傳御醫。」

「遵旨。」御前太監道。

御前太監急急忙忙離開，奔向太醫署。

高宗對兩名架著武曌的侍衛道：「你們兩個，快把娘娘給朕扶進娘娘的寢宮裡！」

「是。」兩名侍衛將武曌給扶了進去。

高宗回頭看著地上跪著的王皇后和蕭淑妃臉色鐵青，道：「妳們兩個都給朕進來！」

王皇后和蕭淑妃一副惶恐不安的樣子，異口同聲道：「是。」

兩名侍衛架著武曌剛走到門口，高宗不忍心看到武曌那狼狽的樣子，走過去道：「你們兩個讓開，朕親自送娘娘進去。」

說罷，高宗親自背著武曌就進入到寢宮內，將武曌輕輕地放在了床上。

而王皇后和蕭淑妃進入殿內，就一直跪在高宗的面前、武曌的床前，不敢起身。

奄奄一息地武曌拉著高宗的手，道：「陛下，皇后娘娘和淑妃娘娘也是在執行宮規，請陛下不要責罰她們！」

唐高宗道：「媚娘，妳是在怕她們報復吧，所以才在朕的面前說她們的好話？」

武曌搖了搖頭，道：「陛下，臣妾不是怕娘娘報復，臣妾都是真心話！」

高宗欣慰地看著武曌，心裡便更加疼愛她了，高宗又瞅了瞅王皇后和蕭淑妃，不悅道：「妳們看看，妳們身為後宮之主，心胸還不如媚娘，妳們如此傷害她，媚娘還在替妳們說話，妳們還是好好想想吧！」

蕭淑妃剛要開口辯護，這時，御前太監帶著御醫，提著藥箱，前來診斷。

御醫放下藥箱，連忙跪拜，道：「吾皇萬歲萬歲萬萬歲。」

高宗迫不及待道：「繁文縟節就免了，快，趕緊給昭儀娘娘看看，她傷的不輕！」

「遵旨。」御醫連忙站起來，來到了武曌的床邊。

太監為御醫搬來一個凳子，御醫坐了下來，為武曌診斷。

高宗則不斷地催問御醫，道：「趙御醫，媚娘她怎麼樣？」

少時，御醫站起來，面對高宗，奏道：「陛下，娘娘的脈象虛弱，傷的不輕啊，要不是娘娘修過武功，恐怕這二十大板下去會要了她的命啊！」

高宗震怒，瞪著王皇后和蕭淑妃，道：「妳們二人可知罪？這麼大的事情不知會朕，竟然濫用刑罰！」

御醫道：「陛下，息怒，娘娘的傷不礙事，臣開幾服藥，外敷內用，一日兩次，早晚服用，七七四十九天後方可痊癒！」

高宗道：「去吧。」

御醫便退下開藥方去了。

高宗來到王皇后和蕭淑妃面前，道：「妳們下手真狠吶，妳們這不是要人命嗎？」

蕭淑妃此時和王皇后在一條戰線上，忙為皇后辯解，道：「皇上，自從武昭儀回宮，皇上就沒有到過其他姐妹的寢宮，甚至連臣妾和皇后娘娘的寢宮都沒有去過，更為可氣的是，武昭儀目無皇后，後宮的娘娘每日辰時必到立政殿給皇后請安的祖規武昭儀都不放在眼裡，皇上連朝政都荒廢了，皇后娘娘知道皇上會偏袒武昭儀，所以才在皇上離開的時候出手教訓教訓武昭儀，後宮之事都由皇后打理，難道皇上連這點權力也不給嗎？」

高宗無奈道：「教訓也不是把人往死裡打啊！下手輕點不行嗎？」

臥病在床的武昭儀，硬撐著道：「皇上，就不要再責怪兩位娘娘了，都是臣妾的錯，臣妾以後一定改！」

高宗面對王皇后和蕭淑妃不滿道：「妳們都下去吧，回頭朕再找妳們算帳！」

「臣妾告退。」王皇后和蕭淑妃異口同聲道，便得意地退了下去。

一個月後，武媚娘已經可以下床走動。在這一個月裡，高宗忙完朝政就來陪她。這讓王皇后和蕭淑妃更加的羨慕和嫉妒。這次王皇后她們對武媚娘下了狠手，休息了一個月的武媚娘還是不能獨立走路，只能摸著牆走，或者在人的攙扶下才能行走。

這天下午，陽光明媚，藍天白雲，高宗攙扶著武媚娘從蓬萊殿裡走了出來，久未出門的武媚娘被強烈的陽光刺了眼，體貼入微的高宗甚至用手給武媚娘擋陽光。

高宗回頭對身後的太監喊道：「拿把傘來！」

御前太監給身後的又一名小太監使了使眼色，少時，傘拿來了，御前太監撐起傘來給高宗和武媚娘打著。

高宗道：「傘給朕吧。」

高宗接過傘親自給武媚娘撐著。功於心計的武媚娘此時正得意洋洋，她偷偷地窺視了周圍，看王皇后和蕭淑妃是不是躲在暗處。當武媚娘看到一閃而過的王皇后和蕭淑妃，故意裝可憐，走不動路，頭犯暈，高宗便扶著她走。

暗處的蕭淑妃氣的直跺腳，對王皇后道：「皇后娘娘，我們的本意是對付武媚娘，沒想到現在皇上更加心疼她了！對我們不僅沒有了寵愛，而且上次打武昭儀的事情還耿耿於懷呢！」

王皇后道：「這件事情沒有完，本宮一定會把武昭儀從宮裡趕出去！哼！」

說罷，王皇后拂袖而去。蕭淑妃和宮女們陸續跟上。

武媚娘在高宗的攙扶下自由的穿行在大明宮的各個角落，宮裡的人無論官階大小，見到高宗和武媚娘到來無不下跪相迎。不知不覺中，武媚娘和高宗走到了掖庭宮。掖庭裡有很多犯官家屬和宮女在這裡勞動，負責清洗宮裡的衣服、打掃、以及清廁等雜務。高宗一邊扶著武媚娘一邊為武媚娘介紹。行至一處，很多低等宮女在那裡洗衣服，汙水將院子打溼，過不去。高宗和武媚娘準備回頭。突然一名狼狽不堪的宮女撲了上來，跪拜在高宗和武媚娘的面前，喊道：「陛下，奴婢拜見陛下，拜見娘娘。」

在場的太監以為是刺客，為首的太監忙道：「來人，有刺客！」

很快，侍衛就把這名宮女押了起來。

那宮女掙扎著喊道：「陛下，娘娘，我是玉兒，昭儀娘娘，我是妳的貼身宮女玉兒啊！」

玉兒一邊說，一邊拊飭著自己凌亂的頭髮。

武媚娘彎下腰，瞅了瞅，道：「真的是玉兒？妳怎麼會在這裡？」

「自從娘娘被判至感業寺出家，奴婢也連坐，被發往掖庭終生為奴，做些髒活！」玉兒淚流滿面道。

武媚娘看了看高宗，道：「陛下，玉兒是臣妾以前的貼身宮女，把她還給臣妾吧！臣妾看她挺可憐的！」

高宗道：「是嘛，那玉兒以後就跟著昭儀娘娘吧，不用再來掖庭為奴了！」

玉兒感激涕零道：「謝陛下，謝娘娘。」玉兒對高宗和武昭儀三拜九叩。

高宗和武媚娘離開了掖庭。

第十一章　後宮爭寵日激烈

第十二章　陰謀不過武昭儀

筋骨不同於一般人的武昭儀在四十天後就完全復原了，也能活動筋骨了，她開始在蓬萊殿外面練劍。她舞劍的動作快捷而迅速，幾乎是招招致命，劍鋒上充滿了殺機。一旁的太監和宮女看的心裡直發毛，她們完全看不透這位昭儀娘娘的心思，這位昭儀娘娘的心思陰晴難定。就在武昭儀練武的時候，王皇后和蕭淑妃再次來到蓬萊殿，她們見武媚娘在練劍，便笑著走過去。

王皇后笑著道：「可喜可賀，武昭儀的身子終於好了，皇上也能寬宥我！」

武昭儀假裝沒聽見，她見皇后和蕭淑妃到此，心一狠，衝了過去，刺向王皇后，劍鋒已經指到王皇后的脖子了，武昭儀才停下來。在場的宮女和太監大叫了一聲，王皇后驚魂未定，蕭淑妃也臉色煞白。

武昭儀這才甩開劍，假裝跪迎道：「臣妾不知皇后娘娘和淑妃娘娘駕到有失遠迎，讓兩位娘娘受驚了！臣妾罪該萬死！」

王皇后還沉浸在恐懼當中，蕭淑妃推了推皇后，道：「皇后娘娘，武昭儀給妳請安吶！」

王皇后這才回神過來，深呼一口氣，伸出手笑道：「武昭儀請起！武昭儀的身子痊癒了吧？」

「拖娘娘的福終於痊癒了！」武昭儀道。

臉色蒼白的王皇后道：「那就好！那就好！」一連說了兩個那就好。

武昭儀回頭看了看蓬萊殿的宮女和太監，故意訓斥道：「你們怎麼見皇后娘娘和淑妃娘娘到來也不通報一聲！」

眾人皆看出武昭儀的虛偽，故都不應聲，只是低頭不語。

蕭淑妃道：「行了，這些人都是武昭儀的人，她們怎麼做還不都是主子的主意！就別裝了啊！」

王皇后道：「我們走吧。」蕭淑妃和王皇后在眾人的擁護下離開。

武昭儀見她們走遠，喊道：「皇后娘娘，妳冤枉臣妾了，臣妾怎麼敢冒犯兩位娘娘！」

武昭儀暗自發誓：「王皇后、蕭淑妃，妳們把我打的這麼慘，我可不能手軟了，這次本宮一定不讓妳們活！」

宮女玉兒見武昭儀站在風口，連忙拿來一件外套給武昭儀披上，道：「娘娘，外面太涼，妳還是進屋吧！」

玉兒伺候武昭儀回到了屋子。

長安城內有一座氣勢宏偉的府邸，這座府邸是在王皇后被封皇后以後，高宗皇帝賜予王皇后父親魏國公王仁祐的，現在王仁祐已經死了，這座府邸由王皇后的母親魏國夫人柳氏居住。柳氏自從死了丈夫，便閉門不出，只在府內種些花花草草，養些花鳥魚蟲之類的玩意兒，除此就是在佛堂裡誦經，她是一個虔誠的佛教信徒。柳氏淡泊，縱然是女兒當了皇后，她也很少往宮裡去。王皇后也很少出宮看母親。

這一天，王皇后的鳳駕緩緩駛出了大明宮，朝王府而來。雖然，魏國公去世，但王氏依然在朝當皇后，王氏的門庭並未冷落，王府常有人來，給柳氏送禮，變相討好皇后。王皇后的鳳駕停在了王府，皇后回家，長安城自然引起轟動，百姓夾道跪拜。

王府的大門寬大而氣派，門口站滿了家丁和士兵把守。王皇后下了轎子，在宮女的服侍下來到了大門口，眾人跪拜道：「拜見皇后娘娘。」

「免禮。」王皇后挺直了腰板，伸手示意道。

眾人站了起來。

王皇后道：「魏國夫人在府裡嗎？」

王府的管家道：「老夫人近日老是念叨娘娘，不想今日娘娘終於來了！老夫人在大廳裡等娘娘！」

王皇后的鑾駕停在外面，只進來三五名太監和宮女，服侍皇后進了府。

魏國夫人看樣子已經年過六旬，身體也不是很好，見王皇后駕到，她柞著龍頭楞杖，在丫鬟的攙扶下，下了臺階，急急忙忙來到王皇后的面前，一邊疾走，一邊喊道：「孩子！孩子！老身參見皇后娘娘！」

王皇后久未見到老母，見母親頭髮又白了許多，她留著眼淚道：「母親，妳是我的母親，妳在女兒面前不用行禮的！」

王皇后給魏國夫人身邊的下人使了一個眼色，那下人才把老夫人扶起來。

魏國夫人道：「妳雖然是我的女兒，但是妳還是母儀天下的皇后娘娘，這君臣之禮還是要行的！」

王皇后道：「母親，妳還是趕緊進屋吧，外面風大，小心著涼！」

王皇后親自攙扶母親進入大廳。

王皇后親自扶老夫人坐在自己的身邊，魏國夫人看了看身邊的丫鬟和在場的太監和宮女，深感不妥，忙道：「皇后娘娘，老身還在下座吧，與娘娘平起平坐，老身怕給娘娘招來麻煩！」

魏國夫人準備起身。

王皇后按住魏國夫人的腿，道：「你們都下去吧，在府外等候。母親坐。」

「遵懿旨。」眾人除了大廳。

大廳裡只留下母女倆，王皇后拉著母親的手，道：「母親，多日不見，妳的頭髮又白了許多！」

魏國夫人看到女兒喜極而泣，老淚縱橫道：「女兒，娘好想妳！妳又瘦了！昨晚我夢見妳跪釘板，腿上都是血，娘當時就被嚇醒了，料想這宮裡能讓妳跪釘板的也只有皇上了！娘本想進宮看妳，但是這幾日腿腳不便，所以沒能來！」

王皇后深感痛心，道：「母親，對不起，女兒讓妳操心了！」

魏國夫人道：「孩子在宮裡受委屈了吧？」

「母親哪裡的話，女兒這不是好好的嗎？再說女兒貴為皇后，誰敢讓我委屈！」王皇后故作堅強道。

魏國夫人道：「女兒，妳是娘看著長大的，小的時候妳只要受了誰的欺負就會回家找娘和妳爹，老實說吧，是不是有人欺負妳？」

王皇后面對母親的關懷，終於忍不住撲倒在魏國夫人的懷裡，哭訴道：「母親，女兒好苦啊！女兒雖然貴為皇后，但是先前皇上寵愛蕭淑妃，女兒的寢宮很少來，後來皇上又把先帝的才人接回宮封了昭儀，從此女兒更加不受待見！武昭儀囂張跋扈，我出手打了她，皇上還埋怨我，現在更加冷落我，已經有一個月沒有到過女兒的寢宮，女兒真的好苦啊！」

說著，王皇后泣不成聲，像個孩子。

魏國夫人摸著王皇后的後背，同情道：「我可憐的孩子！妳一向心地善良、軟弱，後宮之爭讓妳受苦了！妳進宮以後想辦法將那位武昭儀的生辰八字弄到，捎給母親，母親請術士做一場法事，也給那武昭儀下個咒！」

王皇后直了起來，吃驚道：「母親，妳這樣行嗎？」

魏國夫人道：「我不管，老身雖然吃齋念佛，不問俗事，但只要有人欺負老身的女兒，老身就豁出去了！老身定要她死！」

王皇后心疼道：「母親，女兒不要妳為了女兒的事情消磨福氣，妳要是幫助女兒做壞事，那會消磨妳的福報的！」

魏國夫人道：「女兒，妳就是娘的心頭肉，妳的喜怒哀樂就是娘的喜怒哀樂！妳先回去吧，妳出宮太久了，照娘說的把那武昭儀的生辰八字弄來！」

王皇后站了起來，依依不捨道：「那母親女兒就先回去了，妳自己保重，有什麼事情捎個信兒到宮裡！」

魏國夫人也眼淚汪汪的樣子，跪在了王皇后的面前，道：「老身恭送皇后娘娘。」

王皇后也忍不住落淚，一邊朝大廳外面走去，一邊回頭不時望望魏國夫人，而魏國夫人也目睹皇后逐漸遠去。

立政殿裡，王皇后坐於鳳椅之上，她的面前跪著老臣于志寧，大殿內只有皇后和于志寧二人，氣氛沉悶而緊張。于志寧一直低著頭跪著，王皇后的表情十分的難看。

王皇后道：「于大人，你身為禮部尚書，應該有武昭儀的生辰八字吧？快點交出來吧？」

于志寧抬起頭看了看王皇后，為難道：「娘娘，老臣雖然掌管朝廷的科舉、禮儀以及朝廷的冊封事宜，但武昭儀的八字老臣卻不敢透露啊！敢問娘娘要武昭儀的八字作甚？」

王皇后道：「此事天知地知你知我知，你不說，本宮不說，誰會知道？再說，本宮身為後宮之主，統率後宮，要一份武昭儀的八字怎麼就不行了！放心吧，本宮不會害你的！至於說用途嘛，你還是不要問了！」

于志寧吞吞吐吐道：「這……這……」

王皇后道：「我說于大人，你就放心吧！」

于志寧看了看王皇后的眼神，像是吃了一顆定心丸，無奈道：「好吧，老臣這就回去給娘娘找！」

王皇后得意道：「漁大人，你起來吧。」

于志寧站了起來，作揖道：「老臣告退。」

王皇后點了點頭，看著于志寧離去，她沾沾自喜起來。

王府裡，魏老夫人請了一幫巫師正在府內作法，魏老夫人杵著龍頭枴杖，手裡數著佛珠，嘴裡默唸經文，她坐在王府院子裡的臺階上，下面有十多名巫師在作法、跳舞，他們的身著奇異，頗有些番邦異域巫師的特色。數名巫師又蹦又跳，帶頭的巫師拿著桃木劍，劍尖上黏著符咒，在那裡亂揮，時而口吐大火，讓人看著就膽顫心驚。武昭儀的生辰八字正好貼在一個稻草人身上，那帶頭的巫師不知道用的什麼血往草人的身上澆灌，著實是怵目驚心。

口念佛經的魏老夫人停了下來，喃喃自語道：「女兒啊，母親能為妳做的只有這麼多了，母親一生信佛，到頭來為了妳做下這傷天害理之事，如果上天要折壽，就降到老身的頭上吧！」

王府裡濃煙滾滾，直衝雲霄，又傳出咒語的聲音，還有一些法器發出的聲音，讓王府周圍的行人都停下腳步，時而張望一番。

蓬萊殿裡，武昭儀躺在鳳床上看書，她的身子蜷成一團，豐滿而性感，衣服單薄而華麗，她的腹部微微隆起，顯然已經有了身孕。她手裡翻著的手是《三國志》，旁邊的宮女為她搖著扇子，另一名宮女站在她的身邊給她剝葡萄皮兒，每剝完一顆葡萄，宮女便親自餵到武昭儀的嘴裡。武昭儀過著神仙般的日子。

第十二章　陰謀不過武昭儀

武昭儀放下手裡的書，看了看拿扇子的宮女，道：「不要一直對著本宮搧，搧扇的力度盡量小一點。」

「奴婢遵命。」拿扇子的宮女點頭哈腰道。

這時，宮女玉兒急急忙忙走了進來，面對武昭儀道：「娘娘，果然如娘娘所料，皇后確實有動作……」

武昭儀看了看身邊的宮女，道：「妳們都下去吧。」

「唯。」殿內的一干人等都退了下去，只剩下武昭儀和宮女玉兒二人。

武昭儀道：「可以說了！」

「娘娘，皇后娘娘的母親魏國夫人正在自己的府上詛咒娘娘，現在王府裡還有巫師在作法呢！」玉兒道。

武昭儀冷冷一笑，道：「皇后娘娘，妳就作吧，本宮看妳能作到什麼時候！妳以為妳在背後做的那些事情能瞞得過本宮嗎？本宮早就在妳的親戚身邊安插了眼線，走，玉兒，我們去面見陛下，現在有好戲看了！」

說罷，武昭儀就要起床，玉兒走過去將身懷六甲的武昭儀扶下床，為武昭儀穿好鞋子，而武昭儀的表情卻讓人不寒而慄。

唐高宗李治在太監陳得祿的陪同下走在大興宮的外面，武昭儀在宮女玉兒的伺候下，在大興宮外面的過道上找到了唐高宗。武昭儀來到高宗的面前，微微屈膝施禮道：「臣妾參見陛下。」

高宗連忙上前攙扶，一陣心疼道：「武昭儀免禮，妳現在有懷在身，以後見到朕就不必多禮！」

武昭儀微笑著道：「謝陛下。」

玉兒跪拜道：「奴婢拜見陛下。」

「請起。」高宗道。

玉兒站了起來，低下頭，緊跟在武昭儀的身邊。

太監陳得祿朝武昭儀作揖，道：「奴才參見昭儀娘娘。」

「陳公公免禮。」武昭儀伸手示意道。

唐高宗道：「不知武昭儀今日前來見朕有何要事？」

武昭儀道：「陛下，臣妾想出宮走走，久居宮中，人難免憔悴，臣妾很久沒有出宮了，今日天氣不錯，陛下何不陪臣妾出宮轉轉呢？」

唐高宗道：「也罷，朕也想出去走走，陳得祿擺駕！」

「唯。」

武昭儀道：「陛下，我們還是微服出行吧，這樣也可體驗做百姓的樂趣，要是陛下擺駕出宮，必會驚動官府，這樣我們就不能玩了，臣妾就想陛下陪我出宮走走！」

唐高宗刮了刮武昭儀的鼻梁，調戲道：「好個武昭儀，點子真不少，行吧，朕答應妳，朕就陪妳微服出行，走，換衣服去！」

第十二章　陰謀不過武昭儀

唐高宗摟著大肚子的武昭儀在玉兒和太監陳得祿的跟隨下朝宮殿走去。

唐高宗一身貴公子打扮，武昭儀、宮女玉兒、太監陳得祿以及隨行的侍衛也都是便裝打扮，唐高宗摟著大肚子的武昭儀行走在大街上，唐高宗的行為舉止不再是一個帝王的派頭，有點像普通女子的丈夫。長安街頭，人來人往，到處是喧囂聲和叫賣聲，繁華熱鬧。有賣糖人的，有賣饅頭的，還有布莊、當鋪、錢莊等應有盡有。武昭儀出了宮就像是一隻放飛的鳥兒恢復了自由，完全看不出她是一個心機深沉的女子，在唐高宗的眼裡，她就是一個單純善良的花骨朵兒。武昭儀拉著唐高宗的手來到一個做糖人的鋪子前，這些糖人五花八門，有關羽、張飛、周瑜、仙娥等人物造型，武昭儀隨意抽出一個糖人在手裡把玩，她細細地端詳了一番，伸給唐高宗道：「夫君，你看這糖人做的多逼真啊，這手藝真了不起！」

高宗笑道：「曌兒，妳喜歡就選一個吧！」

武昭儀手持糖人，手舞足蹈道：「謝夫君！」

武昭儀挑了兩個糖人，拿著就往前走，太監陳得祿忙在後面付錢。

高宗緊跟在武昭儀的身後，笑道：「曌兒，朕看妳平日在宮中又是練劍又是研習兵法，想不到也有小女子的一面！」

武昭儀道：「那是因為臣妾出了宮，如同自由飛翔的鳥兒，沒有宮規的束縛，故臣妾才能釋放個性，再說了，臣妾有小女子的一面，那是因為臣妾的身後有陛下，陛下那寬闊的肩膀就是臣妾的靠山！」

唐高宗聽完這話心裡美滋滋的。

武昭儀一邊舔著糖人，一邊和唐高宗說話，正說著，宮女玉兒的聲音傳過來，道：「娘娘、陛下，你們看那邊！門外站著很多奇裝異服的人！府裡還冒著煙，那邊是發生什麼事情了嗎？」

唐高宗等人看了過去，唐高宗道：「那邊是皇后親娘魏國老夫人的府邸，自從魏國公去世後，只有老夫人獨自一人居住，莫非是府上著了火，我們過去看看。」

唐高宗一行來到了王府的門外，外面有很多術士圍觀，門外有兵丁把守，門半開著。唐高宗一行正要進入，被兵丁攔住，兵丁喝斥道：「這是什麼地方，豈容你等亂闖！」

太監陳得祿走到兵丁面前，給了兵丁一個巴掌，激怒了兵丁，他們正要拔劍，陳得祿突然拿出宮牌，道：「狗奴才，你們睜大你們的狗眼看看，此乃當今聖上，還不跪下！」

眾兵丁臉色煞白，連忙扔下兵器跪了下來。

唐高宗扶著武昭儀進入到府內，府內烏煙瘴氣，遠遠就聽見咒語和鈴鐺的聲音，那些身著奇裝異服的巫師又是唱又是跳的讓唐高宗是怵目驚心。唐高宗一行繞過這些巫師準備朝魏國老夫人而去，老夫人坐在椅子上，手裡杵著枴杖。

「皇上駕到、昭儀娘娘駕到。」太監陳得祿喊道。

聽罷，眾巫師連忙停了下來，退到一邊。魏國老夫人驚慌失措，連忙從椅子上站了起來，在丫鬟的服侍下步履蹣跚地走到唐高宗和武昭儀的面前。

魏國老夫人杵著枴杖，跪迎道：「老身拜見陛下、拜見昭儀娘娘。」

唐高宗親自上前扶起魏國老夫人，道：「老夫人請起，朕和昭儀娘娘微服出巡，無意中路過這裡，看到府內濃煙滾滾，以為是著了火，這才找了過來，沒想到是老夫人在作法，不知老夫人因何事作法啊？」

魏國老夫人站著回話道：「陛下，老身近日身體不適，夜裡老是做噩夢，以為是鬼邪作祟，這才請了法師作法，以驅趕邪祟！」

唐高宗道：「老夫人，邪祟之事老夫人焉能相信？老夫人身體不適應該請太醫診療，老夫人有什麼不測，朕無法跟皇后交待啊！朕回宮後還是派太醫來給老夫人瞧瞧病吧！」

魏國老夫人心虛不已，道：「不揹陛下費心了！」

武昭儀給宮女玉兒使了一個眼色，玉兒便朝稻草人看去，她走過去看著血跡斑斑的稻草人，上面還清晰地寫著武昭儀的生辰八字。玉兒拿過稻草人匆匆走到武昭儀的面前，玉兒假裝問道：「娘娘，妳的生辰八字怎麼會在這裡？」

魏國老夫人在一旁看著，她的臉色煞白，惶恐不已。

武昭儀看著自己的生辰八字，面對唐高宗，故作一副惶恐不安的表情，道：「陛下，這……這怎麼？」

唐高宗接過生辰八字，看了看，氣急道：「老夫人，妳怎麼解釋？」

魏國老夫人驚嚇萬分道：「這……陛下恕罪，老身聽說女兒在宮中受了委屈，這才為女兒出頭，老身聽說昭儀娘娘在宮裡處處與皇后作對，老身護女心切，請陛下降罪！」

唐高宗拂袖而去，道：「哼！」

唐高宗氣沖沖地往外面走去，玉兒扶著大肚子的武昭儀，陳得祿和侍衛緊跟其後。

回到宮裡，唐高宗親自護送武昭儀回到蓬萊殿，唐高宗打發了身邊的人，武昭儀伺候唐高宗在床榻前坐下來，並親自從果盤裡取出一個橘子，剝了皮，一瓣一瓣餵進唐高宗的嘴裡，而唐高宗總是躲閃，一點也不開心，他看了看滿心歡喜的武昭儀，臉色卻很難看。

唐高宗道：「曌兒，妳這下應該高興了吧？」

武昭儀詫異道：「陛下何出此言啊？」

「妳以為朕不知道，妳謊稱出宮散心，正好又碰到老夫人作法，難道這些不是妳有意安排的嗎？妳就是這樣欺騙朕的嗎？」唐高宗震怒道。

武昭儀道：「陛下聖明，真的是什麼事也瞞不過陛下！陛下深知臣妾與皇后和蕭淑妃向來不和，皆以為是臣妾在陷害和誣陷皇后娘娘，臣妾知道皇后經常在陛下面前說臣妾的不是，但臣妾何曾在陛下面前挑撥皇后娘娘，臣妾引陛下出宮就是要讓陛下親眼所見，事實強過雄辯，臣妾無謀害皇后之心，皇后卻有毒害臣妾之意，請陛下為臣妾做主！陛下，臣妾才是整件事情的受害者啊！」

說著，武昭儀就哭了起來，哭的稀裡嘩啦的，讓唐高宗不忍心再責怪她。

唐高宗摟著武昭儀也坐了下來，安慰道：「不哭了，朕一定為妳做主！」

武昭儀正偷偷地笑。

立政殿裡，宮女正在銅鏡前為王皇后梳妝，王皇后正在用唇脂打扮自己，銅鏡裡面的王皇后光彩照人，王皇后對著銅鏡是來回的照，眼神裡流露出迷人的光彩。

「聖旨到。」太監陳得祿的聲音傳了進來，緊接著陳得祿來到了王皇后的房間。

王皇后以及身邊的宮女和太監們連忙跪迎聖旨，王皇后道：「臣妾跪接聖旨。」

太監陳得祿緩緩展開聖旨，宣讀道：「皇帝詔曰：皇后與其母魏國夫人以巫蠱之術毒害武昭儀，乃朕親眼所見，解除魏國夫人門籍，從此不許進宮，皇后禁足立政殿，面壁思過一月，欽此。」

王皇后面對這突如其來的厄運一時接受不了，腿軟了，暈了過去，宮女掐皇后人中穴，這才甦醒過來。

太監陳得祿道：「娘娘還是接旨吧。」

陳得祿將聖旨伸了過去，王皇后伸出顫抖的雙手接下聖旨，道：「臣妾接旨，陛下萬歲萬歲萬萬歲。」

陳得祿離開了立政殿，而王皇后頓感失落，情緒一落千丈，深知從今以後在後宮之中再也沒有威信可言，也無法再得到皇帝的信任。

第十三章　滅親女誣陷皇后

在唐高宗朝，王皇后和蕭淑妃在唐宮裡寵冠後宮，其他嬪妃獨守空房，高宗夜夜在王皇后和蕭淑妃的寢宮裡就寢，因此王皇后和蕭淑妃之間爭寵勢同水火。王皇后為了借武媚娘之手對付蕭淑妃，沒想到武媚娘從感業寺回到唐宮以後成了王皇后和蕭淑妃最大的情敵。武媚娘擅長狐媚之術，很快就拿下了高宗，逐漸獨寵後宮，就連皇后也沒有了地位。加上這次魏老夫人用邪術詛咒武媚娘，被皇帝發現，從此王皇后在宮中的地位岌岌可危，被高宗罰了面壁數月。幾月後，武媚娘就要臨盆生產了，這是她的第一胎。蓬萊殿裡，大肚子的武媚娘在床上痛的死去活來，她的床前有接生的女太醫，並有數名宮女伺候，宮女們有的拿著毛巾，有的端著熱水盆就在一旁站著。

女太醫掀開武媚娘的裙子，朝武媚娘的兩腿間看去，道：「娘娘，再加把勁兒，孩子的頭已經出來了，娘娘加把勁兒！」

武媚娘的疼痛聲是那樣的撕心裂肺，讓殿外站著的唐高宗捏了一把汗。

高宗旁邊的太監陳得祿安慰道：「皇上，您就寬心吧，昭儀娘娘不會有事的！」

唐高宗雙手搭在陳得祿的兩肩上，激動道：「陳得祿，朕也不是第一次當父親了，怎麼這次武昭儀生產朕這麼緊張呢？」

陳得祿笑道：「皇上，那是因為你在意昭儀娘娘！你越是在意啊就越緊張！皇上安心吧，你擔心也沒用啊！裡面的太醫是宮專科門接生的，手巧著呢！」

唐高宗道：「陳得祿，武昭儀給朕生兒生女都無所謂，朕只是希望昭儀平安！」

「會的，會的，陛下。」陳得祿連連點頭道。

立政殿裡，王皇后正忐忑不安，她在寢宮裡來回徘徊，一副憂心忡忡的樣子。她的身邊站滿了宮女和太監，王皇后面對這些人心裡就覺得堵得慌，道：「你們都下去吧。」

「唯。」眾人便離開了皇后的寢宮。

「環兒留下。」王皇后朝宮女環兒喊道。

環兒是皇后的心腹，平日裡這皇后宮中的事情都是她在張羅。她見皇后心緒不寧，便走到皇后的面前，道：「娘娘是有什麼心事嗎？」

王皇后道：「蓬萊殿裡什麼情況？武昭儀那賤人生了嗎？最好生個公主，要是生了個皇子，恐怕本宮在這後宮的地位會越來越不穩！」

環兒安慰道：「奴婢不知，娘娘還是順其自然吧，果真生個公主最好，要是真的生個皇子，娘娘要加倍對武昭儀好才是，不能讓武昭儀看出來娘娘怕了她，娘娘身為國母，武昭儀不過是個昭儀怎麼能跟娘娘相提並論！娘娘越是把她當回事她越是不把娘娘當回事！」

王皇后欣慰道：「在本宮的宮中，只有妳跟本宮最貼心，也只有妳的腦子活泛，妳說出話來總讓本宮深感吃驚，行了，本宮聽進去了，妳去蓬萊殿悄悄給本宮打聽一下，看武昭儀那賤人生的是什麼，然後再回來告訴本宮！」

「奴婢遵命，奴婢告退。」環兒作揖緩緩退出。

宮女環兒來到蓬萊殿外面監聽，她躲在殿外不遠的角落裡，手裡端著皇后娘娘要換衣的衣服，因為到掖庭要經過這裡，其目的就是為了掩人耳目，要是被巡邏的御林軍發現，她可以此作為幌子。蓬萊殿內，武昭儀的聲音越來越大，突然一個嬰兒的聲音傳出來，孩子哇哇落地。

「陛下，娘娘生了！」女太醫朝殿外喊道。

唐高宗欣喜若狂，推開了門，直奔殿內，陳得祿緊跟在他的身後，嬰兒被絲綢包裹著，被女太醫抱在手裡。唐高宗沒有看孩子，直接來到武昭儀的床前見武昭儀一動也不動，心急如焚道：「武昭儀她怎麼樣了？」

「陛下放心，娘娘只是太辛苦，昏睡過去了！不礙事兒的！只要日後加以調養，很快又能恢復元氣！」女太醫道。

唐高宗這才放心，走到女太醫面前，看著幼小的嬰兒，忙問：「是男孩，還是女孩？」

女太醫笑道：「恭喜陛下，是位公主。」

唐高宗沾沾自喜道：「朕和媚娘終於有了第一個孩子了！」

唐高宗接過太醫手裡的嬰兒，仔細地端詳，很享受這種當爹的感覺，儘管不是第一次當爹。這時，武昭儀醒了過來，有氣無力地喊道：「陛下，把孩子抱著臣妾看看！」

「媚娘，妳醒了。是位公主。」

唐高宗將孩子給武昭儀抱了過去，放在武昭儀的枕邊。武昭儀側著身子看了看稚嫩的嬰兒，道：「陛下，是位公主啊，臣妾沒能給陛下生皇子，臣妾深感內疚！」

高宗笑道：「媚娘，生男生女是天意，非人力能為，我們還年輕，可以再生嘛！」

武昭儀道：「陛下，給孩子取名了嗎？」

「陳得祿聽旨。」

「奴婢在。」

「朕給長公主取名為天愛，李天愛，封安定公主，你傳旨禮部，擇日於太廟舉行冊封儀式。」高宗道。

「奴婢遵旨。」太監陳得祿緩緩退出。

殿外監聽的宮女環兒便以閃電式的速度離開。

當宮女環兒回到立政殿的時候，殿內的各宮娘娘們早已等候在皇后的宮中，有蕭淑妃、徐婕妤、劉宮人、鄭宮人等都在。宮女環兒一踏入殿內，見娘娘們都在，便拱手低頭，急急忙忙走到皇后的面前，拱手彎腰道：「奴婢拜見皇后娘娘。」

隨後環兒又轉身朝各位娘娘拱手見禮道：「拜見各位娘娘。」

還沒有等皇后開口，蕭淑妃就有些迫不及待了，忙問道：「環兒，妳不是去了蓬萊殿嘛，聽到了什麼，武昭儀她生的是男是女？」

環兒面向皇后道：「啟稟娘娘，武昭儀生的是位公主。」

王皇后一臉的得意，道：「本宮身為皇后尚無子嗣，倘若武昭儀她果真生了皇子，那本宮日後焉有立足之地！好了，這下大家都放心了，趕緊都回宮去吧！」

劉宮人道：「皇后娘娘，雖然武昭儀她生的是公主，我們這些做姐妹都已經去看看吧，不然陛下又要說我們無德了！」

蕭淑妃道：「是呀，皇后娘娘，劉宮人說的對，這面子上總要過得去的！」

王皇后站了起來，道：「好吧，妳們都對，那就隨本宮走一趟吧，我們到蓬萊殿去看看！順便也給陛下和武昭儀道賀一聲！」

王皇后在宮女環兒的跟隨下走下臺階，朝殿外走去，各宮的娘娘們也陸續站起來跟著走出去。

在蓬萊殿裡，剛生完孩子的武媚娘面容憔悴，小公主就放在武媚娘的枕邊。唐高宗就坐在床邊，摸了摸小公主的臉蛋，又看了看武媚娘，笑道：「媚娘，我們終於有自己的孩子了！」

「臣妾知道，陛下最想要的還是皇子，臣妾愧對陛下！」武昭儀一副深感愧疚的表情道。

唐高宗笑著握著武媚娘的手道：「媚娘，妳又來了！朕的確是想要皇子，但是生男生女並非妳我能左右的，這些都是天意，所以妳就不要再自責了，妳生什麼，都是朕的骨肉，朕都喜歡！」

武昭儀剛要說什麼，這是有宮女的聲音傳來：「皇后娘娘、淑妃娘娘、徐婕妤、劉宮人、鄭宮人到。」

第十三章　滅親女誣陷皇后

幾位娘娘笑容滿面地朝唐高宗迎面走來，相繼跪拜道：「臣妾參加陛下。」

唐高宗道：「免禮。」

武昭儀道：「皇后娘娘、淑妃娘娘，幾位姐姐，請恕媚娘不能下床行禮了！」

蕭淑妃道：「武昭儀哪裡的話，聽聞武昭儀生產，我們和皇后娘娘立刻就跑過來看看，孩子呢？是男孩還是女孩？」

蕭淑妃一邊說著一邊朝武昭儀的床上尋去。

唐高宗問道：「妳希望是男孩還是女孩？」

蕭淑妃尷尬道：「只要陛下希望，這男孩女孩不都一樣嘛！」

唐高宗冷冷一笑。

王皇后來到床前，看著稚嫩的嬰兒，道：「喲，多可愛的孩子啊！」

蕭淑妃和其他幾位後妃連忙圍上去，異口同聲道：「我看看……」

眾妃看完後，一個個臉上掛著喜色，並且正偷偷地樂，這些唐高宗都看在眼裡，一旁的太監陳得祿也完全看的出來。唐高宗看了看陳得祿，又望著這些娘娘們，氣不打一處來，道：「生的是位公主，這下妳們都可以放心了吧？」

眾妃臉色突變，紛紛退到一邊。

唐高宗站了起來，臉色很難看，道：「妳們不要以為朕不知道妳們來幹什麼？表面上是探望武昭儀、探望孩子，妳們不就是來打探是皇子還是公主的？現在妳們知道答案了，可以離開了吧！」

唐高宗說到這裡，屋子裡的氣氛格外的緊張，感覺讓人窒息。

床上的武昭儀假裝咳嗽了一聲。

王皇后道：「陛下，你誤會臣妾和眾姐妹了！」

唐高宗道：「皇后，妳當真以為朕不了解妳嗎？妳現在怎麼變成這樣了！上次的事情妳難道還不思悔改嗎？妳現在怎麼變成如此善妒的女人！以前的妳，寬宏大量、善解人意、賢良淑德，現在妳就是一個城府極深的、讓朕都害怕的女人！行了，妳們都下去吧！讓武昭儀好好休息！」

王皇后百口莫辯，頓感情緒低落，流淚道：「陛下，你誤會臣妾了！」

唐高宗揮了揮衣袖，道：「妳們都走吧，朕不想聽妳們說什麼！」

一旁的蕭淑妃正沾沾自喜，心裡嘀咕道：「皇后，這下妳在陛下的心裡徹底沒有地位了！」

蕭淑妃假裝走過去安慰道：「皇后娘娘，我們還是走吧，留在這裡只會讓誤會越來越深！」

王皇后頓感啞巴吃黃連有苦難言，只得跟著眾妃一起拜別離開。

唐高宗瞅著陳得祿道：「陳得祿，吩咐御膳房，多給昭儀娘娘燉幾樣補品！」

「奴才遵旨。」陳得祿應道，便朝外面走去。

唐高宗看著武媚娘，道：「媚娘，妳安心靜養，有什麼需求，直接吩咐奴婢做就是了！朕朝政繁忙，就先走了！」

第十三章　滅親女誣陷皇后

武昭儀面對高宗道：「臣妾恭送陛下。」

唐高宗點點頭，便轉身離開了。

一個月後，武曌月子坐滿了。安定公主也有一個月了，武曌坐在蓬萊殿的寢宮裡給公主餵奶，武昭儀將孩子抱在懷裡，公主正吃著她的奶。宮女玉兒在一旁站著伺候著，玉兒的手裡拿著錦帕，時不時伸給武昭儀，給公主擦拭嘴角上的奶水。

「皇后娘娘駕到。」蓬萊殿外面的小太監喊道。

王皇后在一幫宮娥的陪伴下進入到蓬萊殿，迎面朝武昭儀走來，一邊走一邊笑道：「武昭儀，本宮有些日子沒有來妳這蓬萊殿了，今兒個有空，天氣也不錯，就過來看看小公主！」

武昭儀將公主遞給一旁的玉兒，連忙跪迎道：「臣妾拜見皇后娘娘。」

王皇后一改往日作風，很熱情地上前扶起武昭儀，道：「武昭儀免禮，妳才剛滿月子，身體正虛，就不用多禮了！小公主呢，讓我抱抱！」

玉兒看了看武昭儀，在武昭儀的示意下，玉兒將小公主遞到王皇后的手裡。

武昭儀道：「玉兒，這裡沒有妳們什麼事情了，先下去吧！本宮和皇后聊點私事！爾等殿外伺候！」

武昭儀對皇后身後的宮娥吩咐說。宮娥看了看王皇后，王皇后點了點頭，眾人才一一退了出去。

王皇后手裡抱著小公主，小公主很是活潑，小腳用力地蹬著王皇后的胸口，嘴角還留著口水，一雙明亮的眼睛，很是可愛。王皇后面對著小公主，伸出手去撫摸著小公主的臉蛋，逗道：「小公主，真乖！小公主，笑一笑！」

武昭儀笑道：「想不到皇后娘娘這麼喜歡孩子？」

王皇后慚愧道：「是呀，本宮貴為皇后這麼多年一個皇子、公主也沒有，武昭儀剛回宮不久就懷了陛下的女兒，本宮羨慕妳還來不及呢！」

武昭儀笑道：「皇后娘娘，妳這是折煞臣妾了！」

王皇后道：「行了，本宮還有事就先走了，改日再來看妳們母女！」

王皇后將小公主遞給了武昭儀，便離開了。

武昭儀瞅著王皇后離去的背影，又看了看小公主，心生邪念，道：「皇后，本宮不扳倒妳就沒有辦法在宮中立足！孩子，扳倒皇后娘只有犧牲妳了，妳不該出生在帝王家！更不該只是個公主，而非皇子！」

武昭儀說完，一狠心便親手掐死了自己的女兒。將已經斷氣的小公主放在了床上，並為她蓋好了被子。

這時，唐高宗李治在太監陳得祿的陪同下趕來了蓬萊殿。武昭儀捯飭好了儀容，調整好了情緒，便上前迎接，跪迎道：「臣妾參加陛下。」

唐高宗興高采烈道：「武昭儀請起，朕的小公主呢？朕近日忙於朝政也沒能抽空來瞧瞧妳們母子！」

武昭儀故作賢惠道：「陛下哪裡的話，還是朝廷大事要緊，臣妾這裡陛下隨時都可以來！小公主正在睡覺呢，我去抱起來！」

武昭儀來到床前，將公主抱起，故意喊道：「天愛，父皇來看妳了！天愛！」

武曌開始在高宗面前演戲，她搖了搖孩子，喊道：「天愛！」

武曌將手指伸到了小公主的鼻孔前，頓時痛哭起來，道：「陛下，天愛公主斷氣了！」

武曌裝作一副瞬間崩潰的樣子，一屁股坐在了地上，拚命地搖晃孩子，哭訴道：「孩子，妳才剛滿一個月，尚不知人世，怎麼就死了！」

唐高宗震怒，大吼道：「是誰？是誰幹的？」

武昭儀的貼身宮女玉兒急步來到高宗皇帝的面前，奏道：「陛下，剛剛皇后娘娘來過這裡！奴婢把公主給皇后娘娘的時候，公主還是好好的！」

武曌坐在地上，抱著死去的孩子，哭訴道：「陛下，你可要為臣妾做主啊！臣妾萬萬沒有想到皇后竟然如此心狠手辣！」

高宗痛哭道：「是皇后殺了朕的女兒！陳得祿，傳皇后來蓬萊殿見朕！」

「遵旨。」陳得祿慌慌張張地離開了寢宮。

少時，王皇后在環兒等宮女的陪同下來到了蓬萊殿，王皇后並不知緣由，她照常見高宗行了跪拜禮。

唐高宗流著淚站在王皇后的面前，心灰意冷道：「皇后，妳和蕭淑妃的所作所為朕都一再容忍，朕想要世人證明朕是一個好丈夫，但是妳今日竟然掐死了朕的親生女兒，朕焉能再容妳？」

王皇后大驚失色道：「什麼？小公主她？」

王皇后看了看坐在地上的武昭儀，哭成了淚人，便知道了是怎麼回事。

王皇后身後的環兒也有些害怕起來，王皇后連忙解釋道：「陛下，你要相信臣妾，臣妾雖然沒能為陛下生下一男半女，但是臣妾對陛下是忠心不二，臣妾更加不敢謀害陛下的兒女，請陛下明察！」

唐高宗震怒道：「妳還在狡辯？妳都死到臨頭了，難道就不肯說句真話嗎？朕與妳夫妻一場，難道都不願意跟朕說一句實話嗎？」

王皇后眼淚奪眶而出，道：「陛下，臣妾對天發誓臣妾沒有害過公主，如果臣妾做過，臣妾便不得好死！」

王皇后流著淚吃驚地看著武昭儀，道：「賤人，妳好狠心吶！怪不得妳要支開下人，原來妳布下如此毒計害我！人人都說虎毒不食子，妳為了對付本宮，竟然親手殺死了自己的女兒！」

唐高宗痛心疾首，道：「皇后，妳既然都說了虎毒不食子，難道武昭儀會自己殺死自己的女兒？」

王皇后流著淚道：「陛下，殺子滅女者古今罕見，所以陛下才不能以常理推斷，臣妾今日認栽！陛下，武昭儀之狠毒千古未有啊！陛下若不除此女，將來必定後患無窮！」

唐高宗震怒道：「此事與那蕭淑妃也定然脫不了關係，來人將王皇后和蕭淑妃給朕打入天牢，這件事情朕一定要查個水落石出！」

隨後，上來兩名侍衛將王皇后給帶了出去。

王皇后熱淚盈眶，心灰意冷道：「陛下，臣妾與你有結髮之情，竟然抵不上一個昭儀！」

唐高宗看著淚流滿面的武昭儀，他的心都碎了，他來到武昭儀面前，蹲下來看著死去的幼兒，他的心裡很不是滋味，掩面痛哭。

大明宮宣政殿內，文武百官齊聚一堂，他們手持笏板分站兩旁，唐高宗李治頭戴帝冠、身穿御袍坐於大殿之上，他的臉色極為難看。

高宗道：「皇后失德，蕭淑妃助紂為虐陷害武昭儀，朕已將其二人打入天牢！然，國不可一日無后，朕決定封武昭儀為后，諸位愛卿以為如何？」

中書舍人李義府持笏板站出來，面對高宗道：「陛下，皇后所作所為人神共憤，確實難以再母儀天下，臣附議。」

後面的大臣為了迎合聖意，也接連附議。

趙國公長孫無忌奏道：「陛下，不可輕易廢后啊，一來有失體統，二來王皇后謀害安定公主一事尚待查明，陛下不可聽信一面之詞啊！」

高宗震怒道：「長孫愛卿，你的意思是武昭儀自己掐死了自己的女兒？這合理嗎？」

長孫無忌道：「老臣可沒有這樣說，老臣是了解皇后娘娘為人的，她是斷斷做不出這樣的事情，定然是有人栽贓陷害她！」

吏部尚書褚遂良奏道：「陛下，臣也同意長孫大人所言，陛下卻不可偏心偏聽啊！皇后娘娘與陛下相濡以沫這麼多年，陛下應該三思啊！等事情查明後再做決定！」

唐高宗又問宰相王志寧，道：「王相爺，你的態度是？」

王志寧深感為難道：「陛下，臣無話可說，此乃陛下家事！」

高宗又看了看無精打采的老太師李勣道：「李太師，你以為如何？」

李勣故意咳嗽了一聲，裝作一副病怏怏的樣子，道：「陛下，臣有病在身不便多言，此陛下家事，何必再問外人！」

褚遂良深感痛心，看著王志寧和李勣兩位老臣道：「王相爺，老太師，都到什麼時候了，二位還在保持中立嗎？一旦皇后被廢，就算是亂了家法了！」

王志寧道：「請褚大人慎言，我與太師並未像褚大人所說的中立，為臣者只是據實而論！」

褚遂良冷笑道：「好一個據實而論！」

隨之，大臣許敬宗、崔義玄、袁公瑜等大臣紛紛站出來附議。一時間讓褚遂良陷入了孤立。

唐高宗道：「傳朕旨意，將王皇后與蕭淑妃貶為庶人，加以囚禁，其族人剝奪其爵位俸祿，流放嶺南。封武昭儀為皇后，宰相褚遂良結黨營私、欺君犯上，降為潭州都督，退朝。」

「臣等恭送陛下。」眾臣跪送道。

只有褚遂良一人站著，他一陣冷笑，雙手抱拳，拱手作揖道：「老臣謝陛下，老臣遠離朝堂倒也落個清靜！」

第十三章　滅親女誣陷皇后

散朝後，大臣們紛紛離去，他們交頭接耳，有的對褚遂良同情，有些是無奈，更多的人是在嘲笑。

只有長孫無忌，他站在褚遂良的面前，一臉同情道地：「褚大人，伴君如伴虎，有時候說真話沒用，還會禍及自身。你是遠離廟堂了，偏偏讓小人得逞，天下百姓又要遭殃了！」

褚遂良感慨道：「長孫大人，自古忠言逆耳，在下算是體會到了！」

長孫無忌同情地拍了拍褚遂良的臂膀便一同出了大殿。

蓬萊殿外，花團錦簇，殿內武昭儀正在靠窗的書桌上練書法，窗外風和日麗，不時有花瓣飄進來落到紙上。

侍女玉兒來到她的身後，跪拜道：「奴婢拜見娘娘！恭喜娘娘，賀喜娘娘！」

武昭儀一邊寫字，頭也沒有回，問道：「喜從何來？」

「娘娘，皇上今日在宣政殿內已經廢了皇后和淑妃娘娘，並封娘娘您為皇后！」玉兒道。

聽到這樣的消息，武昭儀一點都不感到吃驚和意外，似乎一切都在她的掌握之中。武昭儀道：「反對者都有哪些人？」

玉兒站起來道：「首先支持娘娘為皇后的大臣是李義府，還有許敬宗、崔義玄等大臣！」

武昭儀冷冷一笑，道：「都是一些宵小之輩，本宮是問妳反對者！」

玉兒道：「反對者不多，其中最為激烈的是褚遂良大人！他已經被貶為潭州都督！」

武昭儀握著毛筆，道：「意料之中，那長孫大人和王志寧丞相和李勣太師是什麼態度？」

玉兒道：「聽說這三位大人沒有反對，也沒有支持！什麼話也不說！」

武昭儀道：「沒有說話，就是反對！」武昭儀的眼神裡透著一股子殺氣。

王皇后與蕭淑妃被廢為庶人以後，皇后武曌下旨將她們二人從天牢轉移到了後宮的一處密室之中，既然母儀天下的人是武曌，這後宮女子本就是皇后專權，武曌是完全有權力對王皇后和蕭淑妃採取任何措施的，就連高宗李治也不願意多管，這對於已經失寵的王皇后和蕭淑妃來說本來就是一種悲哀。

密室四面高牆，沒有窗戶，陽光進不來，裡面陰暗潮溼，只在一扇小門上開了一個孔，以送飯食。密室之外，有很多宮人把守，基本上是太監。王皇后和蕭淑妃身著單薄，面容消瘦，憔悴不已，她們蜷成一團，肩並肩挨坐在一起，她們一言不發，以淚洗面。密室裡由於陰暗潮溼，活躍著很多微生物，這些蟲子在密室裡爬來爬去，看得人直發麻，偶爾還有老鼠跑過。蕭淑妃出身貴族，哪裡遭過這樣的罪，她平生最怕的就是老鼠，她嚇得一把抱住了王皇后，哭訴道：「姐姐，我好害怕！」

王皇后苦笑道：「妳害怕也沒用，只怕我們的厄運還沒有真正來到，武昭儀這個賤人是一定不會放過我們的！」

蕭淑妃膽顫心驚，道：「我們現在已經是被拔了牙齒的老虎，她還想怎麼樣？」

王皇后道：「妳剛才都說了，是被拔了牙齒的老虎，不還是老虎嗎？妳難道不知道一山不容二虎嗎？武昭儀這個賤人要想真正的坐穩後宮就必須要除掉我們兩個！只是我現在還不知道是怎麼個死法！現在本宮和妳的族人已經被革職的革職、抄家的抄家、發配的發配，馬上就要輪到我們兩個了！」

蕭淑妃自欺欺人道：「不可能，不會的！妳是皇后，我是貴妃，武昭儀那個賤人只不過是個昭儀，她不敢對我們動手！」

王皇后苦笑道：「我們現在只是庶人，淑妃妳就不要再自欺欺人了！」

蕭淑妃聽罷，焦躁不安起來，道：「不會的，皇上不會不管我們的，皇上也不會那麼狠心的！」

蕭淑妃說完，便撲倒在密室的鐵門前，拚命地敲打著鐵門，喊道：「放我出去，我不想死！」

「行了，淑妃，我們現在是死囚，沒有人敢來看我們！就連妳我最親近的侍女現在也不敢露面！」王皇后心灰意懶道。

「皇后娘娘到。」武皇后的貼身侍女玉兒的聲音傳了進來。

王皇后一聽便打起精神來，蕭淑妃一聽便立刻遠離鐵門躲在王皇后的身邊，一副狼狽不堪的樣子。

鐵門正在發出響聲，是有人在打開鐵門。鐵門被一個太監用鑰匙打開，並推開。武皇后一閃而出，武皇后的表情是那樣的可怕，她來到王皇后和蕭淑妃的面前，武皇后的身邊跟著的是玉兒。

當武皇后出現時，王皇后和蕭淑妃顯得異常的鎮定，她們沒有站起來，更加沒有給武皇后行禮，武皇后與王皇后和蕭淑妃自然是怒目以對。

玉兒吼道：「大膽，見到皇后娘娘敢不行禮？」

玉兒正要上前用腳踹她們，武皇后伸手攔下，道：「玉兒，妳先出去吧，在外面等本宮，本宮有話對她們說！」

玉兒擔憂道：「可是娘娘，妳一個人在裡面奴婢不放心啊！」

「沒事，她們現在這樣對本宮構不成威脅，本宮會武功！」武皇后面對玉兒道。

「唯。奴婢告退。」玉兒緩緩退出。

待玉兒離開後，武皇后關上鐵門，來到王皇后和蕭淑妃的面前，她蹲了下來，面對蕭淑妃一陣邪笑。

蕭淑妃忐忑不安道：「妳想幹什麼？」

武皇后冷笑道：「我想幹什麼？妳們要是不處處跟本宮作對，又怎會落得如此下場！其他嬪妃不是都安然無恙？本宮平生就反感的就是跟我作對的人！」

王皇后諷刺道：「皇后，皇后的寶座不是妳夢寐以求的嗎？現在得到了，妳該滿意了吧？妳難道還不肯放過我們？」

武皇后笑了笑，道：「皇后寶座！妳以為本宮費盡心機為的就是區區皇后之位嗎？本宮告訴妳們，本宮要的是天下，本宮要天下人都臣服於我！」

王皇后震驚道：「妳想做女皇？」

「為什麼不可以？天下只有男人坐得女人就不可以嗎？」武皇后堅定不移道。

蕭淑妃激動道：「妳就是個瘋子！妳不怕我告訴皇上妳的野心嗎？」

第十三章　滅親女誣陷皇后

武皇后震怒，將蕭淑妃的一隻手按在地上，用腳踩，使勁兒踩，蕭淑妃痛的眼冒淚花，大叫起來：「啊！痛！痛死我了！」

王皇后怒斥道：「皇后娘娘，求妳放開她！有什麼事兒衝我來！」

武皇后深感吃驚，道：「喲，妳和蕭淑妃不是死對頭嗎？怎麼，現在還同情上她了？」

王皇后冷笑道：「那都是過去了，本宮現在和蕭淑妃是一條繩子上的螞蚱，我們的命都捏在妳的手裡！本宮可不像妳冷酷無情沒有血性！」

武皇后惱羞成怒道：「妳以為我想？本宮也想做一個好人，本宮也想嫁一個普通人過一輩子，但是現在有這樣的好男人嗎？本宮就是被妳們這些人一步步逼入絕境的，在本宮小的時候，本宮的親生哥哥強姦了我，從那時起，本宮就想強大起來，只有自己強大了，那些人才不敢欺負我！要是一回到宮裡，妳們能像親姐妹一樣待我，不處處算計我，本宮又會對妳們下手嗎？現在弄成這樣都是妳們逼的！」

王皇后冷冷一笑，道：「江山易改本性難移，沒有誰逼妳，是妳自己逼自己！就算我和蕭淑妃不處處為難妳，妳會安於現狀做一個昭儀嗎？妳總會費盡心機除掉我們！妳就不要再為你的奸惡找藉口了！」

「來人。」武皇后氣急道。

一個太監跑了進來，道：「皇后娘娘有何吩咐？」

武皇后怒視王皇后和蕭淑妃，道：「三天之內不給她們送飯，先餓上她們三天三夜，看她們還敢胡言亂語！這三日只能給她們送水。」

「唯。小人謹遵皇后娘娘懿旨。」太監拱手道。

說罷，武皇后便拂袖而去。太監緩緩退出，並鎖上門。

一心求死的王皇后朝密室外喊道：「賤人，妳就弄死我吧！本宮不願再受妳的折磨！」

蕭淑妃的一隻手已經紅腫，她摸了摸受傷的手，朝傷手吹了一口氣，一副痛苦不已的樣子。面對王皇后哭訴道：「姐姐，看來我們是不可能活著走出這裡了，皇上徹底不管我們了！」

王皇后與蕭淑妃抱在一起，王皇后安慰道：「淑妃，倘若本宮與妳真的要死於非命，我們也要死的有尊嚴，不能讓別人看我們的笑話！就算是死我們也不能哭出來！」

「嗯。」蕭淑妃一個勁兒地點頭。

武曌被立為皇后以後，按制搬進了皇后的寢宮立政殿。唐高宗李治與王皇后是當年唐太宗親自主持的婚禮，是唐高宗的原配妻子，一日夫妻百日恩，王皇后雖然有罪，但是高宗對她還是深感虧欠。尤其是王皇后被廢這些日子，他寢食難安。

夜很深，立政殿外站著值班的太監還在打著瞌睡。立政殿內唐高宗和武皇后同塌而眠，武皇后酣然入睡，而高宗眼睛雖然閉著，但眼皮兒卻不斷地跳動。大殿之內，燭火通明，但伴著微風，一陣邪風吹過蠟燭之火刮動鳳榻周圍的簾子，殿內的風鈴發出鐺鐺的聲音。

唐高宗的額頭上正冒著冷汗，身體不斷地抽動，原來他正做著噩夢。夢境裡，王皇后和蕭淑妃雙雙倒在血泊裡，她們渾身是傷，頭髮上也沾滿了血，凌亂不堪，她們的腿已經被打斷，在血泊裡爬著朝高宗而來。

「陛下，救我！」王皇后距離高宗越來越近，她伸出了血淋淋的手。

「皇上，救救臣妾！」高宗尋著呼救聲往下看，是蕭淑妃，她拽著高宗的褲腳。

夢境裡的高宗看到這般情景，嚇得立刻叫了起來。驚魂未定的唐高宗立刻從床上坐了起來，他驚動了身邊的武皇后。

武皇后也坐起來，面對高宗問道：「陛下怎麼了？是不是做噩夢了？」

唐高宗面色蒼白地面對武皇后，問道：「皇后，王皇后和蕭淑妃畢竟與朕夫妻一場，朕已經將她們貶為庶人，妳能不能網開一面饒她們一命？」

武皇后笑道：「陛下，臣妾現在是皇后，後宮之主，陛下這件事情還是交給臣妾吧，陛下就不要管了！」

「只要皇后能饒她們性命，以後朕都聽妳的啊！」唐高宗哀求道。

武皇后笑了笑，道：「陛下，睡吧。」

武皇后伺候高宗躺了下去，高宗的心裡仍然有些不安，一閉上眼睛就是王皇后和蕭淑妃的樣子，往日恩情歷歷在目，高宗多少有點感傷。

第十四章　令人髮指的手段

次日，用過早膳，早朝後的唐高宗心裡一直放心不下，在老內監陳得祿的引領下，他來到了關押王皇后和蕭淑妃的密室。這間密室是後宮的私牢，一向由後宮之主皇后在管理，用來關押後宮不法女眷的。

高宗李治很少來這裡，當他和太監陳得祿來到這裡的時候，這裡的環境不堪入目，還有刺鼻的異味。總之，各種味道摻雜其中。由於這是後宮的私牢，平日裡只有皇后指派的太監把守，沒有正規軍。

唐高宗李治和陳得祿行走在陰暗潮溼的密室。還有蒼蠅在亂飛，這種環境高宗只能是捂著鼻子往裡面走，他難受地看著陳得祿道：「陳得祿，這裡真的是後宮的密室嗎？朕怎麼感覺是到了臭水溝了！皇后怎麼能忍心將她們關押在這裡！就算是普通的囚犯也不應該是這樣的待遇吧！就算是廢后，那也是曾經的皇后和淑妃啊！」

「皇上，皇后娘娘的做事風格老奴也費解啊！但是身為奴才怎好說什麼！」陳得祿道。

唐高宗一邊朝裡面走，一邊喊道：「玹兒（王皇后名）、琴兒（淑妃名），妳們在哪兒？」

沒能聽到王皇后和蕭淑妃的回應，卻有一群小太監跑了出來，他們面對來人，異口同聲喊道：「來者何人，這裡是皇后密室，豈容你等亂闖！」
密室太暗，看不清楚。
陳得祿吼道：「大膽，此乃當今陛下，還不快跪下！」
「奴才給皇上請安，皇上萬歲萬歲萬萬歲。」眾奴才一起跪迎道。
唐高宗急道：「王皇后和蕭淑妃關在哪裡，快帶朕過去！」
領頭的太監站起來，道：「陛下，兩位娘娘就關在最裡面那間密室，奴才這就帶你過去！」
太監連忙取出身上的鑰匙，帶著唐高宗和陳得祿就往裡面走，裡面光線進不來，越走越暗！只有在裡面待久了，眼睛才能看得清楚。
唐高宗在宦官的陪同下一直往裡面走，一邊走一邊朝裡面喊道：「皇后、淑妃，妳們在哪兒？」
陰暗潮溼的地牢裡，本就不通陽光，加上身心疲倦的王皇后和蕭淑妃更是有兩天沒有吃飯了，已經餓得吐清水。她們狼狽不堪地靠在地牢的牆上，兩人緊緊地挨在一起，聽到唐高宗李治的喊聲，王皇后和蕭淑妃連滾帶爬地走向密室的鐵門，並一個勁兒地敲打著鐵門，擊打的聲音很小，王皇后和蕭淑妃都沒有了力氣，想要回應，卻怎麼也叫不出來。
內監引著高宗來到密室，只見門禁嚴錮，只有一個小孔。高宗忙問：「這個小孔是幹什麼的？」
「啟稟陛下，這是跟關押者進食的！」一個太監回答道。
高宗十分吃驚，道：「王皇后和蕭淑妃雖被貶為庶人，但怎麼樣也是廢后，爾等怎麼能如此對待！」

「陛下，這些都是皇后娘娘的安排，奴才們也是遵旨行事，請陛下恕罪！」眾太監嚇得連忙跪了下來。

高宗連忙催促拿鑰匙的太監，道：「快點打開門！」

「是。」太監迅速打開了鐵門。

高宗迫不及待地走進去，剛進密室一低頭就看到了臥倒在地上的王皇后和蕭淑妃，她們狼狽不堪，髮型凌亂，滿臉的灰土和汙垢，面容也消瘦了很多。唐高宗不敢相信自己的眼睛，流著淚問道：「皇后、淑妃，是妳們嗎？」

王皇后和蕭淑妃見到高宗的那一刻，兩人驚喜不已，然而又轉喜為悲，蕭淑妃更是泣不成聲。王皇后哭訴道：「陛下，你終於來了！臣妾以為這輩子都見不到陛下了！陛下臣妾與你夫妻一場，所謂一日夫妻百日恩，你怎麼忍心看著武氏那個賤人這般折磨臣妾！臣妾的確嫉妒陛下寵幸於她，但是臣妾萬萬不敢加害公主啊！武氏為了權力能親手害死自己的骨肉，陛下這個女人比惡魔還要可怕！陛下你可要當心啊！」

唐高宗痛心疾首道：「皇后，妳讓朕怎麼相信母親殺死親生女兒的事實，妳到現在還不肯知罪嗎？朕本來對妳是同情的，下朝以後就來看妳，沒想到妳還在這裡誣陷武皇后！行了，妳們就在這裡好好反思吧！」

說罷，唐高宗轉身就要走，趴在地上的蕭淑妃一把拽住高宗的褲襟，望著高宗，乞求道：「陛下，賞給臣妾一口吃的吧，臣妾和皇后娘娘已經兩天兩夜沒有吃飯了，現在一點力氣也沒有！」

唐高宗甚為震驚，轉身面對眾太監，問道：「這是怎麼回事？」

為首的太監站出來道：「陛下，這些都是皇后娘娘吩咐的，說三天不給飯吃！奴才也只是遵旨行事！」

第十四章　令人髮指的手段

高宗道：「就算是死囚，也要吃飽了再上路吧，皇后怎麼能這樣，快傳膳！」

「唯。」兩名太監匆匆離去。

高宗轉過身去，低下頭看了看趴在地上的王皇后和蕭淑妃，深感痛心道：「妳們好自為之吧，以往妳們與媚娘的恩恩怨怨朕都可以原諒妳們，都可以視而不見，但是妳們這次竟然害死了朕的親生女兒、當朝公主，朕一定要為死去的公主討回一個公道！」

說罷，高宗便轉身拂袖而去。

王皇后哭天搶道地：「陛下，臣妾對天立誓，臣妾絕對沒有加害公主！臣妾就算到了九泉之下也死不瞑目啊！」

待高宗走後，太監關了鐵門。

蕭淑妃哭道：「姐姐，看來這次我們是必死無疑了！皇上是鐵了心不管我們了！但願武氏那個賤人能讓我們死的舒服一點！」

王皇后苦笑道：「武氏賤人，本宮就是做了鬼也不會放過妳！」

唐高宗剛走沒多久，武皇后就領著一干隨從來到密室，剛到密室就看到王皇后和蕭淑妃正坐在角落裡享用豐盛的美食，她們已經餓的不行了，可以說狼吞虎嚥般的姿態，甚至都不用筷子，直接用手撕著大塊的雞肉，看她們的樣子實在是餓極了，也顧不得衛生，這完全沒有了昔日皇后和貴妃的派頭。

武皇后見二人吃的正香，道：「本宮不是說三天之內不給她們東西吃？怎麼，竟然違抗本宮的懿旨？」

蕭淑妃滿腹委屈地哭道：「皇后娘娘，尊貴的皇后娘娘，妳已經贏了，妳就一定要趕盡殺絕嗎？就算是讓我們去死，妳也要讓我們做一個飽死鬼吧！再怎麼樣，我們也是昔日的皇后和貴妃，難道連一個普通百姓都不如嗎？」

王皇后面對蕭淑妃，道：「妹妹，算了，她是不會聽妳說的！」

領頭的太監站出來道：「啟稟娘娘，剛才陛下來過了，是陛下讓奴才給二位娘娘準備的飯食，奴才哪裡敢違抗皇后娘娘的旨意！」

武皇后倒也不吃驚，問道：「剛才她們都跟陛下說什麼了？」

「倒也沒有說什麼，王氏只是說他是被冤枉的！」領頭的太監說。

武皇后看著狼狽不堪的王皇后和蕭淑妃，道：「妳們兩個都吃飽了吧，吃飽了我們就出去聊聊吧，今兒個風和日麗，妳們很久沒有見到陽光了吧，本宮也給妳們一個機會瞧瞧這大明宮的風景！」

王皇后和蕭淑妃自然是苦大仇深的看著武皇后。

武皇后道：「把她們都給本宮架出去！」

武皇后拖著長長的鳳袍便走了出去，隨後上來四名太監分別架著王皇后和蕭淑妃拖著她們就往外面走。

就在密室外面，是一片空地，綠樹成蔭，太陽光很強烈，武皇后命人搬來她的鳳椅放在綠蔭之下，椅子的旁邊放著一張放蓋碗茶的小桌子。她的身前身後站著宮女和太監，她的貼身宮女玉兒就站在武皇后的背後。武皇后就坐在那裡一邊喝茶一邊等待著王皇后和蕭淑妃。少時，二人被架了出來，並讓她們跪在了武皇后的面前。王皇后和蕭淑妃不僅面容消瘦，而且渾身上下沒有一處是乾淨的，也沒有一處肌膚是完整的。

武皇后冷嘲熱諷道：「王皇后、蕭淑妃，哦，不，應該叫你們王氏和蕭氏才對！妳們知罪嗎？」

王皇后硬氣地說：「賤人，妳要殺就殺少說廢話！」

「看來妳們吃飽了，這罵人的聲音也硬氣洪亮多了！」武皇后道。

蕭淑妃哭著哀求道：「皇后娘娘，妳大人有大量就饒了臣妾吧，臣妾平日裡也沒有對娘娘做什麼啊！再說，安定公主被害跟我一點關係也沒有啊！臣妾不想死，求娘娘饒我一命吧，哪怕是貶我出宮！」

武皇后從奴婢的手裡接過一條鞭子，用力地抽在蕭淑妃的面前，揚起一尺高的塵土，訓斥道：「大膽，妳現在已經被皇上貶為庶人，還敢稱臣妾呢！」

「是是是，民婦再也不敢了！」蕭淑妃一副求饒的樣子。

王皇后瞅了瞅蕭淑妃，苦笑道：「淑妃，你以為妳這樣她就會饒了妳嗎？反正橫豎都要死，我們要死的有骨氣！」

武皇后喝了一口氣茶，道：「好，王氏妳倒是很有骨氣！老實說，要是在民間，妳是一個好妻子，但是妳不是一個好皇后，後宮爭寵心慈手軟就注定沒有好下場！妳害了本宮的女兒，本宮又怎麼容得下妳，殺人償命，妳不知道嗎？還有，本宮現在是後宮之主，妳們的事情是由本宮主審，妳們竟然背著本宮到皇上哪裡告狀，本宮告訴妳，殺本宮的公主，就是皇上也保不了妳們！來人，把她倆給本宮重打一百大板！」

「唯。」

上來幾名太監將王皇后和蕭淑妃按在長板凳上，兩名太監手持大板並高高舉起，重重地打在了兩位娘娘的屁股上。王皇后咬緊牙關，沒有鬆口，甚至面不改色。而蕭淑妃第一板子下去就哭天喊道地：「皇后娘娘，妳這一百大板下去當真要了我和王氏的性命啊！」

蕭淑妃儘管這樣說，但是武皇后依然鐵了心，無動於衷道：「給本宮狠狠地打！」

兩名太監打的更重了。蕭淑妃叫的更加厲害。

蕭淑妃和王皇后被打的皮開肉綻，血跡已經慢慢滲透了她們的袍子。王皇后已經被打的奄奄一息，而蕭淑妃也快撐不下去了，蕭淑妃拚著一口氣哭喊道：「陛下，你當真不管臣妾的死活了嘛！」

武皇后身邊的宮女和太監看的心裡直發麻，他們都十分同情王皇后和蕭淑妃，見她們打的皮開肉綻，很多宮女甚至將臉轉了過去，可謂是慘不忍睹。

武皇后見二人悽慘無比，道：「王氏，妳還不招供嗎？妳為什麼要殺死本宮的公主？」

王皇后憤憤不平道：「人在做天在看，是非黑白老天爺自有公論！賤人，妳今日所作所為將來一定會遭天譴的！」

武皇后惱羞成怒道：「蕭氏，妳不該跟著王氏與本宮作對，本宮對妳隱忍太久了！」

蕭淑妃奄奄一息，道：「皇后娘娘，奴才是鬼迷心竅，奴才千不該萬不該跟皇后娘娘作對！奴才求妳饒了奴才一命吧！」

說罷，蕭淑妃暈死過去，王皇后和終於堅持不住，一百大板打完，也扛不住了，也從板凳上滾了下來。

太監持棒面對武皇后拱手道：「稟娘娘，她們暈過去了！」

武皇后站了起來，道：「傳太醫為她們醫治，收監，本宮不會讓她們就這樣舒舒服服地死去！」

廢后被打不是什麼小事，宮裡耳目眾多，早就傳到了高宗皇帝的耳朵裡。唐高宗李治帶著老太監陳得祿準備到立政殿興師問罪。唐高宗逼著一肚子的氣，剛到立政殿外就聽到大殿裡摔東西的聲音，乒乒乓乓，聽得出是瓷瓶的聲音。好像武皇后知道高宗要來似的。高宗還沒有進入大殿就聽到武皇后哭泣的聲音：「王氏還我女兒命來！」

相信誰也想不到安定公主是被武皇后親手掐死的，為此所有的矛頭都對準了王皇后，高宗還覺得對不起武皇后，本來有一肚子氣的高宗聽到殿內傷心難過的武皇后，心又軟了很多。

「皇上駕到。」御前太監陳得祿喊道。

陳得祿陪同高宗一同進入立政殿，眾宮女、太監連忙參拜，而武皇后則披頭散髮，像個女鬼，她將瓷瓶舉得高高的，只要準備摔。

高宗連忙上前攔下，道：「皇后，妳這是幹什麼？妳身為皇后這麼把寢宮弄的亂七八糟的，有失體統啊！」

武皇后一屁股坐了下來，哭訴道：「陛下，臣妾現在一閉上眼睛就想起我那死去的女兒，她才一個月就被王氏給殺害了，臣妾心裡好痛啊！」

武皇后見高宗動了惻隱之心，哭的聲音越來越大，像個孩子，道：「陛下，臣妾縱然把王氏千刀萬剮也難解心頭之恨啊！」

高宗道：「媚娘，聽說妳今天打了王氏和蕭氏一百大板，妳這不是要人命嗎？一百大板就是男人也受不了，何況是兩個弱女子！朕剛才去密室看過，她倆已是命懸一線，妳當真要那麼狠嗎？就不能饒她們一命嗎？」

武皇后苦笑道：「陛下，臣妾饒了她們，誰又能還臣妾的女兒，那可是陛下的親骨頭啊！這王氏生不出孩子就害臣妾的孩子，如此毒婦難道還要活在這個世上嗎？」

「朕的意思是將她們逐出宮就行。」高宗勸道。

武皇后冷冷一笑，道：「陛下，臣妾要她們給臣妾的女兒償命！臣妾現在是後宮之主陛下還是不要管了！」

高宗鄭重其事道：「媚娘，妳當真要致她們於死地嗎？如果妳執意如此，朕只能廢后！」

武皇后道：「就算陛下要廢了臣妾，臣妾也要替我的女兒報仇！」

「妳！妳！妳太讓朕……」高宗氣急敗壞，說不上幾句話就咳嗽不已，他的嘴唇泛白，面容憔悴，像是得了重病。

老監陳得祿走過去，拍了拍高宗的背心，為他順了順氣，安慰道：「陛下，請息怒啊！保重龍體！」

「走，回宮。」高宗道。

第十四章　令人髮指的手段

陳得祿攙扶著有病的高宗一步步走出了立政殿。

滿身血汙的王皇后和蕭淑妃躺在密室裡，密室本來就陰暗潮溼，加上營養不良、身受重傷，二人均咳嗽不止，且面容蒼白。

幾名太監搬著兩口裝滿酒水的大缸進來，放在密室裡，王氏和蕭氏面前。酒的氣味很大，更何況是兩大缸酒。

蕭淑妃慌張地問：「你們想幹什麼？」

太監們低著頭，不敢說一句話，只見他們的臉色都很難看，甚至感到恐懼。這時，武皇后從密室的門口一閃而出，一雙很怒地眼神看著王氏和蕭氏，道：「本宮今日對妳們用刑，完全是為了替本宮的女兒報仇，所以，妳們就是死了也不要找本宮報仇！」

看到武皇后那一雙邪惡的眼睛，蕭淑妃慌張道：「妳想幹什麼？」

「來人，把她們倆個的雙手雙腳都給本宮砍下來，然後給本宮反綁起來丟到酒缸裡，本宮要讓她們嘗一嘗生不如死的滋味！」武皇后斬釘截鐵道。

隨後，進來幾名太監，他們的手裡都拿著一把鋒利無比的長刀，正一步步朝著王皇后和蕭淑妃靠近。

蕭淑妃驚恐不已，道：「你們不要過來，武氏狐媚惑主，陷害我等，我死後定會化作貓，武氏妳為老鼠，我定要咬死妳！我兒雍王、義陽公主和高安公主定會為我報仇！」

武皇后一陣冷笑，道：「放心吧，妳走後，本宮很快就讓妳兒子來陪妳，也算是為我安定公主償命了！」

蕭氏像瘋了一樣，雙手成爪狀，拚命朝著武皇后狂抓。

武皇后咬了咬牙，轉過身去，道：「動手吧！」

只聽見一陣陣慘烈的叫聲，果然王氏和蕭氏的雙手和雙腿都被砍掉了，扔在旁邊，血淋淋的，二人被反綁著丟進了酒缸裡。

斷了雙手和雙腳的王氏和蕭氏再經過酒精泡過，如同千萬條蟲子在身上爬，如同受到了千刀萬剮之刑。

被做成人彘的王皇后和蕭淑妃已經奄奄一息。王皇后道：「武氏賤人，我與淑妃本已是強弩之末，想不到妳仍然不肯放過我們，如此令我二人生不如死！本宮好歹也曾是一宮之尊，今日卻身陷囹圄、遭此羞辱！本宮不願意再被妳折磨下去！如若上天真的有報應，本宮詛咒妳天打雷劈不得好死！」

說罷，王皇后流著淚咬舌自盡。

蕭氏見王皇后已死，也感到萬念俱焚，道：「姐姐等等我，武氏賤人我就是做鬼也不會放過妳！」

蕭氏也咬舌自盡了。場面真的是充滿了血腥味，是那樣的怵目驚心。就連在場旁觀的太監也深感同情王氏和蕭氏，對武皇后的手段敬而生畏。

「皇上駕到。」太監陳得祿喊道。

唐高宗李治匆匆趕來，見地上被肢解的雙手和雙腳，還有酒缸之中的人彘，高宗難以置信，道：「皇后，妳好狠哪！」

說罷，高宗當場吐了一口血，暈了過去。

武皇后扶著唐高宗面對陳得祿道：「公公，快把陛下扶下去！」

陳得祿攙著重病的高宗便走出了密室。

第十五章　血腥的奪權之爭

唐高宗的身體底子一向不好，體弱多病，多種頑疾纏身。武皇后對待王皇后和蕭淑妃的手段過於殘忍，尤其是在高宗親眼目睹之下，他深受打擊，急火攻心，很快就病倒了。

太監陳得祿將唐高宗扶回寢宮，高宗躺在床上，太醫給他診斷後便離開了。心神不寧的唐高宗看著陳得祿道：「傳旨皇后速來見朕！」

太監陳得祿忙準備前往傳旨，這時武皇后已經進來了，她的身邊跟著一群人。

「天皇陛下，不用傳旨了，臣妾已經來了！」

武皇后來到高宗的榻前跪拜道：「臣妾拜見天皇陛下。」

唐高宗看到囂張跋扈、不受制約的武皇后，氣急敗壞地咳嗽了幾聲，道：「妳的心裡還有朕這個皇帝嗎？媚娘，王氏曾貴為皇后，與朕有結髮之恩，她縱然罪大惡極，再怎麼樣妳看在朕的面子上給她條活命，哪怕是留全屍也行啊！妳的心何時變的這麼毒？妳再也不是朕剛認識的武媚娘了！那時候的武媚娘多麼的純真善良！」

武皇后回頭看了看眾人，道：「你們都下去吧，在殿外候旨，本宮有話對陛下說。」

「唯。」眾人連同高宗貼身太監陳得祿盡數退出了寢殿。

待眾人走後，武皇后站了起來，來到高宗的榻前坐下，面對病快快的高宗道：「陛下，人都是會變的，剛進宮的我不諳世事，處處被人欺負，次次化險為夷，後來臣妾學會了深宮的生存之道，如果臣妾不心狠手辣，那死無葬身之地的必是臣妾！武氏殺我女兒，我殺她是天經地義的，至於說怎麼殺那是臣妾的事情，陛下既然封臣妾為皇后，那麼臣妾理當有處置後宮女子的權力吧！陛下，你累了，你還是安心養病吧，朝中之事，交由臣妾處理吧！」

高宗生氣道：「怎麼，妳想奪權嗎？」

「臣妾不敢！」武皇后恭敬地作揖道。

高宗道：「皇后，朝廷大臣被妳殺的殺，貶的貶，外放的外放，就連凌煙閣二十四功臣之首的長孫無忌，朕的親舅舅也遭到妳的迫害，這些朕都睜一隻眼閉一隻眼，因為這些人也是朕的眼中釘，朕要重振朝綱、君主集權就必須裁掉他們！他們都是太宗舊臣，自以為功勳卓著在朝中集結黨羽、目無君主！但是皇后妳將王皇后和蕭淑妃做成人彘就已經觸碰到朕的底線了！」

武皇后哭訴道：「陛下，你能明白臣妾的喪女之痛嗎？王氏早知道會有今日之下場，當初就該對我的女兒手下留情！」

高宗深感痛心地對武皇后擺了擺手，道：「妳先下去吧，朕累了，朕想歇會兒！」

「臣妾告退。」

武皇后緩緩退出去皇帝的寢殿。

高宗剛剛閉上眼睛養神，這時太監陳得祿走了進來，來到高宗的榻前，道：「啟奏陛下，宰相上官儀求見！」

「宣他進來。」高宗道。

陳得祿走了出去，少時，陳得祿領著上官儀來到了御前。上官儀看到床上那滿臉病容的高宗皇帝，心裡感到一陣刺痛，他抖了抖朝服，跪拜道：「老臣拜見陛下。」

「平身吧。」

「謝陛下。」

上官儀站了起來，面對高宗道：「陛下，你要保重龍體啊！」

高宗道：「愛卿不在中書省值班，來朕這裡作甚？」

上官儀痛心疾首道：「陛下，老臣是代表百官來的！近日武皇后的所作所為人神共憤，百官是敢怒不敢言啊！長孫無忌、褚遂良、于志寧、韓瑗、來濟等老臣先後被免官，貶出京師，此番武皇后又對王皇后和貴妃施以人彘之刑，王皇后出身太原王氏，乃數百年的名門望族，到今天卻落得這般下場，滿朝文武誰不知道王皇后德才兼備啊！縱使有些小過錯，但人非聖賢，也不該對她處以極刑啊！武皇后之毒辣數百年未遇！」

唐高宗咳嗽了幾聲，氣喘吁吁道：「愛卿，你想說什麼？」

第十五章　血腥的奪權之爭

「臣代表百官力請廢后！陛下，你難道還看不出來，武皇后有奪權之心嗎？」上官儀堅定不移道。

高宗道：「當初廢王氏立武氏是朕最後悔的事！但朕貴為天子不能朝令夕改吧？奪權？她想幹什麼？」

上官儀道：「陛下還記得當年太宗朝太史令李淳風的預言嗎？」

「你是說女皇登基為帝？」高宗道。

「是呀，陛下！」

高宗道：「女皇登基古未有之，難道會發生在我朝？」

上官儀道：「皇后姓武，加上這些年來她的所作所為不正好應驗了當年的預言嗎？陛下，寧可錯殺一千不可漏網一人啊！現在要趁她羽翼未豐的時候採取措施，否則待她羽翼豐滿，那國將不國，臣民寒心啊！臣懇請陛下降旨廢后，老臣願意替陛下擬旨，得罪皇后之事還是讓老臣去做吧！」

高宗一籌莫展，道：「愛卿，廢后之事茲事體大，容朕再考慮考慮！」

上官儀力諫道：「陛下，此事刻不容緩，陛下龍體欠安，要早立太子，否則，老臣擔心又再生出什麼亂子！」

心力交瘁的高宗擺了擺手，道：「陳得祿送丞相下去！」

「唯。」

陳得祿一路護送宰相上官儀除了寢殿。

此時，夜幕已經降臨，大明宮的燈火已經亮起來。宮裡巡夜的也開始在皇帝皇宮各處巡邏。

待上官儀從皇帝寢宮走出來的時候，武皇后和貼身女官玉兒正躲在假山後面，見行色匆匆、臉色鐵青的上官儀，武皇后的眼神裡再次充滿了殺氣。

武皇后面對玉兒道：「玉兒，從今天開始，妳要替本宮密切監視宰相府，本宮要知道上官儀的一舉一動！」

「遵懿旨。」

武皇后在女官玉兒的侍奉下離開了，消失在黑夜裡。

奪權之爭越發殘酷，期間武皇后就在滿朝文武的府邸安插了自己的眼線，這些大臣們的一舉一動都在她的掌握之中。上官儀起草廢后詔書她又豈會不知。寒風凜冽，外面正下著大雨，上官府裡的大樹被刮的東倒西歪，透過窗戶紙可以看到大樹在風中咆哮。

晚飯過後的上官儀來到了自己的書房，他將官帽摘下來放在書桌上，朝服的外套也套下來掛在一旁的衣架上，他在書桌前坐了下來。上官儀從筆擱上提起毛筆，在硯臺上沾了沾墨汁，鋪開紙張，猶豫再三，墨汁正滴在之上，發出滴滴答答的聲音，上官儀很清楚，由此一來就徹底得罪了武皇后，如廢后不成，他的家人也將會被連累，但是出於忠心的上官儀迫切在紙上寫道：

皇后武氏，乃我朝開國功臣之後，深受兩代陛下榮寵，得以冊封皇后。然全無知恩圖報之心，封後之日起，所作所為致使臣民怨聲載道，實難母儀天下。為體恤太祖、太宗開國之艱難，為大唐千秋萬世之大計，故廢后。上告皇天后土，下告社稷宗廟、黎民百姓……

寫到這裡，上官儀的書房門突然開了，並非是被大風颳開，而是被人推開。站在門口的這個人正是武皇后，她的身後是女官玉兒，她的一側是上官府的管家。管家是一個六十歲左右的老頭子，他站在武皇后的身邊，看著上官儀他的表情是那樣的驚慌失措。

上官儀面對突如其來的武皇后，他的臉色煞白，在沒有任何準備之下，上官儀一時失了魂兒，一隻手緊緊握著筆桿子，墨汁滴在之上，已將事先寫好的詔書汙染了一小半，但字跡依然清晰可見。

管家神情慌張道：「老爺，皇后娘娘駕到。」

上官儀傻眼了，沒有起身迎接，也沒有說話。武皇后身後的女官玉兒嚷道：「丞相大人，皇后娘娘駕到，你還不迎接！」

管家走到上官儀的面前，提醒道：「老爺，皇后來了！」

上官儀連忙將寫好的詔書匆匆用書桌上的書本掩蓋起來，然後從書桌前走出來，鎮定自如地參拜道：「老臣拜見皇后娘娘，不知皇后娘娘深夜突然駕臨寒舍所謂何事啊？」

武皇后對下人們道：「你們都先下去吧，在府門外等候，本宮有話對丞相大人說！」

眾人低下頭匆匆退下，並關上房門。

武皇后沒有叫上官儀起身，上官儀一直跪著，武皇后圍著上官儀走了一圈，上官儀也不敢抬頭看武皇后。

武皇后在書房裡的一把木椅上坐下來，上官儀又變換了跪拜的方位，朝武皇后一直跪著。武皇后道：

「上官大人，我們就明人不說暗話，本宮知道你今日面見陛下幹什麼！近日朝野之上對本宮頗有微詞，本宮不是不知道，本宮也知道你剛才在寫什麼，本宮就不看了！如果本宮看了，本宮相信你會很難堪！本宮只問你一句話，你真的打算明日早朝將廢后的詔書呈給陛下嗎？大人果真要這樣做，就請大人考慮考慮這府上一百多口人的身家性命！你是老了，你的兒子呢？你的孫子呢？他們難道不該活？就因為你一時的衝動害的上官一門家破人亡值得嗎？滿朝上下將本宮與陛下以二聖相稱，上官大人，倘若本宮要殺你，你覺得陛下保得住你嗎？你的這道廢后的詔書又能發揮作用嗎？本宮勸你三思啊！」

上官儀誠惶誠恐道：「看來娘娘的耳目已經到了臣無法避開的地步了！娘娘之手腕、娘娘之計謀讓老臣是佩服的五體投地啊！娘娘既已知情，要殺要剮悉聽尊便！就請娘娘饒恕老臣一家老小，此事與他們無關！」

武皇后冷笑道：「上官大人，你是一個忠臣，長孫無忌、褚遂良、于志寧他們都是忠臣，但是他們錯就錯在不識好歹，他們認為只有男人才能掌權，女人就該成為男人的附屬品，處處與本宮作對，所以本宮不得不拿他們開刀！如果他們聽話一點，本宮完全可保他們終生富貴，現在好了，貶的貶，死的死！」

上官儀苦笑一番，道：「娘娘低估老臣了，老臣雖然不想連累家小，但是老臣為了陛下，為了大唐的江山社稷，老臣是可以犧牲我上官家一百多口人的性命的！老臣就問娘娘一句話，安定公主真的是被王皇后殺死的嗎？」

武皇后憤怒道：「夠了！此事已成鐵案，休要再問！」

上官儀再次苦笑道：「娘娘已經將答案告訴老臣了，老臣實在是想不到天下竟有母親掐死自己的親生女兒！老朽長見識了！娘娘為了扳倒王皇后，娘娘可是用心良苦啊！娘娘恭喜妳啊，娘娘之毒千古未有啊！老臣斷言娘娘必是那篡奪我大唐江山的女皇！」

武皇后惱羞成怒，道：「你！你！」

武皇后氣得上氣不接下氣，然後甩袖而去。

武皇后開了門冒著大雨，就往外面走，而上官儀仍然跪在那裡，像是在笑又像是在哭，他是在苦笑，他的眼中帶著淚花。

管家護送皇后離開了上官府，管家回到了上官儀的書房，管家將跪在地上的上官儀扶到椅子上坐下，忙問：「老爺，皇后娘娘跟你說了什麼？」

上官儀流著淚，道：「通知上官府上下，給他們盤纏，讓他們都連夜逃走吧！」

「老爺，出什麼事兒了？」老管家流著淚急道。

上官儀心灰意冷道：「都逃吧，不逃，過了明天，想必上官一門會血流成河！」

老管家哭著問道：「老爺，這到底是怎麼了呀？」

「你就別問了，快照我的吩咐去做！」上官儀流著淚推了推老管家。

面對上官儀的生離死別，老管家深感痛心地離開了書房。

次日清晨，雨已經小了很多，但大明宮房簷上的雨水依然在滴答滴答地往下滴。文武百官齊聚宣政殿，他們手持笏板，朝服整潔，分站兩班。唐高宗李治身著龍袍，頭頂帝冠，坐於龍椅之上。而武皇后則身披鳳袍，頭頂紫金鳳冠，氣派優雅地坐於皇帝的身後。

百官持笏板跪拜道：「天皇陛下萬歲萬歲萬萬歲，天后娘娘千歲千歲千千歲。」

唐高宗剛要說話，卻被武皇后搶先一步，喊道：「平身。」

「謝陛下、娘娘。」百官站了起來。

這看似沒什麼，但高宗的心裡很不是滋味，這實在有失體統，亂了朝廷的禮法。高宗雖然委屈，但只能往肚子裡咽。

高宗掃描了朝堂，問道：「怎麼丞相上官愛卿沒來上朝？」

御前太監陳得祿上前奏道：「啟奏陛下，丞相大人身體不適，告假了！」

唐高宗道：「哦，你退下吧。」

陳得祿緩緩退下。

武皇后對著朝堂之上七十三歲的心腹大臣、太子少師許敬宗使了一個眼色，許敬宗對於武皇后是敬畏有加，見到武皇后給他使眼色，他嚥了嚥口水，略作心理準備後，便持笏板站出來，面對高宗道：「啟奏陛下，老臣密查，丞相上官儀與大臣王伏勝勾結廢太子李忠，意圖謀反！」

高宗吃驚地問道：「許愛卿，你當知誣陷丞相和皇子乃是滿門抄斬的大罪！你雖為太子少師也不例外，你有何證據？」

許敬宗道：「陛下，陛下應知丞相上官儀以前在陳王李忠府擔任過諮議參軍，與王伏勝一同侍奉過陳王，三人往來密切，自從李忠被廢，丞相更是在暗中策劃相助李忠反叛！這是上官丞相和廢太子的飛鴿傳書，被老臣截了下來，請陛下過目！」

高宗道：「呈上來。」

陳得祿從御前走下來，接過許敬宗的帛書便呈到高宗的面前。

高宗仔細看過帛書後，依然是將信將疑，高宗身後的武皇后公然道：「陛下，拿給臣妾看看吧。」

高宗將帛書遞給了武皇后，武皇后雙手捧著帛書，假模假式地看了看，道：「陛下，這確實是丞相上官儀的字跡，看來此事無誤！」

唐高宗在心裡嘀咕，道：「昨日上官儀才提出替朕起草廢后的詔書，今日就被告謀反大罪，此事實在可疑！」

高宗想著，武皇后卻在背後催促道：「陛下，謀反乃是滅九族的大罪，還請陛下定奪！」

許敬宗跪下請求道：「眼下證據確鑿，請陛下治上官儀謀反之罪！」

見唐高宗猶豫不決，武皇后再一次對朝堂之上的幾員心腹大臣是擠眉弄眼，幾名心腹大臣便附和許敬宗向高宗請旨。

高宗見騎虎難下，為難道：「也罷，既然證據確鑿，傳朕旨意，上官儀下獄，滿門抄斬，家產抄沒，廢太子李忠賜死！」

武皇后一副沾沾自喜的樣子。眾臣高呼道：「天皇陛下聖明，萬歲萬歲萬萬歲！娘娘千歲千歲千千歲。」

高宗違心道：「此事就交予右相許敬宗辦理，退朝吧。」

唐高宗和武皇后肩並肩走下了大殿，貌似恩愛，實則是貌合神離。

退朝後，唐軍很快就包圍了上官府，府裡的一百多號下人們開始在府裡來回的穿梭，他們顯得很忙碌的樣子，都在各自的房間裡收拾包袱準備離開。

一名攜帶聖旨的太監在唐軍統領的帶領下站在了上官府的大門口，那太監手握聖旨，陰陽怪氣地喊道：「丞相上官儀及家屬聽旨。」

五十多歲的上官儀帶著一家老小來到府門口，上官儀道：「微臣上官儀極其家眷跪迎聖旨。」

由上官儀牽頭，眾人跪了下來。

太監展開聖旨，宣讀道：「皇帝詔曰：經查實，丞相上官儀勾結廢太子李忠圖謀不軌，免去上官儀丞相職務，抄沒家產，滿門抄斬，欽此。」

聽完聖旨，上官府的親眷們有些嚇哭了，有些則當場暈死過去。上官儀苦笑道：「欲加之罪何患無辭！老臣為了大唐的江山社稷是操碎了心，現在卻要將老臣一家滿門抄斬，陛下，你難道就不願意查證一下，與老臣當面對質嗎？」

在場有很多百姓看熱鬧，上前一隊唐兵將上官儀一家全部押解離開。一隊唐軍衝進了上官府，開始在府內抄家，吵的雞犬不寧。

三日後，上官儀一家數十口人被押到了大明宮的丹鳳門外，本次監斬的大臣正是丞相許敬宗。下面被數百名唐軍重重包圍，百姓只能在外圍看。這一天，颳著風，人們被風颳的睜不開眼睛。臺上的數十名上官家的親眷們哭聲一片，上官儀的兒子上官庭芝開始向許敬宗求情道：「許世伯，我爹與你同朝為官幾十年，你竟忍心下手嗎？我爹對陛下，對大唐赤膽忠心，又怎麼會造反了呢？勞你稟告陛下，就說家父有話對他說！」

許敬宗故意裝成一副十分為難的樣子，道：「世姪啊，別怪世伯不幫你們，現在是皇上要殺你們，本官也無可奈何啊！天威難測，本官已經在皇上面前表過態了，說你父親絕非謀逆之人，但是皇上不信吶，你爹做過丞相，現在皇上只能讓本官監斬！你們就一路好走吧！恕本官無能為力了！」

被捆綁著的上官儀，面對坐於高臺之上的許敬宗，冷笑一陣，破口大罵道：「呸，好你個陽奉陰違的小人，你以為你在背後做的那些醜事老夫不知道嗎？姓許的，你就是靠著栽贓嫁禍自己的同僚升到了太子少師，官居丞相，本官造反這樣的瞎話也是你編造出來的吧？你就不怕死後下十八層地獄嗎？兒子，我上官家的男兒頂天立地，就是死，也不要向這樣的無恥小人求情！」

許敬宗氣急敗壞，惱羞成怒道：「劊子手，給本相殺了他們！」

上官家的婦人們更是嚎啕大哭，而上官儀身為一家之主便在從旁安慰他們。

坐在許敬宗身邊的刑部屬官道：「大人，午時未到，不能殺！」

許敬宗憤怒道：「他們是死囚，早殺晚殺都是殺，陛下那邊本官擔著，殺！」

說罷，許敬宗正從木筒裡取出令簽，剛要丟出去，武皇后的大駕正緩緩向著刑場走來。

武皇后從轎子上走下來，許敬宗一行監斬官連忙起身，走下臺來，來到武皇后的面前，跪迎道：「老臣拜見天后娘娘，不知娘娘駕到所謂何事啊？」

許敬宗一味地點頭哈腰、卑躬屈膝，一副小人模樣。

武皇后看了看這狼藉的刑場，道：「你起來吧，本宮就是過來瞧瞧，這上官大人為國操勞一輩子，臨老臨老雖然犯了王法，但還是有功勳的嘛！」

「是是是，娘娘真是菩薩心腸，體恤臣子啊！」許敬宗諂媚道。

面對那刑場之上的慘象，武皇后到底是動了惻隱之心。看到刑場上被母親抱在懷裡的嬰兒，武皇后指著那抱孩子的母親，問道：「那抱孩子的女人是上官儀什麼人？」

許敬宗道：「娘娘，那是上官儀的兒媳，那襁褓中的孩子是上官儀的孫女，叫上官婉兒！」

武皇后感慨道：「把孩子和母親放了吧，這婦人和孩子有什麼錯！」

許敬宗吞吞吐吐道：「娘娘，這，陛下那邊老臣該如何交代？」

武皇后果斷道：「陛下那邊由本宮去交代，你只管把婦人和孩子放了便是！」

許敬宗極不情願地走到上官儀的面前，道：「遊韶，現在皇后要將你的兒媳和孫女帶到掖庭，充當官婢，好歹能保你上官家一絲血脈！你就感激吧！」

「劊子手，解開少夫人，放了她和孩子！」許敬宗對劊子手喊道。

上官儀老淚縱橫，朝武皇后喊道：「天后娘娘，都是老臣的錯，是老臣糊塗，老臣謝謝你留我孫女一命，沒有滅我上官家滿門！」

上官儀一邊說著一邊流著淚朝武皇后行拱手禮。

武皇后站在遠處朝上官儀點了點頭。許敬宗回到了監斬臺上，拔出令簽，喊道：「午時三刻已到，殺！」

許敬宗扔出簽子，上官一家便陷入了哭泣和恐慌當中，劊子手手起刀落，血漸的滿地都是，而上官儀的兒媳痛苦不已，襁褓中的嬰兒更是人事不知。

第十六章　復得公主封太平

處死上官儀一家唐高宗是違心的，在他看來上官儀完全是個值得信賴的忠臣，只可惜現在武皇后權傾朝野，朝中大臣紛紛倒向武皇后，並聽命於武皇后，這些，高宗都心知肚明，但是他無能為力。本來就患有風眩症的高宗身體就每況日下，加上朝廷之上的忠臣一個個被武皇后攆出朝廷，甚至殺害，高宗的身邊都是武皇后的人，他的病就更加嚴重。

唐高宗在上官儀被殺之後，便憂鬱成疾，臥病在床，一臥就是幾日，他的身體消瘦許多。這日，風和日麗，楊柳依依，太液池的蓮花也長出了花蕾，逐漸綻放。唐高宗在老太監陳得祿的攙扶下行走在太液池邊，他的身邊跟著右相許敬宗。高宗雙目無神，一副病容，走不上幾步就氣喘吁吁，並咳嗽不斷。

「皇上，你可要保重龍體啊！」老太監陳得祿關切道。

陳得祿說著，一邊用手在高宗的背心輕輕拍了拍，為他順氣。

高宗回頭瞧了瞧許敬宗，道：「許愛卿，你是這次負責監斬上官儀一家的監斬官，上官儀在臨死前對朕說過什麼沒有？」

許敬宗奏道：「陛下，老實說上官大人與老臣同朝為官幾十年，臣也同情他的遭遇，但謀逆之罪乃是大罪，老臣也是依律辦事啊！上官儀臨死前有了一句話，他說臣盡忠一生到頭來換得一個滿門抄斬，雖死無憾！」

高宗停了下來，在柳樹下的石頭上坐了起來，他落淚了，喃喃自語道：「雖死無憾！朕聽得出他這是對朕有怨言吶！是朕沒有保護好一個忠臣！都是朕的錯！」

許敬宗連忙道：「陛下，上官儀參與謀反可是證據確鑿啊！」

高宗冷冷一笑，道：「許愛卿，你的證據是怎麼來的，因何而來，你我都心知肚明，朕理解你的難處，你無須再辯解！怨只怨朕沒有守好這李氏皇權啊！」

許敬宗見高宗已經將話挑明了說，他倒也知趣，沒有再辯駁，而是退到了一邊。

高宗坐在石頭上是一陣眩暈，抬頭對陳得祿道：「扶朕回宮歇息吧，朕太累了！」

陳得祿和許敬宗將高宗從石頭上扶了起來，高宗對這個許敬宗漸生反感之心，道：「愛卿，你先退下吧。」

陳得祿扶著高宗一直朝著含涼殿的方向走去。

許敬宗面對高宗的背影，作揖道：「微臣恭送陛下。」

經此一役，李唐皇權旁落，高宗李治一病不起，要宦官扶著才能走下床。李唐王朝的權力中樞從宣政殿轉移到了皇后武曌居住的立政殿。朝臣們也漸漸依附武皇后，高宗的旨意也無法再回到往日權威。武皇后在立政殿裡沐浴，沐浴的木桶很大，差不多占據了一張床的大小，沐浴的桶裡裝著一桶牛奶，奶面上灑滿了紅色的花瓣，好像是玫瑰。武皇后一個人浸泡在浴桶裡，房間裡沒有伺候的宮女，她那長長的頭髮在牛奶中泡過之後，愈發的烏黑亮麗。她的肌膚在牛奶的滋潤下，愈發的白嫩、鮮滑，她在浴桶裡肆意的揮舞著肢體，她那豐滿的臀部和大腿更顯高貴而美麗。武皇后緊緊地靠在浴桶上，她的秀髮搭拉在浴桶外面，眼睛盯著天花板，深深地呼了一口氣，然後將雙眼合上。

女官玉兒掀開了房間的珠簾，面朝武皇后作揖道：「啟奏天后，望仙門外有一個人要求見天后，來人自稱天后兄長，為安州司戶參軍，名叫武元爽，現在此人被望仙門的士兵攔下了，奴婢特來請示天后！」

「想必他定是遇上什麼麻煩事了，否則不會來找我！」武皇后感慨道。

女官玉兒道：「天后娘娘，此人真的是娘娘的兄長？」

武皇后道：「本宮倒不願意有這麼一個兄長，但是他確實是本宮同父異母的兄長，宣他進來！」

「唯。」女官玉兒緩緩退出。

「慢！」武皇后回頭喊道。

玉兒停了下來。

武皇后接著吩咐道：「先晾他五個時辰，等他的腿站不直了，再宣他來見本宮！」

「唯。」女官玉兒離開了浴室。

武皇后盡情地享受沐浴的快感，她將紅色的花瓣撒在自己的玉體上，奶水從她的脖子順著乳腺一直流到她的大腿。

望仙門外，烈日炎炎，城門外站崗的士兵也汗流浹背，武元爽站在城牆下的陰暗處，但還是炎熱難耐。武元爽時不時用衣袖擦拭著汗水，雙腿發軟，微微顫抖，他蹲下來，腿麻了，又再站起來，反反覆覆。

武元爽終於按奈不住，他走到士兵面前，問道：「差爺，怎麼還沒有人出來呀？」

「你耐心等待吧，已經派人通報去了！」士兵道。

武元爽道：「記得跟那人說我是天后的親哥哥！」

士兵急道：「得了吧，這麼大熱天的，休要再囉嗦！這皇城之下，過路的都是皇親國戚，你還真把自己當人物了！」

武元爽惱羞成怒，道：「你，你！等我見到天后一定要他撤了你！告訴我，你叫什麼？」

「我告訴你，他叫趙二！」另一個士兵問答道。

說完，在場的士兵們鬨然大笑。

武元爽頓感臉上無光，羞愧難當道：「你們都等著吧！待會兒就讓你們好看！」

武元爽回到城牆下蹲下來，極其狼狽。

那士兵諷刺道：「得了吧，還天后哥哥，要是真的是天后哥哥，人家當你是哥哥，沒準一早就出來召見你了！還用等到現在，幾個時辰過去了！」

立政殿裡的武皇后，躺在鳳床上，一邊品著涼茶，一邊悠閒地翻閱著《漢書》，她似乎已經忘了武元爽的事情。女官玉兒急忙走進來，來到武皇后的面前，啟奏道：「娘娘，武參軍已經在望仙門外等候了四個時辰，時下乃是初夏，炎熱至極，恐他忍受不住！娘娘是否要召見他？」

武皇后放下書，看著玉兒，嘆了口氣，道：「宣他進來吧。」

「唯。」玉兒緩緩退出。

此時的武元爽已經是唇焦口燥，但仍然在城門口來回徘徊，這時女官玉兒出了望仙門，拿出武皇后的令牌呈給兵丁們看，道：「天后娘娘有旨，宣武元爽覲見。」

武元爽見女官出來，便眉飛色舞起來。士兵朝武元爽喊道：「娘娘有旨，你進去吧！」

武元爽朝士兵得意道：「你們看看吧，我說天后是我妹妹，等我出來再找你們算帳，讓你們狗眼看人低！」

士兵們一聽，確實有些心驚膽寒。

武元爽跟著女官玉兒進了宮，來到了立政殿，一路走進來。武元爽遠遠望見武皇后躺在鳳床上，只是背對著武元爽。女官玉兒來到武皇后面前道：「娘娘，武元爽帶到。」

武元爽還是一副輕浮的樣子，興奮地喊道：「妹妹，是哥哥。」

「大膽，見到天后娘娘還不快跪下！」女官玉兒吼道。

武元爽不以為然，道：「都是自家兄妹，這繁文縟節就免了吧！」

武皇后從榻上坐了起來，伸了伸懶腰，眼睛像是沒有睜開的樣子，半閉著眼，品了一口茶，迷迷糊糊道：「這誰呀？這麼不懂規矩！」

「是我呀，妹妹，哥哥武元爽啊，妳怎麼連自己的親哥哥都不認識了！」武元爽自以為是道。

武皇后冷冷一笑，道：「本宮的確有個哥哥叫武元慶，眼下為宗正少卿，有個大姐叫武順，嫁給了越王府的賀蘭越石，有個妹妹嫁郭孝慎，哪裡有聽過什麼武元爽，你好大的膽子豈敢冒充本宮的哥哥，難道不怕殺頭嗎？」

武元爽見武皇后一本正經的樣子，臉色立刻煞白，跪道：「娘娘贖罪，是小人高攀了！小人確實不配當娘娘的哥哥！」

武皇后看了看一旁的女官玉兒道：「玉兒，你們都下去吧，本宮有話對此人說！」

「唯。」眾宮女、太監離開了寢殿。

武皇后從榻上走下來，來到武元爽的面前，徘徊了一圈，道：「武元爽，你也有今天！你還好意思說你是本宮的哥哥，你還記得在本宮小的時候你對本宮所做的禽獸之舉嗎？」

武元爽一個勁兒的哀求道：「奴才有罪，請娘娘贖罪，娘娘大人不記小人過請饒恕小人吧！」

武皇后道：「說吧，你是無事不登三寶殿，你找本宮何事？」

武元爽一副可憐兮兮的樣子道：「娘娘，奴才自知有罪，不敢來找娘娘，但是請娘娘看在奴才與娘娘是親兄妹的份上幫奴才一次吧！奴才一時手癢，受賄，殺了人，現在東窗事發，上面要殺我！」

武皇后冷笑道：「本宮就知道，你呀早晚得出事！你難道不知道天子犯法與庶民同罪嗎？你想讓本宮怎麼幫你！」

武元爽跪著來到武皇后的面前，扯著武皇后的鳳袍，懇求道：「娘娘，妳救奴才一次吧，以後奴才一定洗心革面重新做人！娘娘也不想我們武家絕後吧！」

武皇后道：「你是咎由自取，殺人重罪，死罪可免，但活罪難逃，去吏部傳本宮的懿旨，自請流放振州吧。」

武元爽一聽，甚惱，道：「振州，那跟死有何區別？那可是煙瘴之地啊！」

武皇后果斷道：「本宮年少時，你對本宮的凌辱本宮還沒有跟你清算，算流放也是便宜你了！此去振州是死是活，就看你的造化了！武元爽，你記住，本宮沒有立刻將你斬首，已經念兄妹之情了！你若還不知足，那本宮只有將你斬殺！」

武元爽頓感沒了希望，便鬆了手，跪謝道：「奴才叩謝天后不殺之恩！」

武皇后繼續回到榻上躺了下來，道：「你下去吧，本宮還要午休！」

「奴才告退。」武元爽低著頭緩緩退出了立政殿。

武元爽走在去往吏部的路上，心裡還在想：「武珝，妳好狠心吶，老黃曆的事情，妳還記在心裡！就親哥哥都狠下殺手，妳贏了！今時今日的妳，已然是一個殺伐果斷的女皇，只怕這李氏江山遲早要掌控在妳的手裡。」

第十六章　復得公主封太平

春去冬來，時光荏苒，長安內外的花草開了又謝，謝了又開，又過了很多年，來到了麟德二年，這一年天后武曌已經到了四十一歲。四十一歲，對於民間一般的女子已經明顯人老珠黃了，但是對於養在深閨，吃的是蜜餞燕窩、山珍海味，用牛奶泡澡的武皇后來說可就顯得格外的年輕，四十一歲看起來像三十出頭的年歲。她的肌膚仍然白皙、嫩滑，光彩照人。彷彿還是著大明宮裡最美麗的女人。這些年裡，她先後生下了長子李弘、次子李賢、三子李顯、四子李旦。儘管在臥病中的唐高宗李治仍然對武皇后寵愛有加，四十歲的女人在對性的慾望上如虎，很快又懷上了孩子，十月懷胎，武皇后再次臨盆。武皇后在立政殿裡痛的死去活來，他那十三歲的長子李弘、十歲的次子李賢正爬在殿外的窗戶上踮著腳尖朝裡面看。

少時，嬰兒的哭聲從殿內傳了出來，殿門也被打開。李弘和李賢兩兄弟急急忙忙跑進去，看到武皇后滿頭大汗，喊道：「母后沒事吧？」

武皇后點了點頭。

這時，唐高宗在老太監陳得祿的攙扶下來到了立政殿，病怏怏的高宗沒有立刻問孩子，而是前往武皇后的床前，關切道：「媚娘，妳怎麼樣了？」

李弘、李賢兩兄弟連忙見駕跪迎高宗。

高宗看著兩個年幼的孩子，詢問道：「你們不在宮內好好讀書跑這裡來幹什麼？」

「我們就想來看看母后！」兩個孩子異口同聲道。

高宗無奈地搖了搖頭。

武皇后微微笑道：「陛下，臣妾不礙事！你快將孩子抱過來，看看是男孩還是位女孩？」

接生的女御醫笑道：「恭喜陛下、娘娘，是位公主。」

女御醫將襁褓中的嬰兒遞到了高宗的手裡，高宗看著幼小的嬰兒，喜道：「這是朕和媚娘的第二個女兒！」

李弘、李賢兩兄弟高興地蹦蹦跳跳，他們倆孩子抱在一起，異口同聲喊道：「我們終於有親妹妹了！」

高宗將嬰兒抱到了武皇后的床頭，武皇后再次用手指輕輕地撫摸著孩子，道：「這是本宮的第二個女兒，也是本宮和陛下唯一的女兒，再也不能讓她出事了！」

武皇后心裡暗暗想道：「孩子，上一次母后親手掐死了妳的姐姐才扳倒王皇后，這一次母后一定要把妳撫養成人！」

思索片刻，武皇后看著高宗道：「陛下，你給孩子娶個名字就回宮歇息去吧！」

高宗道：「古人常以月亮比喻女子的美麗，朕希望這個孩子將來既美麗又聰慧，不如叫李令月吧，眼下四海一統、國泰民安，不如就賜封號太平吧！願這個孩子能護佑我大唐盛世！」

武皇后道：「這個名字取得好，本宮以後就叫她月兒。」

高宗欣喜不已地看著陳得祿道：「陳得祿，通知禮部將月兒封太平公主的消息昭告四海，擇吉日太廟祭祖。」

「老奴遵旨。」陳得祿道。

「媚娘，妳先休息吧，孩子朕派專人看護，一定不會再出現上次的事情。朕先走了。」高宗拖著病體咳嗽著離開。

太平公主李令月遺傳了父母的優良基因，生的越發的粉妝玉黛，高宗、武皇后以及太平公主的兩位親哥哥李弘、李賢都比較疼愛和遷就她，她的外祖母榮國夫人也就是武皇后的生母對她更加愛不釋手。可以說太平公主是集萬千寵愛於一身。

這時的武皇后母親、太平公主的外祖母榮國夫人已經滿九十一歲高齡。已經是老態龍鍾之相，年滿五歲的太平公主李令月圍繞在榮國夫人的身邊打轉轉，太平公主一邊圍著榮國夫人跑，一邊喊道：「外祖母，妳要抓我啊！外祖母！」

榮國夫人身邊的侍女喊道：「小公主，外祖母老了，妳不怕外祖母摔著啊？」

榮國夫人笑著對侍女道：「沒事，妳去吧，我陪孩子玩會兒，如果我都這把老骨頭了，也沒有多少時間了，難得享受這種天倫之樂。」

侍女退到一邊。

榮國夫人喊道：「月兒，妳跑吧，外祖母來追妳！」

小公主手裡拿著小風箏朝遠處跑去，榮國夫人杵著枴杖，步履蹣跚地朝太平公主追上去，一邊追一邊喊道：「我的小寶貝，妳可不要摔著了，慢慢跑啊，外祖母這就來了！」

太平公主發出稚嫩的笑聲，像個無憂無慮的小精靈。

侍女緊跟在榮國夫人的身後，並時不時扶著老夫人，生怕她摔著。

「天后娘娘駕到。」武皇后身邊的女官玉兒喊道。

榮國夫人一聽武皇后到此，連忙停下了追逐，喊道：「月兒，妳的母后來了，不要怕了，快來拜見母后。」

「好哦。」小公主掉頭跑了過來。

見到武皇后，小公主連忙撲到了武皇后的身上，喊道：「母后。」

榮國夫人杵著枴杖跪迎道：「老身拜見皇后娘娘。」

武皇后連忙俯下身子，和女官玉兒一起將老夫人扶了起來，道：「母親，妳已經九十高齡，怎麼還能給女兒下跪呢？女兒就算身分地位變了，不還是妳的女兒嗎，妳又何須多禮？」

榮國夫人也沒有說什麼。

武皇后雙手捧著太平公主的小臉蛋，問道：「月兒，這段時間妳住在外祖母這裡聽話嗎？外祖母老了，妳不能再調皮了，要是摔著外祖母怎麼辦？」

「月兒知錯了！」太平公主撒嬌道。

武皇后拉著太平公主的小手來到石凳子前坐下，道：「月兒，母后給妳帶了妳最愛吃的桂花糕，妳快吃吧！」

「謝謝母后。」太平公主高興地合不攏嘴，興高采烈地吃起來。

武皇后站起來親自扶榮國夫人坐下來，道：「母親，妳也累了，歇會吧！西域最近進貢了葡萄，都是新鮮的，妳嘗嘗！」

隨後女官玉兒名幾名宮女將裝著葡萄的盤子放在了石桌上，武皇后小心翼翼地剝了一顆，親自餵榮國夫人吃了下去，榮國夫人年邁失聲道地：「真甜！」

太平公主激動道：「母后，月兒也要吃！」

「好吧，母后給妳剝！」武皇后樂得自在。

這是武皇后唯一的女兒，自然受到萬千寵愛。

第十七章　武皇后恩澤天下

西元六七〇年，武皇后的母親榮國夫人去世，享年九十一歲，武皇后為她舉行了盛大而隆重的葬禮。

從乾封二年（西元六六七年）開始，高宗的病情越發的嚴重，久病不癒，太醫也束手無策。高宗和武皇后商議後讓太子李弘監國，這時候的李弘才十五歲，一個十五歲的孩子懂什麼是政治，所以皇權基本上掌握在武皇后的手裡，武皇后開始垂簾聽政，太子充其量只是一個傀儡。

唐高宗李治還在臥病當中，雖然常有大臣來看望，但都是一些場面工夫，朝廷大事紛紛倒戈相向，向武皇后稟告。

躺在床上的李治一邊咳嗽一邊問一旁的太監陳得祿道：「陳得祿，最近皇后在幹什麼？怎麼沒見她來朕這裡！」

陳得祿一籌莫展道：「陛下，你就快些好起來吧，現在大臣有事情都必須向天后請示，奴才是擔心久而久之，這天下人都不知還有陛下！」

「大膽，你知道你在說什麼嗎？你這是大逆不道！」高宗激動道。

陳得祿連忙跪下來，三拜九叩道：「陛下恕罪，老奴之言雖有些大逆不道但句句都是實話啊，奴才跟你這麼多年，難道陛下還在懷疑奴才的忠心嗎？」

李治深感憂慮，道：「得祿，你起來吧，太子最近怎麼樣？」

「恕老奴之言，太子雖然是儲君，負責監國，但實際上事事都是天后說了算！」陳得祿起身道。

李治甚為懊惱，道：「太子已經年滿十五歲，處理一般的朝政是沒有問題的，天后身為太子母后可以從旁協助，怎麼能事事都是天后說了算，天后她想幹什麼！」

說到這裡，高宗寢宮外面出來了太監的聲音：「太子到。」

太子李弘身著儲君的衣服，氣宇軒昂地來到了高宗的病榻前，跪拜作揖道：「兒臣拜見父皇！」

「弘兒平身。」高宗伸出手來。

李弘走了過去，緊緊地握住李治的手，詢問道：「父皇，你還好嗎?你要保重龍體啊！」

李治從床上坐了起來，陳得祿用枕頭給高宗靠著，高宗就那樣背靠著枕頭雙手捂著李弘的手道：「皇兒，父皇已經讓你監國，說說這些日子你的體會是什麼？」

李弘感慨道：「父皇，以前皇兒任性，以為當皇帝了就是九五之尊，人人都怕你，人人都敬畏你，可以呼風喚雨，要是人人都怕的皇帝那就是壞皇帝，兒臣這些日子最大的感悟就是做皇帝難，做好皇帝難上加難！」

「皇兒，中書省的百官奏摺都是你在批嗎？」高宗問。

李弘道：「父皇，其實中書省遞上來的摺子都是丞相和大臣們批覆過的，送過來也無非是讓兒臣做決定，但在母后的眼裡，兒臣永遠只是個孩子，奏摺上百官所奏之事最終還是母后定奪！兒臣感覺自己就是一個傀儡！」

高宗一臉無奈地安慰道：「皇兒，你的母后是位才女，飽讀詩書，學貫古今，這些年來父皇也仰仗她的輔佐，才有今日的大唐盛世，所以你要多多向你的母后請教，對你是有好處的！你是她的兒子，她不會不盡心教你！」

「兒臣謹記父皇教誨。」

「你下去吧。」高宗睏乏地朝李弘揮了揮手。

李弘朝高宗拜了拜便離去了。

太子李弘剛離開不久，高宗在太監陳得祿的服侍下下了床，走出了大殿，大殿之外的百花又開了，再次迎來春天。蝴蝶在花間翩翩起舞，而蜜蜂則在花叢中來回的打轉，牠們正忙著採蜜。高宗望著藍天白雲，伸了伸懶腰，疏鬆疏鬆筋骨，活動了雙臂，道：「朕好久沒有見到太陽了，看，百花競相鬥豔，多好的天兒啊！」

高宗正樂在其中，陳得祿便遠遠地望見武皇后朝這邊走來，陳得祿對俯下身子摘花的高宗道：「皇上，天后來了！」

高宗直起身子朝四周尋量，武皇后帶著女官玉兒朝他走來。

武皇后來到高宗面前見禮道：「臣妾拜見陛下。」

女官玉兒也隨著武皇后一同參拜。

高宗深感詫異道：「天后已經有些日子沒有來朕這裡了，今日有何事啊？」

武皇后將寫好的聖旨交到了高宗的手裡，道：「陛下，大唐開國不久，突厥又對我大唐虎視眈眈，民生凋敝，臣妾建議改革，具體哪些方便都寫在聖旨裡，陛下同意了就可以頒布全國了！」

高宗看了看聖旨上面的內容，臉色有些難看，面對武皇后道：「媚娘，朕問妳，在妳的心裡，朕還有我們的孩子就一點也不重要嗎？對於妳來說，這些朝廷大事才是妳最上心的？」

武皇后道：「陛下何出此言啊？臣妾做這些難道錯了嗎？」武皇后深感委屈。

「妳沒有錯，妳為大唐做這些朕很高興，但是媚娘妳難道忘了大唐的祖訓，後宮不能干政，朕讓妳打理朝政已經是法外開恩了！如果妳心裡還有朕，那這些日子妳就不會不來看朕！」高宗振振有詞道。

武皇后流著淚，道：「陛下，你尚在病中，弘兒雖為監國太子，但年歲尚輕，朝廷之上的老臣們他玩不轉，臣妾是不忍心陛下操勞，臣妾身為妻子是在為陛下分憂啊，難道臣妾做錯了嗎？」

見武皇后哭訴，高宗的心又軟了，他靠近武皇后，摸著武皇后的肩膀，道：「媚娘，太子李弘既然為監國太子，那就放手讓他去做吧，太子背後不是還有朕和妳嗎？這道聖旨上所請的民生改革朕很滿意，但太子遲早要君臨天下，不如就把它給太子吧，讓太子親自頒發，以示對天下百姓的恩典，這也是他日後鞏固皇權的保障！妳認為呢？」

武皇后委屈道：「聽陛下的口氣，好像是臣妾這個當母親的在奪兒子的權！行吧，陛下怎麼說臣妾就怎麼依！聖旨陛下蓋完玉璽之後還是親自交給太子吧，臣妾告辭了！」

武皇后朝高宗拜了拜，便果斷離開。

高宗知道武皇后是生氣了，忙喊道：「媚娘！媚娘！妳要明白朕的苦心！」

武皇后頭也沒有回，直接朝遠處走去，女官玉兒緊緊跟隨。

高宗將聖旨交到了陳得祿的手裡，道：「得祿，這道聖旨你讓司璽太監蓋上玉璽交到太子的手裡，讓太子明日朝會上當眾宣讀吧！」

「唯。」

陳得祿將聖旨捲起來塞進袖筒裡，便扶著高宗繼續朝園中深處走去。

宣政殿裡，一派威嚴。太子李弘端正於大殿之上，而武皇后則高在一旁。群臣持笏板叩拜，齊呼道：「天后娘娘千歲千歲千千歲，太子殿下千歲千歲千千歲。」

「平身。」太子向群臣伸手示意道，一派帝王架子。

群臣頓時深感詫異，紛紛左顧右盼。

武皇后低聲對太子李弘道：「弘兒，你現在是儲君，還不是天子，你怎麼能讓大臣們平身呢，這有違禮制啊！」

太子李弘方覺說錯了話，面對群臣尷尬道：「本宮是說讓諸位大臣都起來吧！」

「謝太子殿下，謝天后娘娘。」群臣這才站了起來。

太子對身邊的小太監道：「唸吧。」

小太監上前一步，緩緩展開聖旨，道：「陛下有旨，眾臣接旨。」

「吾皇萬歲萬歲萬萬歲。」眾臣再次跪了下來。

小太監宣讀道：「皇帝詔曰：朕准太子李弘所請，頒布恩旨，仿效高祖、太宗之恩德福澤黎民，一、勸農桑，薄賦徭；二、免除長安及其附近地方之徭役；三、息兵，以道德化天下；四、南北中尚禁浮巧；五、省功費力役；六、廣開言路；七、杜讒口；八、王公以下皆習《老子》；九、父在為母服齊衰（喪服）三年；十、上元前勳官已給告身者，無追核；十一、京官八品以上，增加俸祿；十二、百官任事久，材高位下者，得進階申滯。此十二條，旨下即行，欽此。」

「臣等接旨，謝陛下，謝太子殿下。」群臣站了起來。

武皇后道：「此乃太子所請，陛下恩准，太子大義，諸位大人日後定當盡心輔佐。」

「臣等肝腦塗地，在所不辭！」群臣異口同聲道。

宰相許敬宗持笏板站出來，朝武皇后和太子拜了拜，道：「老臣代天下臣民謝過陛下、娘娘、太子，恩旨一出，天下百姓必然對太子感激不盡。」

武皇后道：「這些場面上的話就不用再說了，眾臣沒事就退朝吧。」

武皇后站了起來，朝殿下走去，女官玉兒服侍著她，太子李弘也站了起來，面朝武皇后作揖，做出送行的樣子。

群臣也面朝武皇后作揖道：「臣等恭送天后娘娘。」

待武皇后走遠，太子李弘這才一屁股坐了下來，道：「退朝吧。」

「臣等告退。」群臣拜別。

此時，太子李弘心裡空空的，表面上是自己占據了風頭，但是面對母親，還是感覺到失落。

其實，群臣心裡很清楚，這一定是高宗亦或是天后的意思，一個十幾歲的孩子怎麼能有如此見識，知道施以恩旨。

武皇后從高宗處回到立政殿以後，她的狀態不是特別好，心裡好像有事，她一直站在立政殿的窗戶口，窗戶大開，眺望遠方，她不斷地在思考，眼睛裡充滿著殺氣，旁人都不知道她在想什麼。

長安街頭，恩旨之上的內容作為皇榜貼出，男女老少的百姓正蜂擁而至城牆腳下的角落，他們個個翹首以觀看，紛紛對恩准上面的內容感到高興。

一個八十歲的老者，杵著枴杖，但眼睛不好使，再加上人牆的遮擋，他根本什麼也看不見，只聽見譁然一片。待一個約莫二十多歲的年輕人從人群中笑著走出來，老者連忙上前詢問，道：「小哥，不知有何新鮮事，你這般高興？」

「放皇榜了！太子請皇上將恩旨給咱老百姓，現在我們有活路了！我能不高興嘛！」年輕人道。

老者也激動地問道：「不知寫的什麼內容，老朽眼睛看不清，能否透露一二！」

年輕人道：「也罷，反正我現在也沒事，我就告訴你，皇榜第一條就是減免賦稅；第二條嘛，就是免除長安附近之徭役；第三……」

還沒有等年輕人說完，就被老者打斷道：「小哥，你不用再說了，有這兩條就夠了，我的小兒子終於可以回家了，不用再服徭役了！不用交稅，我家的土貨也能賣錢了！真的要感謝老天，要感謝皇上和太子對咱老百姓的體恤。」

說完，老者喜極而泣，朝著一個方向一瘸一拐地離開，步履蹣跚，讓人十分的憐憫。

年輕人搖了搖頭，不解道：「這老頭，真怪！我話還沒有講完，就迫不及待地要走！也難怪，有了皇榜上面的這些恩旨，以後咱家的日子也好過了！我快回家告訴娘去！」

年輕人也蹦蹦跳跳地離開。

太液池的蓮花開得正盛，火火紅紅，長安的天氣也火紅起來，熱的人焦躁不安。蜻蜓在蓮池裡飛來飛去，時不時停留在荷花的花蕾上。太液池的岸邊，是一處長亭，武皇后將鳳榻搬到了長亭裡，她躺在鳳榻上，衣著暴露，雪白的雙肩，兩座肉峰之間的乳溝清晰可見，大白腿也在薄紗之下若隱若現。她的身邊是兩名宮女在不斷地為她搖著扇子，並有一名宮女用冰塊在武皇后的鳳體上敷，那種涼爽的感覺讓她格外的愜意。

女官玉兒領著一個衣著華麗的十幾歲的少女來到了武皇后的面前，此時的武皇后眼睛是閉著的，她在閉目養神。

「啟稟天后，太平公主來了！」玉兒奏道。

武皇后猛地睜開雙眼，眉開眼笑道：「哦，太平來了！」

太平公主深得武皇后和高宗皇帝的寵愛，沒有像其他公主那樣多禮，這可能是因為她是武皇后唯一的女兒。太平公主面容姣好，皮膚白皙，有點可愛，一副活潑的樣子，她迅速撲倒在了武皇后的大腿上，道：「母后，女兒來給妳請安了！」

武皇后在宮女的侍候下，坐了起來，她摸了摸太平公主的頭，道：「月兒，最近讀書了沒有啊？」

「讀了，母后。」太平公主回答的十分麻利。

武皇后欣慰道：「都讀了哪些書啊？」

「《左傳》、《史記》、《三國志》、《趙飛燕祕史》都看！」太平公主道。

武皇后十分詫異，問道：「妳看聖賢之書很好，怎麼看起《趙飛燕祕史》這樣的書？妳難道不知道趙飛燕是什麼樣的人嗎？」

太平公主道：「母后，其實月兒最佩服的女人就是漢后趙飛燕和劉宋山陰公主劉楚玉，這兩位都是傾國傾城的美人！」

武皇后納悶道：「妳佩服她們，只是因為她們美？」

太平公主直起了身子，面對武皇后道：「母后，當然不是，月兒佩服她們的不僅是因為她們美，而且還把天下男子玩弄於鼓掌之中，人生苦短，夜夜笙歌，那才叫福氣呢！」

武皇后吃驚道：「妳才十三歲，怎麼可以有這些想法？女人是要嫁人的，女人的職責就是相夫教子！」

太平公主不以為然，道：「母后，人生苦短啊，跟一個男人過一輩子妳不覺得委屈嗎？人為什麼要成親？難道不可以自由戀愛，然後同居嗎？」

武皇后大吃一驚，感覺有些難為情，看了看周圍的宮女，道：「妳們都下去吧，在外面候著，本宮有事再叫妳們！」

「唯。」奴婢告退。幾名宮女在女官玉兒的帶領下離開了。

武皇后道：「這下她們都走了，母后問妳，妳在哪裡學的這些？」

太平公主道：「母后，這些話是趙飛燕說的，劉楚玉也是這個意思！美貌不就是她們的引以為傲的籌碼嗎？」

武皇后面紅耳赤道：「妳要學好！自古以來女子就應該遵守三從四德、三綱五常，不成親，只同居，那不天下大亂嗎？」

「母后，被男人強迫真的很舒服！」太平公主沾沾自喜道。

武皇后質疑的表情看著太平公主，問道：「月兒，妳是不是試過？」

「母后，有一件事情，月兒一直沒有告訴妳，幾年前，月兒就被表哥賀蘭敏之強迫過，他拚命在女兒的身上亂摸，還將那硬硬的、黑乎乎的東西頂進女兒的下體，雖然剛開始有點痛，但是真的很舒服！母后，月兒覺得那很快樂！簡直就是天上人間！」太平公主一連甜蜜地訴說。

武皇后大吃一驚，道：「有這事？妳如何不稟告母后？本宮一直以為他只是姦汙過太子妃，沒有想到，他還對妳！氣死我了！」

「母后不要生氣嘛！我那表哥不是被妳流放而死嗎？人都死了，妳還想怎麼樣？」太平公主一邊說著一邊用手在武皇后的後背為她順氣。

武皇后道：「太平，妳不能再這樣了！這事兒妳不可以對任何人說起，這實在有失皇家體面！母后不能由妳胡來！今日妳的父皇要在紫宸殿接見外臣，並設宴邀請王公大臣及其家屬，妳要是在宴會上看到心儀之人，就與本宮和父皇說，母后一定把妳嫁出去！不然，妳還得胡思亂想！」

「母后說了算。」太平公主不樂意地嘟著嘴。

傍晚時分，紫宸殿裡燈火通明，大殿內載歌載舞，群臣把酒言歡。唐高宗近日身體有了好轉，便出席了這次盛會。唐高宗端坐於大殿之上，武皇后坐在他的身邊，太子李弘坐在一側，太平公主緊挨著太子坐在一起。大殿兩邊坐著文武百官以及吐蕃、回紇、突厥、南詔等國的使臣，大殿的中央有一群著裝暴露的宮娥正在跳舞，她們的舞蹈火辣，伴著勾引。群臣的眼睛都盯著舞女的肚皮和胸看，又或者是屁股，他們目不轉睛，一個個顯得色瞇瞇的樣子。一邊喝著酒，一邊欣賞美女，嘴裡還不斷地吆喝，尤其是突厥人，畢竟來自蠻荒之地。

高宗道：「朕往日朝政繁忙，難得有這樣的機會與臣下歡樂，來，朕敬你們一杯，大唐有今天，多虧你們了！」

高宗舉杯面朝諸位大臣，眾臣見高宗舉杯，連忙都端起酒杯，並站了起來，集體面向高宗，異口同聲道：「臣等不敢！臣等祝陛下萬壽無疆，祝大唐千秋萬歲。」

說罷，眾臣便先乾為敬。

高宗大笑，道：「好，好！」

便將一杯酒一飲而盡，高宗便伸出手來示意大臣們都坐下。

太平公主見舞女們跳的正歡，便有些迫不及待，站起來，面對二聖，道：「父皇、母后，兒臣跳舞不比她們差，兒臣想試試！」

高宗看了看武皇后，武皇后點了點頭，笑道：「難道月兒這麼高興，就讓她去跳吧，也讓這些外臣們看看咱天朝的公主是多麼的美！」

高宗笑道：「太平，就依你母后的，妳上去跳吧！」

太平公主脫下了公主的外套，裡面穿著一件武官的衣服，雖說是武官的衣服，但穿在太平公主的身上是格外的美麗動人，這身材好的女子穿上男裝，多出了幾分英氣，格外的迷人。

高宗咧嘴一笑，道：「喲呵，看來今兒個是有備而來呀！」

武皇后吩咐道：「你們都下去吧。」眾舞女行過禮後便一一退了下去。

英姿颯爽的太平公主帶著隨身寶劍就上了舞臺中央，她優雅地走上前去，展示她那優美的身姿，長髮飄飄，她揮舞著寶劍，姿勢讓人著迷，時而柔美，時而剛健。她的舞姿真的很美，迎來了在場的一大片掌聲。

最後便是運氣。

高宗笑道：「太平，父皇問妳，妳既做不了武官，為何換這身？」

太平笑道：「父皇，你既不喜歡皇兒這樣穿，不如就將它賜給駙馬吧！」

高宗和武皇后當然明白太平公主話裡的意思，但是身為天朝公主，這樣公然要求嫁人，難免讓皇上和皇后有些尷尬。

滿朝文武以及外國王子誰不想迎娶二聖之女，四海之內誰能尊貴過唐高宗和武皇后，他們的獨女太平公主歷來受到天家獨寵，如果娶了她，保管能升官發財。這是很多達官貴族夢寐以求的事情。

紫宸殿裡頓時像炸了鍋，像極了買賣市場，群臣吵得沸沸揚揚，都在爭先恐後的向皇帝和皇后提親。在場的都是王公貴族，論任何一家的公子都配得上太平公主。

尤其是武皇后的一些親信眾臣許敬宗和御史中丞袁公瑜率先為自家的公子或者是孫子提親，但高宗和武皇后都不表態。因為，太平公主一直在對他們搖頭。

面對眾臣的提親，武皇后道：「兒女婚事雖向來聽從父母之命，但本宮和陛下歷來是尊重女兒自己的選擇！本宮平日最討厭的就是聯姻那一套！所以，還是讓公主自己選擇吧！」

群臣只好灰溜溜退下。

武皇后小聲和高宗商量了片刻，便對太平公主道：「月兒，妳喜歡什麼樣的人只有妳自己知道，這樣吧，如果妳喜歡誰，就把妳身上的這套衣服送給他！」

太平公主道：「謝父皇、母后。」

太平公主將這套武官的衣服脫下來，走向群臣，群臣翹首以望，他們的焦點都在公主的身上。

太平公主朝一個長她幾歲的年輕人走去，這年輕人好像並沒有看她，所有人都在看公主，唯獨這個年輕人不看，他的樣子多出幾分英武，五官輪廓也比較耐看。太平公主不經意就將武官的衣服放在了那年輕人的懷裡，那年輕人還沒有反應過來，只是一臉的難為情，道：「這……這……這怎麼好？」

那年輕人旁邊的城陽長公主立刻站了起來，面對二聖，誠惶誠恐道：「陛下、天后，犬子怎麼配的上公主！還請陛下和天后收回成命！」

高宗大笑，道：「皇妹，妳與朕是親兄妹，薛紹是朕的親外甥，朕的女兒看上了妳家的薛紹，那我們不是親上加親嗎？只要兩個孩子高興，我們還是認了吧！」

群臣見此事一定，便沒了相爭的可能，於是便做了順水人情，群臣站起來，面對二聖作揖，異口同聲道：「臣等恭喜陛下、天后。」隨之轉身面對城陽長公主，作揖，群臣同聲道：「恭喜長公主殿下。」

太平公主直溜溜看著薛紹，而薛紹卻表現的有些害羞。城陽長公主也一臉的不情願，但是又要裝作高興。

武皇后笑道：「既然大事一定，擇日為兩個孩子舉行婚禮！太平是本宮唯一的女兒，婚禮一定要隆重！這事就交給禮部去辦，即日昭告天下。」

禮部尚書范履冰出列，道：「臣遵旨。」

高宗再次舉杯，笑道：「大家接著喝，接著跳，今夜不醉不歸！今夜不必恪守君臣之禮！」

百官回敬，紫宸殿裡立刻又熱鬧起來，宮廷裡的編鐘也格外的清脆悅耳。

第十八章　上官婉兒才華顯

薛紹雖為高宗的外甥，但是一直沒有另立府邸，一直與母親城陽公主住在一起，住在城陽公主府。這次太平公主嫁給薛紹，不算下嫁，算門當戶對，表妹嫁給了表哥，兩個人都有皇室血統。在長安，太平公主是高宗和武皇后唯一的愛女，她的府邸格外的富麗堂皇，婚禮在公主府舉行。

婚禮非常隆重，照明的火把甚至烤焦了沿途的樹木，為了讓寬大的婚車通過，甚至不得不拆除街道兩邊礙事的圍牆。唐朝是一個婚俗開放的時代，已經不再流行《周禮》那一套，那時的男女不穿玄色禮服，而穿大紅色，漢代以前的女人結婚不頂紅蓋頭，不慶賀。到了唐代，這紅蓋頭便流行起來。

司儀敲敲打打，在公主府的院落裡停下來。院落裡人山人海，都是些參加婚禮的達官顯貴，高宗、武皇后、城陽公主坐於高堂之上，太平公主頭頂紅蓋頭，薛紹也身著喜服，二人牽著紅綾就朝著高宗和武皇后走來。

司儀喊道：「一拜天地。」

薛紹和太平公主面朝上天一拜。

司儀再喊：「二拜帝后。」

兩人再次拜了拜帝后。

高宗笑道：「月兒，父皇和母后給妳準備了嫁妝。」

武皇后對陳得祿道：「陳公公，你念吧。」

陳得祿拿出禮單，念道：「陛下賜公主黃金一萬兩，綢緞三千匹，駿馬五百匹。」

「謝父皇、母后。」太平公主朝二聖拜了拜。

司儀喊道：「三拜高堂。」

這次薛紹、太平公主朝著二聖和城陽公主分別一拜。

司儀喊道：「夫妻對拜。」

薛紹與太平公主對拜，因為離得近，碰了頭。

司儀最後喊道：「送入洞房。」

薛紹和太平公主牽著紅綾在伴娘的陪伴下離開了喜堂，朝著洞房的方向而去。

一臉病容的高宗看了看陳得祿，點了點頭。

陳得祿朝眾人喊道：「陛下有旨，今日公主大婚，眾臣盡情吃喝，普天同慶！」

「謝陛下。恭喜陛下、娘娘，恭喜城陽公主。」眾臣拱手異口同聲道賀。

臣子們坐在了宴席上，開始海吃海喝起來。

洞房裡已經被紅色渲染，到處都掛著紅色的緞子、貼著喜字，一進屋就有很濃烈的喜慶氛圍。太平公主頂著紅蓋頭站在床榻上，紋絲不動，平時俏皮活潑的公主此時卻一動也不動。她的雙手不斷地在扯著床單，像是有些不知所措。

薛紹雖然是太平公主的表哥，大她幾歲，但是平日裡能說會道的薛紹此時在洞房裡像個榆木腦袋，他不知道該怎麼辦，不知道時間已到了三更天，桌子上的喜燭都燃燒了一大半，薛紹還坐在桌子前自斟自飲，根本不顧及床榻上的太平公主。

薛紹藉著醉意，問：「太平，妳我表兄妹，妳看上我什麼？這朝廷之上那麼多的貴族公子？」

太平公主道：「表哥，你我年歲相當，是看著對方長大的，你，我還是了解的！我看上你的憨厚老實，平日裡也表現出一副一本正經的樣子，我也說不清楚喜歡你什麼，大概是喜歡你的憨厚吧！」

薛紹冷冷一笑，道：「太平，妳是知道的，我是一心建功立業，根本無心兒女情長，更加沒有想過早早成親！」

太平公主掀開紅蓋頭，從床榻上站起來，來到薛紹的面前，面對老實巴交的薛紹，太平公主卻顯得風情萬種，她故意露出自己的大腿，坐在薛紹的腿上，將薛紹手裡的酒杯奪下，並一飲而盡。太平公主用自己那雙纖纖玉手撫摸著薛紹的臉龐，薛紹感到一陣癢癢，且有些羞澀，一臉通紅。

太平公主一邊撫摸著薛紹的臉，一邊問道：「表哥，你應該還沒有碰過別的姑娘吧？」

薛紹這麼被太平公主一折騰，顯然是有了生理反應，他被太平摸的正舒服，陶冶在享受之中。

「沒有。」薛紹回答。

太平公主雙腿騎在了薛紹的兩條腿上，並一件一件，像剝洋蔥一樣脫下薛紹的衣服，薛紹的上半身赤裸裸地呈現在太平公主的面前。太平公主輕輕地吻了吻薛紹的胸口，柔情似水的樣子，道：「表哥，所謂春宵一刻值千金，人生苦短，我們還是及時行樂吧！」

薛紹感到有些不適應，且有些羞澀，便輕輕推了推太平公主，道：「太平，不能這樣，我還沒有準備好呢！」

太平公主一臉邪笑，道：「表哥，我問你，你知道天地為何造人，還分男女，就是為了給這無趣的大地增加一點樂趣，我們還是及時行樂吧！」

說罷，太平公主將薛紹從凳子上按在了地上，騎在薛紹的身上，並不斷親吻她的上半身，下體也在來回的摩擦當中，她很享受這種樂趣。而薛紹也被太平公主折磨地死去活來。太平公主一邊做著一邊咬著手指，時不時還甩著自己的長髮，儼然一副蕩婦的樣子。

薛紹十分不解，且有些困惑，道：「太平，妳為何對著男女合歡之事如此嫻熟？莫非妳已經不是處女？」

太平公主不以為然道：「表哥，處女真的好嗎？處女對這夫妻合歡之事是一竅不通，如果男女雙方都不通，那還有什麼情趣可言！表哥，你現在不是很舒服嗎？你不覺得此時此刻你感到很滿足很快樂嗎？」

薛紹苦惱道：「太平，妳貴為公主，乃一國體面，怎能與別人做下這等不恥之事？」

太平公主有些惱羞成怒了，她起了身，道：「表哥，你以為我願意嗎？我的第一次是被表哥賀蘭敏之奪了，在我很小的時候就欺負了我！這些委屈我沒法對誰說！不過，他現在已經死了！難道薛紹表哥你嫌棄我？」

太平公主邊說，便哭了起來。

薛紹起身，穿好衣服，同情道：「太平，這麼大的事情，妳受委屈了，表哥沒有嫌棄妳！表哥以後一定好好保護妳！」

薛紹主動貼上上去，將太平公主抱上了床榻，然後拉下簾子，兩人纏綿在一起。

按照規矩，次日一大早薛紹和太平公主就要起床給城陽長公主敬茶。城陽長公主早早地等候在公主府的大廳，薛紹和太平公主手拉著手，太平公主更是蹦蹦跳跳地來到了大廳。太平公主依然一副活潑好動的樣子，他拉著薛紹的手跪在了城陽長公主的面前，薛紹率先喊道：「娘，孩兒帶太平來給娘請安！」。

太平公主卻猶豫不決，道：「太平是該叫妳娘，還是姑母呢？」

城陽公主笑道：「太平，隨便妳吧，妳一直稱姑母，還是稱姑母吧！」

太平公主頓首，道：「太平拜見姑母。」

然後侍女將兩碗茶遞給太平和薛紹，太平接過茶遞到城陽公主的面前，道：「姑母，請喝茶。」

城陽長公主象徵性的喝了一口，便放下，笑道：「太平、紹兒，你們昨晚睡得好嗎？」

城陽公主看了看太平又看了看薛紹，薛紹連忙答話道：「母親，孩兒昨晚和太平睡得很好，母親不用掛念！」

城陽公主看了看太平，笑道：「睡得好就行！太平，以後這城陽公主府也是妳的家，不管妳是住在哪家公主府，都請隨意些，妳與薛紹成親之前也常來我這裡玩，現在你們成親了，妳就是我的兒媳，妳也不用拘束，自在些，就跟妳的太平公主府一樣！」

「太平謹遵姑母教誨！」太平公主道。

城陽公主站了起來，親自將他二人扶起，握著太平和薛紹的手，笑道：「太平，這不是教誨，只要妳從今往後與薛紹同心同德、相濡以沫，姑母就放心了！老實說，姑母本想讓薛紹娶一個普通女子，皇家的是是非非實在太多了！」

太平公主不解地望著城陽公主，城陽公主笑道：「你們各自忙去吧，這裡沒你們什麼事了！」

「孩兒告退。」太平和薛紹異口同聲道，做完作揖禮便離開了。

東都洛陽，富裕繁華，車流馬龍，人來人往。高宗的御駕緩緩向著洛陽城而來，隨行的有皇后、太子以及文武百官，還有大隊人馬。洛陽的文武官員早早地守候在城門口，等待著御駕的到來，見御駕來此，洛陽文武紛紛夾道相迎，跪在道路的兩邊。

御駕緩緩朝著城中使去，官兵攔著過往的行人和商客，跪在道路的兩邊。高宗的御駕行進在洛陽城中，朝著合璧行宮使去。鑾駕在行宮門口停了下來，宮門口直到內殿都鋪滿了紅毯，等待著高宗下榻。高宗牽著武后的手從鑾駕上走下來，太子李弘也從後面走了上來。

高宗望著這座恢宏的宮殿，道：「在長安城待久了，就想到東都走走！媚娘，怎麼樣，這洛陽城不輸長安的繁華吧？」

「臣妾這還是第一次到洛陽，洛陽的建都史並不輸給長安啊！初到洛陽，真的讓臣妾大開眼界！」武皇后道。

高宗牽著武皇后的手朝著行宮內走去，行宮內的宦官和文武紛紛跪地相迎，太子緊隨其後。

以宰相郝處俊為首的官員，面對高宗和武皇后的背影作揖道：「陛下、娘娘、太子殿下，若無其他事，那老臣就先行告退，陛下和娘娘回行宮好生歇息！」

高宗回頭道：「郝愛卿、狄仁傑，你們隨朕進來，朕還有事跟你們說！」

四十五歲的狄仁傑從隨行的官員中走了出來，面朝高宗作揖道：「臣遵旨。」

狄仁傑和郝處俊一起跟著高宗和武皇后、太子進入了行宮。

洛陽的行宮仿長安城的蓬萊殿修建，裡面也有荷花池，亭臺樓閣眾多，高宗幾乎每年都會來到這裡。

老太監陳得祿早已將這裡打掃的乾乾淨淨，他在荷花池邊的亭子裡擺滿了瓜果，亭子裡有石凳子和石桌子，就在高宗和狄仁傑、郝處俊朝這邊走來的時候，陳得祿還在用袖子擦著石桌上的邊邊角角。

見高宗和狄仁傑、郝處俊來到時，陳得祿連忙跪迎道：「老奴參見陛下。」

高宗伸手道：「陳得祿你起來吧！」

第十八章　上官婉兒才華顯

陳得祿站起來面對狄仁傑和郝處俊拱手道：「狄大人、郝大人！」

狄仁傑和郝處俊也朝著陳得祿拱手回了禮。

高宗對陳得祿道：「你先下去吧，朕有話對二位大人講！」

「老奴告退。」陳得祿緩緩退去。

高宗伸手示意，道：「二位愛卿請坐吧，朕的身體一天不如一天，所以才到洛陽來散心，站久了，朕受不了！」

郝處俊道：「陛下只管坐著，老臣站著就行！」

高宗道：「這裡只有我君臣三人，不必太過介意！你們從長安城一路跟朕到了洛陽不累啊？坐吧！」

「謝陛下。」二人一副受寵若驚的樣子坐了下來。

高宗從果盤裡拿了兩個桃子分別遞給狄仁傑和郝處俊，笑道：「這是越州剛剛進貢的蜜桃，很甜，兩位愛卿嘗嘗！」

狄仁傑和郝處俊接過桃子，握在手裡有些不好意思，高宗笑道：「吃吧，已經清洗過了！」

「謝陛下。」二位大人有些難為情地啃了起來。

高宗道：「朕叫你們來就是問你們洛陽城的治安如何？」

二位大人立刻放下桃子，站起來，郝處俊回稟道：「陛下，放心吧，洛陽城已經戒備森嚴！」

高宗道：「朕不是那個意思，朕想說的是，不要因為朕的到來而擾民，傳旨下去，不要限制百姓的出行和買賣，保護朕和皇后還有太子只需要在行宮內外戒備就行！」

「臣等領旨。」二位大人異口同聲道。

高宗伸出手去示意他們坐下來，二位大人坐了下來。高宗面對二位大人道：「二位大人都是忠臣，這些年來朕都看在眼裡，所以才讓你們隨朕出行！狄愛卿任大理寺卿期間除暴安良、破除冤案朕心甚慰！郝愛卿身為宰相處於內閣中樞，任職期間兢兢業業，朕心歡喜，望二位愛卿戒驕戒躁為朕分憂啊！」

狄仁傑道：「食君之祿為君分憂，乃臣等分內之事。」

唐高宗欣慰地點了點頭，道：「很好！你們都回官署歇息吧，朕累了，朕想睡會！」

說完，高宗又咳嗽起來。

「臣等告退。」二位大人站起來朝高宗作揖，便退了去。

子夜時分，夜深人靜，整個洛陽城大多數人家已經熄了燈火，只有路邊和客棧的燈籠還亮著。整個洛陽城，也只有高宗皇帝所在的行宮合璧宮顯得格外的耀眼且輝煌。侍衛在行宮內外的各個門把手、站崗，這些人有的還在打瞌睡。寢宮裡的高宗皇帝此時已經服用安眠藥熟睡了，突然夜鶯叫了起來，高宗皇帝寢宮外面站崗的太監也開始打瞌睡了，這夜鶯叫無非發揮了催眠的作用。夜鶯的聲音很奇怪，像是夜鶯啼叫，又像是人在學夜鶯叫，這聲音分不清楚。高宗枕邊的武皇后喊了喊高宗，一連喊了幾聲沒有應答，她這才從龍榻上爬起來，穿好衣服，迅速從寢宮走了出來。武皇后開了寢宮的門，驚醒了小太監，小太監跪道：「奴才拜見娘娘，娘娘這是？」

武皇后提了提衣領，整理了衣襟，道：「本宮睡不著，想出去走走！」

第十八章　上官婉兒才華顯

小太監忙問道：「那娘娘需要奴才陪著嗎？」

「不用了，你起來吧，本宮想自己走走！」武皇后道。

「唯。」小太監站了起來，瞌睡全無，精神倍增，眼睛瞪的很大，不敢斜視，就那樣站著。

武皇后朝著行宮外面走去，一路走，寢宮周圍巡邏的將士見是武皇后便紛紛參拜。武皇后來到了一個假山背後，她的女官玉兒突然閃了出來，跪拜道：「奴婢拜見娘娘。」

武皇后道：「事情辦得怎麼樣了？」

玉兒站了起來，奏道：「娘娘放心，此毒無色無味，就是華佗在世也絕對驗不出來！明日，必有國喪！」

武皇后道：「妳替本宮辦完這件事情以後，本宮就放妳回家與妳的母親團聚，從今後妳再也不要出現！本宮會給妳足夠的錢讓妳嫁人！」

玉兒再次跪拜，充滿了感激之情，道：「奴婢謝娘娘。」

「妳下去吧，本宮要出去了，出來太久，會遭人懷疑！」武皇后道，武皇后瞅了瞅周圍沒有人，便走出來。她和玉兒是一前一後，分散著走出來。

太陽從東邊冉冉升起，唐高宗和武皇后正在寢宮裡用早膳，身邊有一大堆的宮娥侍奉，太監陳得祿也站在他們的身後。皇帝的早膳十分豐富，有數十種，往日有上百種，但高宗提倡節儉，才裁撤成數十種早點。就在這個時候，綺雲殿太子身邊的小太監小孫子大喊著「不好了！」連滾帶爬地來到了高宗和武皇后的身邊，又急又怕，一頭跪在了高宗和武皇后的面前，哭訴道：「陛下，娘娘，太子他……」

高宗一向疼愛太子，心急如焚道：「太子他怎麼了？你快說啊！」

「太子殿下他……他沒氣了！」小孫子吞吞吐吐道。

高宗震怒，道：「什麼叫沒氣了，怎麼說話呢？」

小孫子哭道：「太子他薨了！」

高宗一聽，嚇得當場暈了過去，幸好被太監陳得祿扶著。武皇后也顯出一副難以置信的樣子，痛苦不堪，問道：「你說什麼？太子死了？」

小孫子哭著一個勁兒點頭。

太監陳得祿掐了掐高宗的人中穴，高宗這才甦醒過來，他萬念俱焚，心如死灰，剛剛病情有了好轉，再一次舊病復發，咳嗽的更加的厲害，面色慘白。高宗握著陳得祿的手，道：「陳得祿，扶朕到綺雲殿，朕要去看看皇兒，弘兒是真最疼愛的孩子，大唐未來的天子，怎麼會這樣？」

陳得祿扶著高宗就往寢宮外面走去，武皇后也十分沮喪，她淚流滿面地對高宗道：「陛下，臣妾跟你一起去！臣妾幾個兒子，就只有弘兒最為出類拔萃，怎麼會一夜之間就葬送了性命。」

高宗、武皇后一行很快就趕到了綺雲殿，綺雲殿內外百官不約而至，狄仁傑、郝處俊等大臣已經守候在綺雲殿外，面容憔悴，老淚縱橫的高宗和武皇后朝大殿而來，高宗在陳得祿和武皇后的攙扶下一邊爬著階梯，一遍哭喊道：「弘兒，朕來看你了！」

武皇后也擦著眼淚，高宗來到大殿門口，看到太子正安詳地躺在床榻上，用金絲被蓋著，高宗掙脫陳得祿撲向了太子，他摟著太子的遺體，哭喊道：「皇兒，朕的孩子，你今年才二十三歲，正值壯年，怎麼就突然離開！枉費了朕的一番苦心，朕悉心栽培你，沒想到你竟然丟下了朕！」

就在高宗痛苦不已的時候，武皇后也來到了太子的遺體前，她也蹲了下來，摸了摸太子的臉，哭道：「孩子，你怎麼了？你快起來呀！」

高宗龍顏大怒，他站了起來，面對百官，喝道：「是誰？是誰殺了朕的太子？找太醫屍檢過嗎？找出這個人，朕一定要將她千刀萬剮！」

宰相郝處俊奏道：「陛下，老臣已經讓御醫做過屍檢，可是他們什麼也查不出來！」

唐高宗難以置信，道：「天底下沒有不透風的牆，大理寺、刑部、御史臺都給朕去查，查不出這個人提頭來見！狄仁傑，你斷案入神，你大理寺一定要給朕查出來！」

狄仁傑站出來，作揖道：「臣遵旨。」

「老臣遵旨。」郝處俊道。

唐高宗回頭看了看太子的遺體，再次抱頭痛哭，道：「行宮戒備森嚴，誰還敢對太子下毒手？太子這麼年輕，朕不相信他是死於病症！天后，我們的太子就這樣沒了！」

武皇后顯出一副痛心疾首的樣子，道：「陛下，臣妾命苦，第一個孩子安定思公主，剛滿月就被害死！

現在太子才二十三歲就莫名其妙地死了，臣妾好痛啊！」

唐高宗朝百官喝道：「你們還站在這裡幹什麼，都下去給朕查，三天之內務必給朕一個交代，朕想一個人在這裡待會，你們都下去吧！」

群臣和侍衛們陸陸續續都退出了，只剩下武皇后和唐高宗兩個人。

高宗對武皇后道：「媚娘，妳也下去吧，朕想和太子單獨說說話！」

「陛下，人死不能復生，你也不要太難過，保重龍體要緊！」武皇后道，便退了下去。

洛陽城的上空雷閃雷鳴，整個洛陽城漆黑一片，城內下著瓢潑大雨，街上的行人很少，百姓們大多熄了燈睡了。行宮門口的侍衛們挺直了腰板站班，少時，有兩頂官轎朝著行宮門口走來，並停在了行宮門口，大隊人馬已經被淋成了落湯雞。宰相郝處俊和大理寺狄仁傑從行宮內走出來，他們一邊走一邊聊，雨很大，聽不見他們在聊些什麼，只見二人匆匆上了官轎，官轎朝著相同的方向去了。在大雨中，距離行宮幾條街的地方，一個街角，女官玉兒正撐著雨傘攔住了二位大人的去路。眾兵丁見此停下了官轎，並拔劍以對，其中一個領頭的差官道：「妳是誰？妳知道妳擋住的是誰的轎子嗎？來人，給我拿下！」

女官玉兒大聲喊道：「我家主人要見相爺和狄大人，請通報一聲！」

那領頭的差官道：「妳家主人是誰，我相爺豈是妳說見就見的？還不快滾！」

女官玉兒從腰間取下來一塊玉珮走上前去遞給了那差官，道：「你將這玉珮遞給相爺，他知道該怎麼做！」

那差官接過玉珮半信半疑地朝著官轎走去，他站在轎子外面，喊道：「相爺，有個女子要見你，這是她給我的玉珮！」

「拿給我看看！」郝處俊伸出手來，道。

那差官將玉珮遞給了郝處俊，少時，郝處俊神情慌張地從官轎上下來，忙問道差官，道：「那女子現在何處？」

「就在前面。」差官將郝處俊從官轎上扶下來，並撐開傘為郝處俊擋雨，陪著他走向女子。

郝處俊來到了女官玉兒的面前，士兵將燈籠高高舉起，郝處俊詫異道：「原來是玉兒姑娘，是皇后要見我？」

「正是，還有狄大人。」玉兒道。

郝處俊的官轎擋住了狄仁傑的官轎，狄仁傑的隨從走上來，面對郝處俊道：「相爺，怎麼不走了？」

郝處俊道：「快通知你家大人，說天后召見，速往見駕！」

「唯。」隨從跑了回去，少時，狄仁傑撐著雨傘朝這邊走來。

面對郝處俊，狄仁傑困惑道：「相爺，都這麼晚了，雨這麼大，天后為何著急見我等？」

郝處俊也是一臉困惑道：「誰知道呢，聖意難測！我們還是走吧！」

郝處俊和狄仁傑準備再回到官轎，玉兒忙道：「二位大人，天后娘娘就在前面不遠的城隍廟等二位，二位大人各自從傘隨奴婢來吧，其他人就留在這裡。」

狄仁傑道：「既然娘娘有命，那就遵旨而行吧！」

在玉兒的帶引下，狄仁傑和郝處俊各自從著傘朝城隍廟而去。

這間城隍廟地處偏僻，平時少有人來，有些破舊，甚至結滿了蜘蛛網。狄仁傑和郝處俊都十分的不解，但是兩位都是重臣，向來謹言慎行，雖有疑惑，但是他們並沒有問。

雨越下越大，閃電時不時劃過天空，照得夜空通明。狄仁傑和郝處俊靠著閃電的光進入到城隍廟，這時，一個身穿雨衣戴著雨帽的人背對著他們，那人的身材嬌小，分明是個女子，女子轉過身來，突然一道閃電讓狄仁傑和郝處俊看清了她的臉，嚇得連忙跪了下來，道：「臣拜見聖后。」

「二位大人請起吧！」武皇后道。

郝處俊疑惑道：「聖后，不知聖后為何這般打扮？」

武皇后冷冷一笑，道：「怎麼了，二位大人見我如此打扮肯定很好奇吧？沒辦法，有些事情連我也要有所顧忌！」

「聖后有何吩咐還請明示？」狄仁傑爽快道。

武皇后道：「到底是狄大人，那我們就開門見山，關於太子一案，二位就不要查了，這件事情到此作罷！」

郝處俊激動道：「娘娘，儲君莫名其妙的死了，妳讓老臣如何作罷？」

狄仁傑道：「天后，我狄仁傑自出仕以來，從未有過冤假錯案，經狄仁傑辦過的案子上萬件，何況這是太子，有關國體，若狄仁傑不查清楚皇上那邊不好交代，狄仁傑的良心也是過意不去的！」

武皇后激動道：「狄大人，太子是本宮的兒子，難道本宮不難過嗎？本宮現在命令你們就此作罷！至於說皇上那邊就說你什麼也沒有查出來，或者說太子是得了怪病死的，定為懸案就行！二位大人是朝廷棟梁，皇上是不會對你們怎麼樣的！」

狄仁傑心有不甘，道：「娘娘，太子是妳的兒子，妳怎麼能這樣？難道娘娘就不想查出真相嗎？」

武皇后將狄仁傑叫到破廟的一個角落，外面依然電閃雷鳴，下雨的聲音是越來越大。武皇后緊緊地按著狄仁傑的手，道：「狄大人，本宮知道你歷來鐵面無私，但本宮告訴你，這件案子有關皇家，不是你狄仁傑能夠承受的，還有要是你真的查出來，動搖社稷國本你更加難辭其咎！」

狄仁傑一再堅持的心動搖了。

見狄仁傑剛正不阿，武皇后跪在了他的面前，道：「狄大人，本宮求你了，此案作罷！」

見武皇后親自給自己跪下了，狄仁傑有些受寵若驚，連忙將武皇后扶起來，道：「聖后，微臣怎受得起妳這一拜，快快請起！」

「本宮敬你是忠臣，本宮是代江山社稷給你跪下的，如果狄大人不答應那本宮就不起來！」武皇后咄咄逼人道。

狄仁傑勉為其難，道：「娘娘，請起吧，臣答應妳便是。」

武皇后這才站了起來，她來到了郝處俊的面前，道：「郝大人，那你呢？你要堅持追查下去嗎？」

郝處俊倒是識時務，道：「娘娘讓臣不查肯定有娘娘的道理，老臣遵旨便是！至於說陛下那邊老臣不好交代，娘娘可要多多周旋啊！」

武皇后道：「這個自然，二位大人，夜已深，先回去吧！」

「臣告退。」狄仁傑和郝處俊異口同聲道，作揖退去。

自從太子無故去世，唐高宗已沒有心思再在洛陽城逗留，他將太子的葬禮辦完以後便病了，他躺在大明宮麟德殿裡，陳得祿和武皇后一直陪伴在高宗的身邊，此時的高宗已經病入膏肓，武皇后隨時做好了奪權的準備。

宰相許敬宗和大理寺狄仁傑跪在高宗的榻前，兩個人異口同聲道：「啟奏陛下，臣無能，未能查出太子的死因，請陛下賜罪！」

高宗急火攻心，朝床下吐了一口血，陳得祿嚇得連忙喊道：「快傳太醫！」一個小太監連忙朝殿外跑去。武皇后拍了拍高宗的背心，一副難受的樣子，道：「陛下，你要保重龍體啊！」

高宗痛心疾首道：「許敬宗，你是當朝首輔，太子無故死去，茲事體大，弄不好會動搖國本，成為我大唐百姓的笑話！難道真的就查不出來嗎？是被害，還是病逝？」

許敬宗搖了搖頭，道：「恕臣無能，老臣確實是查不出來！」

高宗又瞅著狄仁傑，痛心道：「狄仁傑，那你呢？你可是神探，這天下就沒有你斷不了的案子，難道連你也查不出來？」

狄仁傑偷偷瞟了一眼武皇后，武皇后也給他使了眼色，狄仁傑道：「陛下，太子身上沒有傷，也沒有中毒的跡象，但是太醫又查不出來病症，臣確實盡力了！」

唐高宗震怒，道：「朕養了你們這幫廢物，都給朕滾！」

見高宗震怒，許敬宗和狄仁傑也感到有些內疚，武皇后道：「二位大人，陛下心結難解，你們先回府歇息吧，這些日子辛苦你們了！」

「微臣告退。」二位大人異口同聲道，然後站了起來，作揖且緩緩退出。

武皇后坐在高宗的床前，一邊服侍高宗躺下來，一邊道：「陛下，龍體要緊啊！人死不能復生，弘兒是我的親生兒子臣妾也感到難過！」

唐高宗瞅了瞅武皇后道：「媚娘，妳出去吧，朕想一個人靜一靜！陳得祿也出去！」

武皇后道：「我們都出去了，寢宮裡留陛下一人，萬一陛下有需要怎麼辦？」

「你們都下去吧，陳得祿在殿外守候，朕有事自會叫妳！」高宗朝陳得祿和武皇后揮了揮手道。

陳得祿看著奄奄一息的高宗捂面哭泣，道：「娘娘，我們先出去吧，奴才在殿外候旨！」

武皇后和陳得祿一起走了出去，並關上了麟德殿的門。

陽光從窗戶照了進來，照到了麟德殿的地板上，高宗淚流滿面，喃喃自語道：「朕的安定思公主滿上一個月就被害，弘兒是朕的長子，又是朕最為疼愛的兒子，老天爺，你實在太殘忍了，為什麼？」

高宗情不自禁地喊了出來，聲音傳到了殿外，陳得祿一聽自是一陣心酸，而不遠處的武皇后聽到很同情高宗，也很難過，但是此時的武皇后早已心如鐵石，任誰也不可能讓她流淚。

武皇后在立政殿單獨召見了她的貼身女官玉兒，玉兒在武皇后的身邊伺候已經很多年了，由最初的少女模樣變成了現在的中年女子。武皇后坐於立政殿的寶座之上，她的身邊沒有其他人，整個皇后寢殿只有武皇后一人。玉兒像往常一樣進入到立政殿拜見武皇后，武皇后從皇后的寶座上起身，走到玉兒的面前，道：「玉兒，妳跟了本宮多少年了？」

「啟稟娘娘，有十多年了吧！」玉兒拱手回稟道。

武皇后感激道：「玉兒，這些年來妳在本宮身邊全始全終，不遺餘力的相助本宮，本宮很感激妳！但是，太子一事關係頗大，妳應該知道其中的利害！妳放心，妳的家人本宮一定像待自己的家人一樣善待！」

玉兒聽出了武皇后的話外之音，眼睛通紅，惶恐道：「娘娘，妳是要讓玉兒從這世上消失嗎？」

武皇后為難的表情，道：「沒辦法，妳知道的事情太多了，留你在身邊本宮是寢食難安！」

玉兒道：「娘娘，除了讓玉兒去死，難道就沒有其他辦法了嗎？玉兒保證就是死也不會出賣娘娘！」

武皇后冷冷一笑，道：「玉兒，本宮知道妳忠心，但是本宮向來不相信任何承諾，只有妳死，本宮才能安心！放心吧，本宮一言既出，答應照顧妳的家人絕不食言！」

玉兒因為恐懼便一屁股坐在了地上，道：「娘娘，玉兒知道有這一天，但是沒有想到會來的那麼快！」

武皇后困惑，道：「妳知道會有這麼一天，就知道我的手段，那為何當初要跟著我？」

玉兒感慨道：「這後宮之中明爭暗鬥，稍有不慎，就會死於非命，後宮之內只有娘娘的手段夠狠，所以玉兒才願意跟著娘娘，就是希望有個安身立命的靠山！只是玉兒萬萬不敢相信娘娘會親自下令殺死自己的兒子！太子可是妳的親生兒子啊，常言道，虎毒還不食子，玉兒想死個明白，玉兒請問娘娘這是為什麼？」

武皇后憤怒道：「不該問的就不要問！」

「娘娘，太子都已經死了，娘娘的祕密都在玉兒的手裡，到了這個時候娘娘還不願意告訴一個將死之人嗎？」玉兒哀求道。

武皇后在玉兒的身邊徘徊一圈，道：「本宮不妨告訴妳，無毒不丈夫，一將功成萬骨枯，本宮要當皇帝，要當古往今來的第一個女皇帝，本宮的兒子當朝太子是本宮最大的絆腳石，妳說本宮能不除掉他嗎？這個理由夠充分了吧？」

玉兒一聽，心驚膽寒，感嘆道：「玉兒懂了！玉兒什麼都明白了！娘娘為了皇位連自己的親生兒子都可以殺，奴婢的賤命又算的了什麼！奴婢只是希望在奴婢死後能善待奴婢的家人！」

武皇后道：「妳放心吧，妳走後，凡是知道本宮祕密的人一個也活不成，本宮一定照顧好妳的家人，甚至可以將他們徵召入朝為官！」

「不用了，謝謝娘娘的好意，奴婢希望他們終生為平民百姓，不要捲入朝廷之中！」玉兒果斷回絕道。

武皇后道：「玉兒，本宮做事向來光明磊落，本宮完全可以在路上將妳截殺，但是妳畢竟與本宮有恩，所以，本宮希望妳自裁，死的明明白白！這是一杯鶴頂紅，妳喝下吧！」

武皇后指著一旁桌子上的一杯毒酒。

女官玉兒苦笑道：「玉兒一生謹小慎微，想不到還是逃不過厄運，謝娘娘賜酒，希望娘娘能兌現諾言！」玉兒跑過去，毫不猶豫地將鶴頂紅毒酒一飲而盡。瞬間，腹痛，嘴角鮮血直流，當場倒了下去。

武皇后到底還是有人性的，她一把抱住了玉兒，流淚道：「玉兒，妳一路走好！本宮一定厚待妳族人！」

就這樣，陪伴了武皇后十多年的女官就被武皇后毒死，太子李弘的死，永遠成為懸案。

太子死的蹊蹺，高宗病重，唐朝皇室大權旁落，由天后武曌逐漸攝政。女官玉兒已被武皇后親手毒死，她必須再培養一個貼身女官，武皇后不知從何處去找。太子死了，女官玉兒也死了，高宗也病了，長孫無忌、褚遂良等忠臣一個個毀在自己的手裡，武皇后開始有些寂寞了，由於畏懼她的狠毒，他的兒子也不敢與她親近，就連最寶貝的女兒太平公主在嫁人以後，也不常進宮了，武皇后感到有些寂寞。這一年武曌已經五十三歲了，人生已到中年，但她精神煥發，越發的光彩照人，五十三歲，看起來像是四十歲，這大概是因為皇宮裡的生活無比奢華吧。

外面秋風瑟瑟，落葉飄得到處都是，武皇后正失意地走在皇宮裡，她的身邊跟著數名宮娥，武皇后她不知道自己往哪裡去，只是一直走，突然到了掖庭，掖庭是有罪之人被罰在這裡充當奴役的，主要工作就是打掃皇宮的衛生以及清洗宮內所有人的衣服。

掖庭是皇宮裡最為蕭條和冷落的地方，平時鮮有人來，就是宮內的大總管也不常來，無非是一些小太監在這裡監管他們。

掖庭的門開著，武皇后在宮娥的陪伴下進入到掖庭，一進門就聽到嘩啦嘩啦的聲音，正是那些奴僕們在清洗衣服，他們在搓板上搓，一雙雙長滿了老繭的手。眾人皆在忙著洗衣服、掃地，只有一個十幾歲的姑娘坐在院子裡的一處臺階上讀書，她的手裡正端著《南齊書》再看，看的很認真，全神貫注的樣子，雖然她的衣服破舊，滿是補丁，但是她五官端正、氣質脫俗，更有幾分清秀之氣，那姑娘稍後便站了起來，在院子裡來回徘徊，時不時把書背在背後，嘴裡唸道：「葉下洞庭初，思君萬里餘。露濃香被冷，月落錦屏虛。欲奏江南曲，貪封薊北書。書中無別意，唯悵久離居。」

唸完，便一陣掌聲從門外傳過來，武皇后連連道：「好！好！好詩！」

眾人皆瞠目結舌，紛紛將注意力聚焦到了武皇后的身上。武皇后身後的宮娥連忙吼道：「大膽，天后娘娘駕到，爾等還不跪下！」

眾人慌忙下跪，異口同聲道：「奴婢拜見天后娘娘，恭祝娘娘萬壽無疆！」

那小姑娘也跟著眾人學起來，也跪下來。

武皇后從人群中走了過去，親自將那小姑娘拉了起來，笑著問道：「妳多大了？」

「十四歲。」小姑娘回答道。

武皇后吃驚道：「小小年紀就能作出此等好詩？難得啊！妳叫什麼？」

小姑娘恭敬道：「小女複姓上官，小字婉兒！」

武皇后道：「妳姓上官，上官儀是妳什麼人？」

上官婉兒的母親鄭氏出現在武皇后的面前，道：「娘娘，小女婉兒正是罪臣上官儀的孫女，當年是娘娘開恩才留下了奴婢和小女，沒有將上官一門滿門抄斬，奴婢在此謝過娘娘！」

武皇后記得這件事情，所以對鄭氏之言一點也不感覺到意外，武皇后只是對她們更多的是同情，武皇后道：「上官一門滿門忠烈，只可惜上官儀誤入歧途，是他自己害了上官家一門怨不得本宮，至於說當年本宮放了襁褓中的上官婉兒是因為本宮想留下上官家最後的一點血脈，再說一個嬰兒知道什麼，難道還和上官儀是同謀不成！」

鄭氏欣慰道：「有娘娘這番話，上官一門也能含笑九泉了！至少娘娘對上官家的忠心是肯定的，奴婢代上官一門謝過娘娘！」

武皇后深感同情地看了看鄭氏道：「這些年，妳在掖庭受盡屈辱，在如此惡劣的環境下將婉兒拉扯成人，的確很不容易！本宮特赦，妳出宮去吧，本宮在長安城給妳買下一套宅院，妳就去那裡養老吧！」

鄭氏感恩戴德地跪在武皇后的腳下，一個勁兒地磕頭，道：「奴婢謝娘娘！可是，奴婢不願意與婉兒分開！」

武皇后笑了笑，道：「放心吧，本宮不會分開妳們。」

武皇后又瞅了瞅上官婉兒，道：「婉兒，本宮看妳一表人才，氣度不凡，頗有些才華和智慧，妳可願意留在本宮身邊做一名女官？」

上官婉兒有些依依不捨地看著母親鄭氏，武皇后知道她的心思，道：「妳放心吧，妳留在本宮身邊為女官可以自由進出大明宮，只要妳想妳的母親，可以隨時出宮！」

上官婉兒樂開了花，忙跪拜道：「謝娘娘，婉兒願意終生侍奉娘娘！」

武皇后親自蹲下來將鄭氏和上官婉兒扶了起來。

武皇后笑道：「本宮就先回去了，等妳打理好了這裡的一切就到立政殿找本宮報到！這是本宮的令牌。」

武皇后從身後的宮娥手裡接過令牌親自交到了上官婉兒的手裡，並囑咐道：「婉兒，官民人等見此令牌如見本宮，所以，這塊牌子不能隨便拿出來，只是如果有人為難於妳，妳再拿出來！」

「謝娘娘。」上官婉兒和母親鄭氏朝武皇后作揖道。

武皇后如獲至寶，沾沾自喜地離開了掖庭。

第十九章　高宗崩李顯即位

弘道二年（西元六八三年）十二月二十七日傍晚，東都洛陽城行宮之內一片寂靜，行宮的守衛神情肅穆，他們目視前方，沒有任何表情。貞觀殿內哭聲一片，男女老少哭哭啼啼的聲音從貞觀殿內傳出。貞觀殿內，五十六歲的唐高宗李治無力回天，已經奄奄一息，大殿內燭火燒的很旺，蠟燭油不斷地往蠟燭座上流。由武皇后牽頭，徐婕妤、劉宮人跪在高宗的床前；許王李素節、英王李顯、豫王李旦、義陽公主、宣城公主、太平公主以及公主的駟馬、皇子的王妃數人跪在高宗後妃之後；宰相裴炎、同中書門下三品劉齊賢、中書侍郎郭正一以及六部大臣、三公九卿跪於皇子公主們後面；宮女和宦官站在大殿兩邊，高宗的貼身太監陳得祿也站在高宗面前哭哭啼啼，整個貞觀殿內跪滿了人。

奄奄一息地高宗伸出手來，以微弱的聲音喊道：「媚娘，妳到朕的身邊來，朕有話對妳說！」

武皇后迅速站了起來，來到高宗的床邊，雙手緊緊地握住高宗的手，流著淚安慰道：「陛下，你放心，臣妾一定遍尋天下名醫，一定要醫好陛下的病！」

高宗搖了搖頭，低沉的聲音道：「媚娘，朕已油盡燈枯，就算華佗再世也治不好朕了！朕的時間不多了，妳聽朕說，朕走後，妳要輔佐新帝，這大唐的黎民百姓就交到妳的手裡了！」

「陛下放心，臣妾一定不負陛下所託！」武皇后信誓旦旦道。

高宗提了一口氣，側著身子，面向眾人，道：「眾臣聽旨，章懷太子李賢有負朕望，意圖謀逆，已被貶為庶人，流放巴州，然國不可一日無君，眼下朕的身邊也只有這三位皇子，英王李顯人品貴重、才能出眾，立英王李顯為儲君，天后以及宰相裴炎、劉齊賢、郭正一共同輔政，願諸位同心同德，我大唐的社稷就交給諸位了！」

「臣等遵旨。」眾臣拜道。

高宗望著天花板，已經看不清東西，他彷彿看到了唐太宗向自己招手。高宗流淚道：「父皇，兒臣未能像你一樣開創貞觀盛世，兒臣有負父皇，兒臣向你來請罪了！」

說罷，高宗氣絕身亡。

武皇后悲痛萬分，她趴在了高宗的胸口，哭喊道：「陛下，陛下，你不能離臣妾而去啊！」

眾皇子、公主哭喊道：「父皇！」

悲痛欲絕的太監陳得祿跪在了武皇后的面前，道：「天后娘娘，奴才自知有罪，曾經仗著陛下的勢對娘娘不敬，請娘娘賜罪！奴才只是希望在奴才死後與陛下同葬，奴才孑然一身，了無牽掛，奴才願生生世世侍奉陛下，請娘娘恩准！」

武皇后感慨道：「難得你對主子如此忠心，那本宮就成全你允許你葬於皇陵之中！」

「謝娘娘，奴才叩謝娘娘天恩！」年邁的陳得祿自是三拜九叩，對武皇后感恩戴德。

大臣們悲慟不已，洛陽東都宮中的喪鐘敲響了，驚動了整個洛陽城，正在熟睡中的百姓被驚醒，也為此深感難過。

宣政殿內，文武百官的臂膀上皆綁著黑帶，大殿之上、年僅二十八歲的新皇帝李顯坐於龍椅之上，他頭頂皇冠，穿著一身黑白兩種顏色的素龍袍，同樣身著太后素服的武曌坐在李顯的身後，雖然年已六旬，但武曌依然一副威嚴不容侵犯的樣子。年輕天子十分畏懼這位太后，他坐在龍椅上自是坐立不安，一副戰戰兢兢的樣子。

李顯站起來，面對皇太后武曌，作揖道：「母后，有訓示嗎？」

武曌道：「皇上，你是天子，你的旨意就是母后的訓示，眼下國喪之際，你全權做主吧，只要你做得對，母后不會干涉你！」

「兒臣遵旨。」李顯再次作揖便回到了龍椅上坐下來。

李顯面對群臣，道：「先皇駕崩，舉國哀痛，朕也悲痛不已，然朕年少，望眾卿同心同德助我大唐社稷，以慰先祖！裴炎、劉齊賢、郭正一！」

「臣在。」三位輔政大臣站了出來，持笏板異口同聲道。

李顯道：「三位愛卿既為先皇託孤之臣，望三位愛卿能夠盡心盡力為我大唐，助朕匡扶社稷！」

「臣等肝腦塗地在所不辭！」三位大人異口同聲道。

李顯道：「傳朕旨意，先帝大喪期間禁止嫁娶，如有違者當斬！先帝葬禮由宰相裴炎主持，禮部配合執行，國喪期間不能出現任何紕漏！」

裴炎持笏板道：「老臣領旨。」

禮部尚書也站了出來，道：「臣遵旨。」

李顯略有不安地看了看武太后，武太后點了點頭。

李顯得到了武曌的肯定以後，便有了信心，道：「朕現在宣布，改明年為嗣聖元年，尊母后武氏為皇太后，大赦天下，免賦稅一年！」

眾臣跪拜道：「謝皇上，吾皇萬歲萬歲萬萬歲。」

坐於李顯身後的武太后不滿地對李顯道：「皇上，新皇登基，大赦天下可以，但是對於那些罪大惡極的人也要赦免嗎？那豈不是天下大亂！皇兒，你知道我大唐有多少官員嗎？你知道周邊的突厥、吐蕃等國正在對我大唐虎視眈眈嗎？賦稅，適當的減免就行，免賦稅一年，那朝廷官員的俸祿從哪裡來？打仗的軍餉又從哪裡來，這些皇兒你考慮過嗎？」

李顯面對母親的質問，他有些不知所措，慌張道：「那兒臣收回剛才的話！」

武太后低聲道：「不可！君子一言駟馬難追，天子的話更是金口玉言，豈能朝令夕改，母后提出來就是希望你汲取教訓，做了皇帝一定要更加謹慎，謹言慎行！」

膽怯的李顯回頭朝武曌拱手道：「謝母后教誨！」

武曌有些失望，道：「無事可議就退朝吧！」

武曌不怒自威，讓李顯有些坐立不安，他回頭面對還跪著的大臣，沒有底氣道地：「退朝。」

「吾皇萬歲萬歲萬萬歲，太后千歲千歲千千歲。」大臣們持笏板跪道。

武曌站了起來，瞪了李顯一眼，明顯不悅，武曌甩袖在上官婉兒的服侍下離開了宣政殿。

李顯則站起來，面對武曌的背影作揖，道：「恭送母后。」

待武曌走遠，李顯才鬆了一口氣，這才離開了宣政殿。

下朝以後，唐高宗垂頭喪氣地走向皇后寢宮，此時的立政殿由李顯皇后韋蓮兒居住。立政殿裡，韋皇后正站在巨大的銅鏡前打扮自己，身邊有很多宮女伺候，她穿上一件華麗的外衣穿在身上，站在銅鏡前對照，一副沾沾自喜的樣子。韋皇后身邊的貼身宮女笑道：「娘娘，娘娘終於從王妃一下子成了皇后，以後娘娘就是母儀天下的皇后，這天下的女人都羨慕呢！」

韋皇后一邊對照銅鏡在宮女的幫助下捯飭衣服，一邊得意洋洋道：「本宮做夢也想不到會有今天，先有太子李弘，後又有個李賢，哪知道這兩個人都不爭氣，不是死了就是發配了！最後這皇位只能落到英王我的夫君身上，雖然後面還有個豫王李旦，但他畢竟比皇上小，皇家的傳統啊就是立長不立幼！」

那宮女奉承道：「這豈不就是天意嘛！是天意讓英王做了皇帝，娘娘當了皇后！」

韋蓮兒被貼身宮女忽悠的團團轉，她沾沾自喜地用手刮了刮宮女的鼻梁，笑道：「妳這個調皮的東西，總是說出一些讓本宮高興的話！」

「陛下駕到。」一個太監的聲音傳進來。

韋蓮兒剛要走出去，李顯已經進來了，他顯出一副垂頭喪氣的樣子。韋蓮兒連忙跪迎道：「臣妾拜見陛下。」

眾宮女也隨著皇后跪拜道：「奴婢參見陛下。」

李顯氣沖沖道地：「都起來吧！」隨便就那麼招了招手就在一旁的椅子上坐了下來，端起一杯茶就喝了下去。

韋蓮兒詫異道：「陛下莫不是還在為先帝歸天之事難過？」

李顯氣急道：「人死不能復生，朕又豈會難過，你難道沒有看出朕氣不順嗎？」

韋蓮兒不解，納悶道：「陛下，今日陛下登基，普天同慶，陛下應該高興才對，怎麼會氣不順，誰敢惹陛下？」

李顯一臉怨氣，道：「這個人不是別人，就是皇太后，朕的親生母親！」

韋蓮兒的政治敏感性很強，勸道：「陛下，自古以來最是無情帝王家，皇太后雖然是你的親生母親，你貴為皇帝，但是明眼人都看得出來，這大唐江山的實權還在皇太后以及三位輔臣的手裡，陛下需要徐徐圖進，不可冒進啊！這幾個人隨時都可以廢了陛下！」

「你說人家當皇帝可以乾綱獨斷，怎麼到了朕這裡就成了傀儡皇帝？」李顯怨恨道。

韋蓮兒笑道：「陛下，你還是喝口茶消消氣吧！陛下還年輕，處理朝政的經驗不夠，還是聽從太后的吧！太后是陛下的親生母親，她不管怎麼樣，也不會對你做什麼吧！太后之才千年罕見，王皇后、蕭淑妃何許人，就連開國功臣長孫無忌、褚遂良這些老臣都栽在她的手裡，陛下你就認命吧！太后現在年已六旬，還能活多久！這大唐的江山以後遲早都是陛下你一個人說了算！」

李顯冷冷一笑，道：「皇后，妳剛才還說最是無情帝王家，妳現在倒幫起母后說話來了，這些年母后的所作所為朕都看在眼裡，她可是一個殺人不眨眼的角兒，妳當真以後她會顧忌母子之情嗎？」

李顯說到這裡，韋蓮兒連忙捂住他的嘴，低聲道：「陛下，這深宮大院，耳目眾多，陛下雖為天子，但卻無實權，你不怕這些話傳到太后的耳朵裡！」

李顯道：「什麼也別說了，給朕解衣，朕要沐浴！」

韋蓮兒一邊給李顯解下龍袍，一邊對著門外的宮女們喊道：「快準備熱水，陛下要沐浴！」

「唯。」眾宮女應道，接下來便各自跑了起來，往不同的方向跑去。

下早朝以後，武曌在眾宮女的陪伴下在液池散步，宮女舉著太后的依仗，武曌雖然六十歲，但依然保持著矯健的步伐，婀娜多姿的身材，長而烏黑的頭髮幾乎看不到一絲白髮，她的臉上皺紋很淺，雪白而光滑，她的皮膚看起來依然很緊緻。唐宮女人的那種性感美被她詮釋的淋漓盡致。

上官婉兒急急忙忙迎面朝武曌走來，上官婉兒面對武曌作揖道：「臣拜見太后。」

武曌朝上官婉兒點了點頭，繼續往前走，上官婉兒緊緊地跟在武曌的身邊，道：「太后，陛下下朝以後直接去了立政殿，他在立政殿裡與韋皇后爭論了好一陣，對太后頗有怨言！」

武曌一點也不吃驚，好像都在她意料當中，武曌嘆了一口氣，道：「哀家這幾個兒子竟沒有一個爭氣的！他都說了些什麼？」

上官婉兒有些為難的樣子，吞吞吐吐道：「這……這……」

「婉兒，不妨告訴哀家皇帝都在背後怎麼議論她的母親的？」武曌強硬道。

上官婉兒戰戰兢兢，拱手道：「太后，陛下對韋皇后說別人當皇帝可以乾綱獨斷，陛下當皇帝就成了傀儡皇帝！陛下還說太后這些年的所作所為陛下都看在眼裡，說太后一向是殺人不眨眼，陛下說太后能顧忌母子之情嗎？」

武曌臉色鐵青，道：「原來哀家在他的眼裡就是這樣一個母親！婉兒，妳接著說，皇后又是怎麼回答的？」

「皇后說太后之才千年罕見，王皇后、蕭淑妃何許人，就連開國功臣長孫無忌、褚遂良這些老臣都栽在太后的手裡！太后現在年已六旬，還能活多久！這大唐的江山以後遲早都是皇上一個人說了算！」上官婉兒回道。

武曌臉色鐵青，拳頭緊握，道：「可惡！哀家身體正結實，就在咒哀家死了！哀家真的是生了一個好兒子啊！」

說著，武曌一陣苦笑，道：「婉兒，皇帝年少，尚不更事，哀家是擔心他做出什麼有損國體的事情來，做母親的管管他有錯嗎？妳去，給哀家密切監視皇帝的一舉一動，如果他做出什麼過激的行為，妳再回來稟告哀家！」

「唯。婉兒謹遵太后懿旨。」上官婉兒緩緩退去。

復一日，朝會，年輕天子李顯坐於宣政殿的龍椅之上，這一次太后武曌沒有坐在他的旁邊，李顯一副籌措滿志的樣子，表面上歸政於李顯，實際上武太后依然在過問朝廷大事，而大臣們多聽命於武曌。

「吾皇萬歲萬歲萬萬歲。」文武群臣分站兩邊，跪拜道。

李顯伸手道：「眾卿平身！」

「謝陛下。」群臣持笏板站了起來。

李顯掃視了群臣，道：「國丈韋玄貞何在？」

「臣在。」韋玄貞站了出來，面對李顯回道。

李顯道：「國丈出任豫州刺史期間政績突出，官碑甚佳，朕特簡韋愛卿為侍中，希望國丈大人盡心國事，不要讓朕失望。」

韋玄貞道：「謝陛下。」

宰相裴炎持笏板站出來，面對李顯，奏道：「陛下，萬萬不可啊！國丈大人雖然在豫州任上有過政績，但做侍中，卻有待考量啊！望陛下三思！」

李顯震怒道：「裴炎，你是哪家之臣？」

裴炎惶恐道：「陛下，何出此言啊？臣當然是陛下之臣！」

「朕看爾等事事以太后旨意行事，完全不把朕放在眼裡，還說是朕之臣？」李顯直言不諱道。

宰相郭正一啟奏道：「陛下，裴大人、劉大人、太后以及老臣都是先帝指派的輔政之人，怎能有幫派之別呢？陛下是太后的兒子，太后是陛下的親生母親，難道太后還會害陛下不成？臣等都是肺腑之言啊！」

一旁的國丈韋玄貞臉色有些難看，面對裴炎和郭正一，氣勢洶洶道地：「姓郭的，姓裴的，論親，本官是當今皇后的父親，當今國丈；論才，本官也是進士及第，如何做不得侍中？難道你們是怕本官做了宰相，對你們不利？你們這是在洩私憤！」

李顯大怒道：「朕身為一國之君，難道任命一個宰相的權力都沒有嗎？朕以天下給韋玄貞也無不可，難道還吝惜一個侍中嗎？」

「你好大的口氣呀！」

太后武曌的聲音傳了進來，她的嗓音洪亮，震驚了在場的所有人。大臣們紛紛避讓，武曌在上官婉兒的侍奉下走向大殿。

「臣等拜見太后。」眾臣皆跪下迎接武曌。

李顯見武曌，臉色煞白，連忙從龍椅上走下來，行色匆匆地跪在了武曌的面前，道：「兒臣拜見母后。」

就在大殿之上，太監搬到了鳳椅，武曌在上官婉兒的攙扶下坐在了椅子上，面對群臣，道：「諸位都起來吧！」

「謝太后。」眾臣持笏板面對太后。

李顯剛要起身，武曌吼道：「你給哀家跪下！」

李顯跪著低下頭，不敢正視武曌。

武曌冷冷笑道：「你好威風啊，哀家才出宮到感業寺上香，才一會工夫你就搞出這麼大的陣仗，你想幹什麼？你以為皇帝就可以為所欲為，想幹什麼幹什麼？傳哀家懿旨，皇帝李顯自即位以來數次忤逆哀家，不賢不孝，意圖亂政，為大唐江山計，廢李顯為廬陵王，貶出長安！國丈韋玄貞驕奢淫逸，發配嶺南！」

李顯一聽，當即暈倒。國丈韋玄貞苦苦哀求道：「娘娘，嶺南乃煙瘴之地，老臣此去，恐性命休矣！娘娘就饒了老臣吧，老臣願意辭官回鄉！」

武曌瞪著韋玄貞，道：「哀家說出去的話，什麼時候更改過！」

韋玄貞見武曌此時尚在氣頭上，未免殺頭之禍，不敢再言。

大理寺丞狄仁傑出班奏道：「啟稟太后，皇上乃先皇親立，不可輕廢啊！皇上年少，誰又不犯錯，只要知錯能改善莫大焉啊！」

武曌道：「狄大人，哀家知道你一向秉公直言，但是哀家不能把一個不成器的人硬扶上皇位，那才是對天下百姓的不負責！你退下吧，休要多言！」

狄仁傑嘆了一口氣，搖了搖頭，便退了下去。

見天子暈倒，武曌沒有一絲為人母的樣子，冷冰冰道：「來人，把廢帝抬下去！」

隨之上來兩名侍衛將天子抬了下去，眾臣只能眼巴巴看著，誰也無能為力。

武曌站了起來，面對群臣，道：「你們都不用左顧右盼，國不可一日無君，哀家準備立豫王李旦為帝，擇日登基！你們都退下吧！」

明眼人都看得出來，武曌這是想奪權。從李顯即位到被廢，持續了五十多天，這個少年天子心裡的落差實在很大。群臣走出宣政殿的心情是複雜的，他們都知道武曌的真實意圖，但都是敢怒不敢言啊！這個女人是殺人殺上了癮。

武曌自從做了太后以後，便搬到了含涼殿。近來天氣很是悶熱，太陽不大，但總是熱氣騰騰。含涼殿裡，武曌躺在鳳榻上，三名約莫二十多歲的俊美男子袒胸露背的坐在武曌的身邊，兩名俊男，一個給武曌搖著扇子，另一個給武曌按摩，還有一個則給武曌餵西瓜。場面十分的不堪入目，六十歲的武曌看起來已經像一個四十歲的女人，尤其是深處深宮之中保養的好，看起來更加光彩迷人。武曌也跟那三名面首一樣，也是衣著暴露，處處顯現性感。

上官婉兒疾步走上來，低頭作揖，奏道：「太后，廢帝和廢后已經從玄武門走了出去，奴婢親眼所見！」

武曌道：「有沒有聽到他們說什麼？」

「沒有，奴婢距離太遠，沒有聽到。」上官婉兒道。
武曌道：「你下去吧。」
「太后，太平公主求見。」上官婉兒道。
武曌道：「哀家知道她來幹什麼！宣她進來！」
「唯。」上官婉兒緩緩退出。
武曌瞅了瞅三名面首，道：「你們都先下去吧！」
「唯。」三名面首異口同聲道，下了床，穿好了衣服便離開。
三名面首剛走到大殿門口，太平公主正好進來，上官婉兒跟在公主的身後。
三名面首見公主連忙作揖道：「拜見公主。」
然後便急匆匆走出去，連看都不敢看公主一眼。
太平公主什麼也沒有說，但是她的心裡很明白。
太平公主在上官婉兒的帶引下來到了武曌的面前，此時的武曌已經穿好了衣服，坐在榻上等待著太平公主。
太平公主上前拜道：「兒臣拜見母后。」
武曌雖然知道太平公主的來意，但故意裝作不知道，道：「太平，自從妳嫁了薛紹，也很少進宮看望母后，怎麼今兒個倒有空了？」

太平公主站了起來，面對武曌，拱手道：「母后，妳為什麼要廢三哥，妳可是我們的親母后啊！」

武曌深感忌諱，道：「太平，妳身為公主豈能干涉朝政？」

太平公主流著淚，道：「母后，這不是朝政，這是我們李家的家事，母后共五個孩子，大哥和二哥都不明不白的死了，現在只剩下三哥、四哥還有太平，母后將三哥貶出京城，以後是生是死還不知道呢！畢竟我們兄妹三人，從小就在長安城長大，母后，三哥可是妳的血脈啊！」

武曌震怒，吼道：「太平，哀家再說一次，妳不許干政！妳三哥當了皇帝就妄自尊大，我行我素，敗壞綱常，不賢不孝，母后廢他也是迫不得已啊！」

太平公主站了起來，熱淚盈眶地走到武曌的面前，看著武曌，道：「母后，太平從小就聽妳的話，妳讓太平往東太平絕不敢往西，但是這一次，母后確實有點不念及母子情分！母后，太平問妳，妳廢除三哥難道就沒有一絲的私心嗎？」

武曌在逃避太平公主的眼神，故意將頭轉了過去。

太平公主鄭重其事道：「母后，妳要是對得起天地良心，妳要是沒有一點私心，就請妳看著太平的眼睛！」

武曌二話沒說，猛一回頭，兩眼瞪著太平公主的眼睛。從武曌的眼睛裡看不到她一絲的內疚和私心。

太平公主淚流滿面的冷冷一笑，道：「母后，但願妳沒有欺騙上天，沒有欺騙太平！三哥就要被發配到均州，母后可以不去，但是三哥畢竟是太平的兄長，現在人已經出了玄武門，太平要去送送他！」

說罷，太平公主滿身怨氣地離開了含涼殿。

當太平公主追出去的時候，廬陵王李顯的隊伍已經出了玄武門很遠了，太平公主帶著兩名隨從騎著快馬在長安城外的官道上趕上了李顯。

太平公主一邊追趕，一邊朝李顯喊道：「三哥！三哥！」

廢帝李顯和廢后韋蓮兒正在馬車裡相互訴苦，相互安慰，李顯聽到是太平公主的聲音，連忙從馬車上探出頭來，往後看，待確定後，李顯大呼道：「停一下。」

廢帝李顯的鑾駕停了下來，李顯和韋蓮兒雙雙從車架上走下來，太平公主迅速下馬，跑到了李顯的面前，李顯激動道：「太平，妳怎麼來了，現在三哥是戴罪之身，妳來送我，不是給自己找麻煩嗎？」

面對憔悴不堪的李顯和韋蓮兒，太平公主熱淚盈眶，深感同情道：「三皇兄，四皇兄沒有來送你們嗎？」

李顯嘆道：「太平，現在三哥這個樣子，哪還有人來送我！」

太平公主埋怨道：「想不到四哥也是懼怕母后、明哲保身之人，現在母后就我們兄妹三個了，她難道還要趕盡殺絕！」

李顯道：「太平，四弟不來送我也對，他馬上要登基了，他要是再被母后貶出長安，那我大唐江山真的完了！」

太平公主憤憤不平，道：「三哥，你難道還看不出來嗎？母后這是想大權在握、乾綱獨斷啊！我早就聽說在貞觀年間民間就曾傳言唐三代後武代李興，皇妹實在是擔心江山易主啊！母后現在大肆打壓李氏宗親，重用他武氏一門，她到底想幹什麼？」

李顯苦笑道：「太平，別說現在母后沒有當女皇，就算她真的做了女皇帝，我們又奈她如何？行了，太平，妳還是早些進去吧，免遭母后猜忌！我們走了！」

李顯牽著韋蓮兒的手就往王駕上走。

太平公主看著一臉憔悴的李顯和韋蓮兒，痛心疾首道：「皇兄、皇嫂，你們受苦了！太平一定想辦法說服母后讓你們回京！」

李顯回頭道：「太平，不回京城也罷，這京城啊日後少不了血雨腥風！」

韋蓮兒朝太平公主揮了揮手，道：「太平，回去吧！聽你三哥的！放心吧，我會照顧好他的！」

太平公主淚流滿面，看著李顯和韋蓮兒上了馬車，朝著均州的方向逐漸消失。

第二十章　武后除李氏諸王

唐中宗李旦被武太后貶出長安，立四子李旦為帝，這一年李旦只有二十二歲。宣政殿裡，人聲鼎沸，文武大臣正在交頭接耳，一個個情緒激動。而大殿之上的新皇帝李旦則顯得一籌莫展。

「太后駕到。」一個太監的聲音傳進大殿。上官婉兒攙扶著武太后從宣政殿的後面走進來，她在上官婉兒的侍奉下走上臺階，坐在了皇帝李旦的身邊，這是早已準備好的椅子。

群臣跪拜道：「臣等恭迎太后，太后千歲千歲千千歲。」

李旦也站起來面對武太后作揖，道：「兒臣參見母后。」李旦也跟他的哥哥一樣，也十分懼怕武太后，依然一副唯唯諾諾的樣子。

武太后道：「你免禮吧！」

「謝太后。」群臣站起來，各自站好。

武太后詫異道：「你們這都是怎麼了？看你們一個個神情不對呀，哀家隔著宣政殿老遠就聽到大殿之內人聲鼎沸！」

第二十章　武后除李氏諸王

宰相裴炎持笏板奏道：「太后，徐敬業、徐敬猷兄弟聯合唐之奇、杜求仁等以支持廬陵王為由，在揚州舉兵反叛，十多天內就聚合了十萬部眾！還請太后定奪！」

武曌鎮定自如道：「就這麼點事情你們就手忙腳亂、不知所措了？」

武曌假模假式地詢問一旁的李旦道：「皇兒，你是天子，你說吧，該怎麼辦？」

李旦坐在龍椅上，側過身子，面朝武曌，拱手道：「母后，孩兒初登帝位，還請母后定奪！」

武曌見李旦如此順從，她打心眼裡高興，享有至尊無上的權力總是讓人舒心。

武曌抬頭看了看上官婉兒，問道：「婉兒，妳說說，妳怎麼看這件事情？」

上官婉兒面朝武曌作揖，道：「太后，這些人都是大唐功勳之後，表面上是在支持廬陵王，為廢帝討回公道，實際上就是借這個由頭興風作浪、意圖謀反！放心吧，太后，這些人是成不了氣候的！只要派一個得力幹將，反賊頃刻可滅！」

武曌大笑，道：「你們都瞧瞧，這些反賊還不如一個小丫頭明事理！夏官尚書何在？」

「臣在。」夏官尚書出列道。

武曌果斷道：「傳哀家懿旨，拜左玉鈐大將軍李孝逸為揚州道大總管，率兵三十萬前往征討。一個月內平定叛亂不得有誤！」

「遵旨。」夏官尚書歸列。

武曌堅定道：「以後，有誰膽敢犯上作亂者，一律殺無赦！不管是什麼人作亂，都給哀家就地正法，無須再上奏！」

李旦聽後，心驚膽寒，有些微微顫抖。

武曌看了看李旦，又對上官婉兒道：「退朝。」

「退朝。」上官婉兒喊道。

「臣等恭送太后，恭送陛下。」群臣拜道。

李旦戰戰兢兢地跟著太后武曌的身後，不敢多言。

兩個月後，徐敬業兵敗被殺。

垂拱二年（西元六八六年）三月，武則天下令製造銅匭（銅製的小箱子），置於洛陽宮城之前，隨時接納臣下表疏。時有各地各級衙門的官吏乘坐馬車來到宮城下將奏章放進銅箱子，最後再離開。箱子周圍有專門負責看守的士兵，當箱子裝滿以後，再取出來送到武曌的手裡。

兩名侍衛將銅箱子抬進了宣政殿，放在了唐睿宗李旦和武太后的面前。大殿之上站著的文武大臣開始直打哆嗦，一個個表現的很是緊張。

坐在睿宗身邊的武曌道：「諸位大人，你們如果沒有做虧心事，你們怕什麼？哀家就是讓大家多多檢舉揭發，所奏之事屬實，哀家重賞！如果揭發之事失真，哀家也不會問罪！」

群臣心中有愧，都低下了頭，不曾說一句話。

年輕的天子睿宗也只是觀望，他看了看武太后，武曌對上官婉兒道：「婉兒，妳去，將箱子裡面的奏疏都撿出來，就在這大殿之上唸出來！有罪的人，哀家要一一處置！」

「唯。」上官婉兒朝武瞾和睿宗分別作揖，便走下了臺階。

群臣現在是心驚膽寒，他們對於奏疏中所奏之事是一無所知，也不知道第一個倒楣的會是誰，所以，群臣皆表情僵硬，屏住呼吸。

上官婉兒翻開第一個奏章，當眾宣讀道：「安樂郡王李光順，為替其父王章懷太子李賢復仇，在府中密謀造反，常與親信武將和妖人來往，皇太孫李重潤與廢帝李顯也多有往來，常通書信，圖謀不軌！」

年僅十八九歲的李光順和李重潤站在大殿之上，雙腿發軟，臉色發紫，嚇得屁滾尿流的他們連滾帶爬地來到少帝李旦和武后的面前跪了下來，兩人皆異口同聲地哭訴道：「皇祖母、陛下，我們冤枉啊！」

李旦拿不定主意，甚至目光中還露著一絲膽怯，他什麼話也不說。

皇太孫李重潤哭訴道：「皇祖母，廢帝李顯是孫兒的親皇叔，他被貶為廬陵王，孫兒書信一封以示關懷，這不過分吧！？」

安樂郡王李光順惶恐道：「皇祖母，陛下，臣密謀造反之事更是無稽之談，甭說孫兒手裡沒有兵權，就算有，臣也沒有叛逆之心啊！我父章懷太子李賢乃有罪之人，死有餘辜，臣怎麼會為了罪臣而造反！請陛下和皇祖母明察！」

少帝李旦不知所措，道：「你二人所犯之罪乃重罪，朕也無能為力，還是請太后定奪！」

二人爬著來到武瞾的面前，異口同聲央求道：「請皇祖母明察！」

武曌連看都沒有看他們一眼，甚至連眼睛也沒有眨一下，道：「自古王子犯法與庶民同罪，更何況你們犯的是謀逆大罪！不管此事是真是假，哀家都必須要將你們打入死牢！御史中丞來俊臣何在？」

「臣在。」來俊臣持笏板站出來。

「將此二人給哀家關入天牢，要嚴審，不必顧及他們的身分！」武曌斬釘截鐵道。

「來人，將皇太孫和安樂郡王帶下去！」來俊臣喊道。

稍後，來了幾名侍衛將李光順和李重潤拖了下去。二人淚流滿面，異口同聲喊道：「陛下救我，皇祖母，我們是被冤枉的！」

朝堂之上瀰漫著恐怖的氣氛，在朝的大臣一個個屏聲靜氣，左顧右盼，神色緊張。就連少帝李旦也不寒而慄，惶恐不安。

武曌道：「婉兒，接著念！」

上官婉兒也十分猶豫地撿起一個奏章，念道：「南安王李穎、琅琊王李沖、越王李貞、韓王李元嘉、長樂公主等近來似有異動，諸王頻繁往來於各自的封地！」

武曌道：「郭丞相，你對此事有何看法？」

郭正一道：「太后、陛下，水至清則無魚啊！太后興告密之風，且不論事情的真相如何，難免有人邀功，構陷忠良！如此唯恐天下不亂，汙衊諸王，這是在逼他們造反啊！」

武曌震怒，道：「大膽，你說哀家是在逼他們造反？」

「臣不敢。」郭正一惶恐地跪了下來。

尚書左丞周興，一個留著八字鬍的奸臣模樣站出來，面對武曌和李旦奏道：「陛下，太后，臣要揭發丞相郭正一，郭正一暗中與廢帝李顯和諸王勾結，還揚言說要剷除太后，復興大唐！」

郭正一氣急敗壞，面對周興罵道：「奸賊，你放屁！老臣一生忠於大唐，未藏半點私心，怎麼會反叛大唐，你這是欲加之罪！」

周興若無其事道地：「郭丞相，這是朝堂之上，二聖還在這裡，你怎麼能口出汙言穢語，你實在是有失丞相身分啊！」

郭正一氣的上氣不接下氣，面奏李旦和武曌，道：「太后，陛下，老臣從未做過對不起太后和陛下的事情，老臣忠心一片天地可鑑！」

武曌道：「周興，丞相可是朝廷重臣，如你所言失實，哀家一定嚴辦你！你可有證據？」

周興朝殿外喊道：「來呀，抬上來！」

少時，一口大箱子抬了上來。侍衛將大箱子打開，裡面全部都是真金白銀，還有一些珠寶、首飾，眾人皆瞠目結舌。

周興從裡面取出一封放在珠寶上面的書信，奏道：「陛下，太后，這是越王李貞寫給丞相的信，信中大意是希望丞相在朝堂之上做內應，以實現他們攻陷長安和洛陽的目的！請陛下和太后過目！」

上官婉兒走過去，將書信接下來送到了李旦的面前，李旦看了看武曌，道：「還是先讓太后過目吧！」

武曌接過上官婉兒手裡的書信，瀏覽一番，震怒道：「這果然是越王的筆跡！郭正一你可知罪！？」

郭正一深感冤屈，道：「太后，老臣冤枉啊！」

武曌冷笑道：「冤枉，朝廷大臣這麼多，為何單單給你來信？你這不是通敵是什麼？」

郭正一百口莫辯，周興咄咄逼人，他指著郭正一的鼻子罵道：「老賊！你郭氏一門忠烈，想不到你竟然與反賊為伍，你何以面對你的祖宗？」

郭正一氣急敗壞，臉色發青，急火攻心，便猛噴一口鮮血，道：「奸賊，你如此處心積慮地陷害老夫居心何在？老夫可以指天立誓，絕無做任何悖逆之事！匹夫，老夫就是做鬼也不會放過你！」

說罷，郭正一再次吐了一口血，便倒地身亡。群臣一擁而上，心驚膽顫，皆表情驚恐。

李旦不忍見此，對一旁的母親道：「母后，告密之風，人心惶惶，日子一長恐會失去民心！還是作罷吧！」

武曌斥責道：「你懂什麼？母后這麼做，就是為了大唐，為了你，只有除去了這些障礙，你的皇位才能穩坐！」

對於丞相郭正一的突然暴斃，群臣皆惶恐不安，對周興的做法都深感噁心，而周興的心裡卻在沾沾自喜。

武曌道：「來人，把丞相抬出去，找個地方厚葬了吧！」

「唯。」兩三侍衛上來將郭正一的屍體抬了出去。

武曌並不罷休，面對上官婉兒道：「婉兒，繼續念！」

上官婉兒再次翻來奏章，念道：「并州刺史……」

長安城的黃昏已經降臨，整個大明宮瀰漫著一股死亡的氛圍。宣政殿裡的百官們，還沒有下朝回家，都在大殿裡等待宣判死刑。

御史臺的監獄裡傳來一陣陣慘烈的叫聲，分別是安樂郡王李光順和皇太孫李重潤的聲音。他們被綁在了十字架上，雙腿和雙手動彈不得。獄丞站在一旁，獄卒用鞭子一個勁兒地抽打著二位皇孫，兩個不滿二十歲的人被打的皮開肉綻。監獄裡陰暗潮溼，陽光進不來，偶爾有老鼠溜走，還有蟑螂啃噬東西的聲音，這裡甚至還有一股惡臭，實在是不堪入目。

獄丞見到兩位皇孫被打的皮開肉綻，也有些於心不忍，更多是害怕，畢竟打死了皇孫也不是小事。獄丞走到兩位皇孫的面前，同情道：「安樂王、皇太孫，您二位就招了吧，你要是不招，我等也不能交差啊！要知道這鞭子的滋味不好受吧！？」

安樂郡王委屈道：「本王沒有做過那些事，招什麼？分別是有人栽贓陷害！」

皇太孫道：「本宮是東宮太孫，怎麼能任人誣陷？本宮就算是死，也不能承認那些子虛烏有的事情！」

獄丞搖了搖頭，無奈道地：「二位殿下可曾聽過一句話叫欲加之罪何患無辭！天家降罪，您就是沒罪也有罪，你們還是太年輕了，不明白這個道理！二位殿下要是招供了，相信陛下和太后最多把您二位貶為庶民，能保住性命就不錯了！奴才是看二位殿下有些骨氣這才好言相勸，高宗皇帝的血脈留下來的不多了！」

皇太孫李重潤道：「多謝獄丞大人，但本宮就是死也不會認罪的！」

獄丞又看了看血跡斑斑的安樂王，安樂王更是堅定道：「本王也是一樣，本王和皇太孫視死如歸，在正義面前絕不妥協！」

獄丞搖了搖頭，一副唉聲嘆氣的樣子。

「好一個絕不妥協！」御史中丞來俊臣走了進來，並高舉懿旨。

獄丞和獄卒連忙跪拜道：「拜見中丞大人！」

來俊臣展開懿旨，宣讀道：「太后懿旨，經查，安樂郡王李光順及皇太孫李重潤罪名坐實，賜死。」

皇太孫苦笑著對安樂王道：「明白了吧，無論我們是招或是不招，我們都是死路一條！皇祖母是一心要賜我們兄弟一死啊！」

安樂王喊道：「本王不甘心，本王才十幾歲，一直以來都安守本分，怎麼會有如此下場！」

來俊臣命人將毒酒端到了二位殿下的面前，得意道：「二位殿下，請吧！」

皇太孫是視死如歸，而安樂王卻有些恐懼。

「太平公主駕到。」一個獄卒的聲音傳來，這時候的太平公主帶著幾名隨從來到了囚禁二位殿下的獄中。

來俊臣等人見太平公主迎面而來，連忙跪迎道：「臣等拜見公主殿下！」

皇太孫和安樂王一見到太平公主激動不已、熱淚盈眶，連忙喊道：「姑姑！」

太平公主看到二位殿下被打的皮開肉綻，心痛地摸著二位殿下的臉，道：「順兒、潤兒，你們受苦了！」

安樂王哭訴道：「姑姑，順兒還以為這輩子都見不到妳了！」

太平公主轉過身來，面對眾人，怒道：「是誰，是誰把二位殿下打成這樣？你們好大的膽子！甭說罪名未坐實，即便坐實了，他們也是皇孫啊，你們怎麼能下如此毒手！誰，告訴我，是誰！？」

那打人的獄卒爬了過去，道：「公主，是奴才打的！」

太平公主十分生氣，問道：「是哪隻手打的？」

那獄卒惶恐不已地舉起了右手，太平公主瞬間從獄卒腰間拔出佩刀，一刀就砍了那獄卒的右手，獄卒痛的直在地上打滾。

獄丞連忙道：「公主，這些都是太后和陛下的旨意，奴才們只是遵旨行事！請公主手下留情！」

太平公主面對來俊臣心裡就覺得更加窩火，他一向看不慣這個人的嘴臉，問道：「來俊臣，你怎麼在這裡？你莫不是又來當母后的爪牙！」

來俊臣對太平公主的態度毫不在意，道：「公主，奴才就是主人的一條狗，主人讓奴才咬誰，奴才就要咬誰！」

「你還真是一條狗！」太平公主甩臉色道。

來俊臣洋洋得意，道：「公主，不好意思，奴才今天是來宣旨的，太后懿旨，要賜兩位殿下一死！」

太平公主大驚失色，迅速奪過來俊臣手裡的懿旨一觀，難以置信的樣子，道：「母后，妳到底要幹什麼啊？妳的兒子死的死，流放的流放，現在妳最聽話的兩個孫子也不放過，妳到底要幹什麼啊！」

就在太平公主發愣傷感的時候，來俊臣忙吩咐道：「來人，快送兩位殿下上路！」

來俊臣身後御史臺的差役們早已準備好了毒酒，見來俊臣已發了話，兩名差役，一個託著酒碗，另一個拿起酒罈子就往碗裡倒酒，完了，差役將兩碗毒酒送到了安樂郡王和皇太孫的面前。

太平公主眼睜睜看著卻無能為力，皇太孫倒是一副不怕死的樣子，那安樂王李光順卻是一副恐懼的表情，驚恐萬分地喊道：「姑姑，救救我們，我們還不滿二十，我們的父王都不在世了，我們可是高宗先帝的嫡孫啊！」

太平公主不忍，喊道：「住手！」

來俊臣一臉為難的樣子，面對公主道：「公主殿下，這是太后懿旨，妳這樣做不是讓微臣為難嗎？」

太平公主難以置通道：「本宮不相信母后會親自下旨殺死自己的孫子！來俊臣，本宮現在就去含涼殿找母后，你在這裡千萬不要輕舉妄動，等本宮回來！」

來俊臣為難道：「殿下，要是誤了送兩位殿下上路的時辰，恐怕臣吃罪不起啊！」

「你只管聽本宮的吩咐，出了事本宮一力承擔！」

說罷，太平公主急急忙忙離開了死牢。

武曌正在含涼殿外面給盆景施肥，她一隻手拿著鏟子，一隻手裡握著花肥，兩眼在盆景內打量，好像是尋思著如何下肥。上官婉兒和一群宮女陪伴在她的身後。

「太平公主到。」一個太監的聲音從宮外出來。

武曌仍然埋頭施肥，好像並沒有聽到的樣子。上官婉兒靠近武曌，低聲道：「太后，太平公主殿下來了！」

武曌將手裡的花肥放在罈子裡，將罐子放在盆景邊上，回頭時，那太平公主已經站在她的身後，太平公主一臉怨氣道：「母后，妳為什麼要下旨處死安樂郡王和皇太孫，他們可是妳的親孫子，妳難道非要將他們都逼上絕路嗎？」

武曌的臉色很難看，看了看上官婉兒以及眾宮女，道：「你們都先退下，哀家想單獨和公主聊聊。」

「唯。」以上官婉兒為首的婢女們離開了院子。

太平公主冷笑道：「母后，妳為何要支開她們，難道母后怕她們聽到嗎？」

武曌不以為然道：「太平，月兒，現在母后乾坤獨斷，我怕誰！妳說吧，妳想說什麼都說出來吧，母后聽著呢！」

太平公主不解道：「母后，妳共四個兒子，前面兩個都已經死了，現在只剩下三哥和皇上四哥了，三哥已被妳逼上了絕路，皇上四哥也是母后妳的傀儡，母后妳還想幹什麼，妳難道還不肯放過妳的兩位孫子嗎？他們還不滿二十歲，母后妳就發發慈悲吧，哪怕是將他們貶為庶民！」

武曌強詞奪理，道：「太平，母后正是在匡扶社稷，他們兩個犯的是通敵造反的大罪，焉能活命？」

太平公主再一次冷笑，這次笑的更加大聲。

武曌道：「太平，妳這笑聲有問題啊，妳究竟什麼意思？」

「母后，太平只是問妳一句，妳真的對得起自己的良心嗎？妳將李氏宗室殺的殺流放的流放，早已是司馬昭之心路人皆知，妳當天下臣民是傻子嗎？母后，妳到底想幹什麼？莫非母后真的有當女皇帝的野心？貞觀年間的傳言，至今還在！」太平公主質問道。

武曌道：「月兒，這裡就我們母女兩個人，母后現在就明確告訴妳，母后的確想當皇帝，母后要當這古往今來的第一個女皇帝！」

太平公主激動道：「那母后，月兒問妳，代王李弘和章懷太子李賢的死是不是跟妳有關？他們都是母后的親生兒子，難道母后不念及母子之情嗎？」

武曌道：「太平，這個母后不能說，母后只能告訴妳，他們是罪有應得！太平，如今的大唐雖然是母后在當家，但是妳捫心自問，大唐是妳在父皇治理期間繁華呢，還是在母后管理期間強大？」

「不必說，如今的大唐在母后的治理下，再現貞觀遺風！」太平公主道。

武曌欣慰道：「太平，也多虧妳說了一句公道話，至少母后的能力不比妳的父皇差！太平，妳的幾個兄長都是因為不順母后、忤逆犯上才會有這樣的下場！只要妳順從母后，助母后登基，諸王有不從者殺無赦，母后將來龍御歸天，可傳位於妳！讓妳享受那至高無上的權力！」

太平公主吃驚道：「母后，妳真的瘋了！妳為了皇位可以不擇手段，哪怕是殺死自己的親生兒子！」

武曌邪笑道：「太平，今天妳我母女推心置腹，母后的這點心思都說給妳聽了，妳不能回頭，妳要是想跟母后唱反調，妳的下場也會跟李氏宗親一樣！只要妳順從母后，將來大唐天子的位置就是妳李令月的！妳要是當了女皇，一樣可以呼風喚雨，想要什麼有什麼！妳自己選擇吧！」

太平公主懵了，她不知道該要怎樣應付自己的母親，這個不顧人倫、殘忍邪惡的母親。她突然感到頭痛，用手揉了揉額頭，道：「母后，妳的這番話，太平要消化消化，太平很多事情想不通，太平有些頭痛，先回府去了！」

太平公主心灰意冷地離開了。

武曌望著太平公主離去的背影，自語道：「太平，妳是個聰明的孩子，母后相信妳一定知道該如何選擇！」

御史臺的監獄裡，被綁在十字架上的安樂王李光順和皇太孫李重潤還抱著一絲希望，翹首以盼太平公主的回返，但幾個時辰過去了，依然沒有見到太平公主到來。安樂王膽怯地望著皇太孫，道：「太孫，姑姑會不會不管我們了？」

比起安樂王，皇太孫卻是格外的平靜，他苦笑道：「皇祖母連自己的親生兒子都不肯放過，你覺得姑姑此去會有結果嗎？皇祖母做出的決定什麼時候更改過？死，對我來說反倒是一種解脫！」

安樂王不甘道：「我不想死！」

御史中丞來俊臣搬來了椅子在一旁坐等，旁邊有獄卒和屬官相陪。又幾個時辰過去，最終還是沒有等來新的旨意，來俊臣按奈不住，他親自接過獄卒手裡的毒酒端到兩位殿下的面前。來俊臣道：「二位殿下，對不住了，臣也想保住兩位殿下的性命，但是聖命難違，時候也不早了，臣必須得回宮交旨了！」

兩位殿下的眼睛直盯著那毒酒，皇太孫閉上了眼睛，一種視死如歸的表情，而安樂王卻是一臉的恐懼，見毒酒，他的眼睛瞪的很大，驚恐萬分的樣子。

「二位殿下對不住了。」來俊臣用手撬開安樂王的嘴，親自將一碗毒酒給他灌了下去。安樂王連吐帶嗆，還是吐了一半。緊接著又給皇太孫灌了下去。

不知是何劇毒，兩位殿下剛喝下去，鮮血就從嘴角流出，一副痛不欲生的樣子。皇太孫拚著最後一口氣，大喊道：「我好恨啊！」

說罷，立刻斷氣，頭也垂下來。安樂王也被疼痛折磨致死。

來俊臣將毒碗放回到托盤裡，面對御史臺屬官道：「走吧，帶著毒碗，進宮向太后交旨吧！」

來俊臣走在前面，屬官端著毒碗走在後面，風風火火地離開了牢房。

「恭送中丞大人！」監獄丞面對來俊臣作揖道。

獄丞面對兩位死去的皇孫，搖了搖頭，感嘆道：「兩位殿下可憐啊！把他們都放下來吧，人都死了，看朝廷如何安葬！」

「唯。」獄卒道。三五獄卒上前將兩位皇孫解了下來。

博州的閱兵場上，唐軍列隊整齊，黑壓壓一片，將士們筆直的站著，手裡端著長槍，一個個威武不已的樣子。他們的目光都匯聚在一處，博州刺史、琅琊王李沖站在臺上，面對眾將士，心情是百感交集。他氣勢洶洶喊道：「將士們，武氏奸後禍國殃民，羅織罪名，是要將我李唐親貴誅殺殆盡，我們不能坐以待斃，奸後懿旨已下，要將我等奪爵罷官，丟了爵位，還有命否？所以，橫豎都是一死！本王與越王李貞、韓王李元嘉、黃國公李撰、東莞郡公李融組成聯盟，我們裡應外合，定要攻下兩都，將武氏誅殺，還李唐天下一個太平！眾將士，此役只許勝不許敗，殺敵最多者重賞！將士們是否願意與本王一起反武？」

「願意……」將士們熱血澎湃，激情高漲，無不對這即將到來的勝利吶喊。

垂拱四年八月，李沖於博州起兵；越王李貞從豫州起兵，呼應李沖，其他諸王也在蠢蠢欲動，開始攻城掠縣。叛軍倒也守規矩，不殺平民百姓，只殺官軍和官府，殺伐極其殘酷，諸王早知今天，早早開始在暗地裡練兵，製造兵器，所以他們作戰異常的勇猛，可以一當十。叛軍勢如破竹攻打城池的時候，使用大量火藥，連城池上的建築和旗子都被燒焦。

具備政治頭腦的武曌當然知道諸王要返，再向諸王問罪的時候，就已經在心裡盤算著禦敵之將。但是，武曌成竹在胸，對於諸王的反叛是完全不放在眼裡。藩王的戰火已經燒到洛陽附近，武曌依然沉浸在酒色之中，過花甲之年的武曌已不再像從前那樣熱愛看書，更多地是與男人尋歡。八月的長安城更加炎熱，武曌衣不蔽體，穿的更加暴露，身材高挑，面容姣好的她躺在鳳榻上，伺候她的男人更多，這次就有三五個，他們個個都是俊男，有的甚至比女人還要漂亮。這些男人有的在為武曌按摩腳心，有的在為武曌拿捏手臂，還有的更加離譜，為武曌按摩私處，實在不堪入目。

上官婉兒進來奏事，也不敢直視，直視作揖微微低頭。上官婉兒心急如焚地走進來，奏道：「太后，宰相兼兵部尚書姚崇求見！」

武曌陶醉在酒色之中，道：「不見，婉兒，妳沒有看到哀家正忙著嗎？」

上官婉兒急道：「太后，姚大人說他有緊急軍務啟奏！」

武曌不耐煩道：「宣他進來吧！你們都下去吧！在殿外候旨。」

「唯。」面首們異口同聲道，然後一起退了出去。

少時，宰相在上官婉兒的引領下來到了武曌的寢殿，姚崇上前參拜道：「老臣拜見太后。」

「姚大人免禮，你有事說事，就不要拘禮了！」武曌俐落道。

姚崇心急如焚道：「太后，琅琊王、越王、韓王、黃國公、東莞郡公等皇室親貴從封地起兵了！現在已經攻下了很多州縣，戰事吃緊，請太后定奪！」

武曌表現的很平靜，面上看不到一絲的憤怒，道：「這群不知死活的東西！你稟告皇上了嗎？」

姚崇奏道：「微臣已向皇上請示過，皇上說一切按太后的旨意辦事！」

武曌道：「這叫什麼話，他是皇上，怎麼事事都賴母后，也罷，哀家早知道這些亂臣賊子早晚必反，留了一手，傳旨金吾將軍丘神勣與將軍魏崇裕分別擊之！」

姚崇費解道：「太后，莫非妳對此戰是成竹在胸？」

武曌冷笑道：「哀家就怕他們不反，不反，哀家治他們的罪，會鬧得民怨四起，現在好了，哀家可以名正言順的收拾反賊！丘將軍和魏將軍的大軍正在整裝待發，隨時聽命！」

姚崇為武曌豎起了大拇指，讚道：「太后果真高明，太后料事如神，臣愧不能及！」

武曌道：「姚大人，奉承話就不要說了，速速傳旨吧！」

「臣遵旨。」姚崇作揖告退道。

姚崇剛走出幾步，武曌喊道：「慢！」

姚崇回頭道：「太后還有其他旨意？」

「這道旨意一定要以皇上的名義發，不然群臣會覺得哀家擅權！」武曌吩咐道。

姚崇拱手道：「老臣明白了。」

姚崇疾步離開了含涼殿。

李沖起兵七日敗死。九月，越王李貞兵敗自殺。武曌為除李氏諸王，使周興等展開審訊，逼迫韓王李元嘉、魯王李靈夔、黃國公李撰、東莞郡公李融、常樂公主等自殺，他們的親信也被殺死。一時間朝野上下惶恐不安。

第二十一章　改朝稱帝都洛陽

武曌大肆殺戮李唐宗室期間，遜帝李顯先後被囚禁於均州、房州，雖為藩王，實則與囚犯無樣。房州的李顯終日被軟禁在暗無天日的房間裡，終日只有王妃韋蓮兒伺候，物資基本上是派人送來，李顯連外出的機會都沒有。他終日以淚洗面，一副垂頭喪氣的樣子，整個人都消瘦了很多，一副狼狽不堪的樣子，就連鬍渣都冒出來很多。實在是寂寞難耐了，就翻翻從長安城帶過來的舊書。放在李顯旁邊桌子上的飯菜已經涼了，到了飯點，韋蓮兒又親自端了過來。見到桌子上的飯菜仍然沒有動，她將熱騰騰的新鮮飯菜放在桌子上，將涼了的飯菜撤下來。一副深感痛心道地：「陛下，你還是吃點吧？俗話說，留得青山在不愁沒柴燒！」

李顯放下手裡的書，嘆道：「愛妃，妳怎麼還叫我陛下啊？我早已不是皇帝了！」

韋蓮兒來到了李顯的身邊坐下來，她按著李顯的手，安慰道：「在妾身的心中，你一直是陛下，你的皇位是高宗先帝遺詔任命的，她武氏憑什麼說廢就廢！」

李顯有些後怕，連忙捂住了韋蓮兒的嘴，低聲道：「愛妃，切莫胡言啊，小心隔牆有耳，現在這天下到處都是母后的人，這皇位我倒是不眷戀，能保住性命就不錯了！患難見真情，現在本王是落魄的鳳凰不如雞，也只有妳還願意陪在我的身邊，其他人見了本王都躲得遠遠的！」

韋蓮兒推開了李顯的手，鄭重其事道：「王爺，這李氏的江山，你真的就這樣拱手讓人嗎？臣妾剛剛聽說，徐敬業兵敗，已經被殺！琅琊王李沖、越王李貞、韓王李元嘉、魯王李靈夔、黃國公李撰、東莞郡公李融、常樂公主全部被殺！王爺，難道我們只能在這裡等死嗎？」

李顯臉色煞白，驚恐萬分道：「什麼？母后竟一個也沒有放過？不會的，我是母后的親生兒子，虎毒不食子，母后是不會殺我的！」

韋蓮兒苦笑道：「王爺，你太天真了！您的母后已經親自下旨處死了安樂郡王李光順和皇太孫李重潤，臣妾現在還在懷疑代王李弘、章懷太子李賢之死是否也與你的母后有關！王爺，你睜大眼睛看看吧，太后四個兒子，兩個死，你被貶到房州，皇上李旦也不過是個傀儡，臣妾相信用不了多久，他也和王爺一個樣！王爺，你醒醒吧，現在皇室宗親被太后捕殺者不計其數，只有公主沒事，皇子皇孫多數被害！」

聽罷，李顯震驚不已，嚇得差點暈了過去。因為驚嚇而誘發的頭痛，李顯握緊拳頭，輕輕地錘了錘額頭。

閉目養神片刻，李顯緩緩睜眼，道：「這麼說母后稱帝的決心已定，我等焉能活命？」

韋蓮兒感嘆道：「只要武氏稱帝，恐怕到時候我們一個也休想活命，包括長安城裡的皇上、你的四弟李旦！」

李顯雖有不甘，但也束手無策，無奈道：「我們除了等死，那又能如何？本王的手裡無一兵一卒，現在大唐的權力中樞都在母后的手裡，那些藩王們哪個不想活命，起兵不到一個月盡數被滅，也許女皇登基是天意吧！但願我們不要死的太慘！」

韋蓮兒道：「王爺，反正橫豎都是死，就把我們的命交給上天吧，現在該吃吃該喝喝，就算是死也不能做個餓死鬼吧！」

李顯無奈地拉著韋蓮兒的手來到桌子前與韋蓮兒對坐下來，道：「愛妃，現在我們是患難夫妻，好在朝廷在夥食上還是周全的，不要辜負了這一桌好飯菜，我們夫妻一起用膳吧！以前在宮裡，我嬪妃眾多，也沒能顧及到愛妃，現在好了沒人打擾，我們就好好享受普通百姓的日子吧！」

李顯親自從飯盒裡取出飯菜，一一擺好，但是只有一雙筷子。李顯朝門外喊道：「來人，再取一雙筷子來！」

「唯。」一個侍女應道，忙向廚房方向跑去。

少時，筷子被取來。侍女將筷子遞到李顯手裡，道：「王爺，筷子拿來了！」

李顯接過筷子遞到了韋蓮兒的手裡，後頭對侍女道：「沒你事兒了，你先下去吧！」

侍女走後，李顯親自給韋蓮兒夾菜，一邊夾菜一邊道：「愛妃，本王記得這些菜都是妳愛吃的，本王本來不喜歡吃這些菜，但是因為妳喜歡，後來本王也愛上了這些菜品！妳也吃吧，多吃點！我們能活一天算一天吧！何不在民間做一對快活夫妻，懶得理京城那堆俗事！」

給韋蓮兒夾完菜，李顯也坐了下來，開始吃起來。

韋蓮兒滿心歡喜道：「王爺，臣妾嫁給你這麼多年，只有今日才讓臣妾感受到了一個平常夫妻的甜蜜！」

李顯感慨道：「本王現在才知道，榮華富貴只是過眼雲煙，榮華富貴也能讓一個人迷失，只有平淡的日子，才是格外珍貴的！」

因為太平公主的駙馬薛紹哥哥薛顗參與唐宗室李沖的謀反，在李沖死後，武曌命來俊臣、周興等人徹查，最終牽連到薛紹。太平公主正在府內給剛滿月的兒子吃奶，這時，薛紹一臉狼狽地跑進來，氣喘吁吁道：「公主，救命啊，皇上的聖旨來了，說我參與了我哥哥薛顗謀反，現在要拿我治罪！」

太平公主一時間沒有來得及反應，忙問道：「怎麼回事？」

這時候，來俊臣已經帶著人闖了進來，喊道：「薛紹接旨！」

太平公主抱著孩子跪了下來，而薛紹惶恐不安地跪了下來，道：「薛紹接旨。」

來俊臣打開聖旨，道：「皇帝詔曰：薛紹因參與其兄薛顗謀反一案證據確鑿，現將薛紹杖責一百，而後收監，欽此。」

來俊臣氣勢洶洶，道：「公主殿下，我們也是奉命行事，得罪了，來人，將薛紹拖出去！」

隨後御史臺的兩名士兵將薛紹拖了出去，院子裡行刑的士兵早已準備好了一切。兩名士兵很麻利的將薛紹按在板凳上，一名士兵高舉板子重重地打在薛紹的屁股上，打的薛紹叫苦連天。剛滿月的太平公主抱著嬰兒站在門口，眼睜睜看著丈夫捱打，卻無能為力，太平公主只能強忍住心痛。

薛紹被打的皮開肉綻，他望著太平公主苦苦哀求道：「公主，念在我們夫妻一場，我們的孩子不能沒有爹啊，妳去給皇上和太后求求情，薛紹對天發誓絕對沒有參與哥哥謀反一事！」
太平公主流著淚，道：「你不用解釋，我都知道，我們天天生活在一起，我能不知道嗎？」
薛紹已經被打的沒有力氣叫出聲來。
太平公主抱著嬰兒，走到來俊臣的面前，請求道：「來大人，本宮知道你一向鐵面無私，但是駙馬確實是被冤枉的，本宮不敢請求你違抗聖旨，本宮只求你不要痛下死手，留我夫君一命吧！」
來俊臣故意顯出一副為難的樣子，道：「殿下，妳說這麼多人看著呢，臣要是不下死手，回頭陛下和太后就要拿臣的命啊！」
太平公主道：「你只管按本宮的話做，如果母后追究下來，你可推到本宮的頭上，本宮現在就進宮面見陛下和母后！奶娘，將孩子抱著，本宮進宮一趟！」
奶娘走過來接過太平公主手中的嬰兒，太平公主急急忙忙朝府外走去，一邊小跑，一邊朝府令喊道：「快備馬車，本宮要進宮！」
「唯。」府令一聽，連忙朝另一個方向跑去。
此時，武曌在上官婉兒等人的陪同下，在蓮池附近散步，她的身後有大隊宮人相伴。
太平公主朝著武曌迎面走來，武曌見天色涼爽，出宮透透氣，自然是東張西望，沒有瞧見。上官婉兒見公主走來，對武曌道：「太后，公主殿下到了！」
武曌回過頭來，見太平公主已距離自己很近，太平公主還未接近武曌，連忙跪在武曌的面前，哭訴道：「母后，請妳放過駙馬薛紹，他並沒有參與謀反，薛紹整日與兒臣在一起，是不會與反賊有任何往來的！」

武曌道：「太平，妳起身再說，身為長公主這樣輕浮實在有失體統啊。」

太平公主站了起來，武曌看著滿臉淚痕的太平公主，道：「把臉上的淚水都擦擦，堂堂公主，都在做母親了，這樣哭哭啼啼像什麼樣子！」

太平公主擦了擦淚水，道：「只要母后放過薛紹，以後女兒什麼都聽妳的！」

武曌徘徊道：「太平，妳知道母后從來不跟人談條件的！薛紹之兄薛顗謀反一案已成事實，至於說薛紹有沒有參與，母后不關心，誰讓他是薛顗的弟弟，對於背叛母后的人從來沒有好下場妳是知道的！天下好男人多得是，沒有薛紹母后再給妳找一個！那個薛紹配不上妳，在母后眼裡他只是一個庸碌之人，要不是因為他的母親是城陽公主，母后是不會把妳嫁給他的，這種人死不足惜！妳當知我朝公主食封不過三百五十戶，現在母后恩旨給妳一千二百戶，以後妳就算沒有男人一樣不缺吃食！母后向妳保證，今後只要是妳看上的男人，不管是誰，母后都允婚！」

太平公主道：「母后，妳叫太平情何以堪？」

「行了太平，這個男人當初是妳自己的選擇，母后可沒有指婚！妳就回去吧！」武曌有些生氣道。

太平公主見母親已生怒火，便不好再進言，委屈地離開了。

上官婉兒看著太平公主離去的背影，深感同情，面對武曌奏道：「太后，婉兒覺得公主好可憐，公主不會想不開吧？」

武曌笑道：「婉兒，妳不了解我這個女兒，不管怎樣她都不會尋死！她現在之所以難過，大概是和薛紹有了感情！放心吧，薛紹死了，用不了多久，她還會愛上別的男人！我們走吧。」

上官婉兒扶著武曌朝著蓮池邊的綠林走去。

武曌垂簾聽政、誅殺異己，這些行為無論是在朝堂還是在民間早就被罵了一千遍了，這些武曌心裡都很清楚，現在已經到了天怒人怨的地步。武曌想了一個以退為進的辦法，就是主動交權。

某日，武太后依然和往常一樣在宣政殿垂簾聽政，少年天子李旦就在坐在她的身邊。武太后命上官婉兒當眾宣讀她的懿旨。上官婉兒捧出懿旨，當著文武百官和皇帝的面，宣讀道：「太后懿旨，皇帝李旦已然成年，經歷練，已然有了當政的能力，哀家如在把持朝政有違大唐祖訓，現還政於天子李旦，文武百官皆遵旨行事。」

群臣對武曌此舉深感吃驚，一向視權如命的武曌怎麼會主動交出權力，群臣皆左顧右盼，表情十分的難以置信。

群臣因對太后的心性心知肚明，連忙跪拜異口同聲請求道：「請太后收回成命！」

少年天子李旦也十分清楚武曌的心機，他迅速站起來，面對武曌，一副誠惶誠恐的表情道：「母后，兒臣少不更事，尚不能理政，請母后垂簾！」

內心得意洋洋的武曌表現出一種無奈的表情，道：「也罷，念在皇上年幼，眾臣一致要求下，那哀家就暫時代理朝政！」

李旦拱手道：「謝母后。」其實在李旦的心裡已經恨死武曌。

「納言武承嗣請求覲見。」宣政殿外的侍衛喊道。

武曌面對上官婉兒道：「快宣。」

上官婉兒朝殿外喊道：「宣武承嗣覲見。」

群臣站了起來，朝殿外望去。武承嗣走在前面，後面跟著兩個人，他們的擔子裡挑著一塊巨大的石塊，群臣連忙讓道。

武承嗣大搖大擺的來到大殿之上，面對皇帝和武曌，參拜道：「臣姪拜見太后、拜見陛下。」

李旦伸手示意，道：「平身。」

「謝陛下。」武承嗣站了起來。

武曌瞅了瞅武承嗣身後的巨石，忙問道：「承嗣，你這抬的是什麼？」

武承嗣面對武曌拱手道：「太后，恭喜恭喜啊，臣姪途經洛河發現了這個東西，所以才抬了回來，獻給太后！」

武曌不解，道：「喜從何來？哀家看它就是一塊普通的石頭，品相醜陋，色澤黯淡，看樣子年代已經很久了！」

武承嗣得意道：「太后、陛下，臣之所以把巨石請回來，是因為臣看到了上面的字，太后請看。」

武承嗣躲開，石頭上面字跡分明，寫著「聖母臨人，永昌帝業。」

武曌道：「承嗣，這八字說明什麼呢？」

「太后，這也許是天意啊！太后應該順應天意！」武承嗣道。

明眼人都看得出來，這只是武承嗣耍的把戲，但身為皇帝的李旦是束手無策。

宰相姚崇圍著巨石打量一番，並用手摸了摸，便持笏板面奏皇帝和太后，道：「陛下、太后，老臣看這石頭像是新鑿的，怎麼能說是聖物呢？」

武承嗣不悅，面對姚崇，氣勢洶洶道：「我說丞相大人，你告訴下官，誰有這個本事能造出來？這是天地造化、鬼斧神工，世間有哪位石匠有如此本事？這祥瑞之事，竟被你胡亂猜疑，小心被天譴！」

姚崇氣急敗壞，竟說不出話來，吞吞吐吐道：「你，你……」

然後退到了一邊。

武承嗣道：「太后、陛下，洛河是什麼地方，那是洛神居住的地方，說不定這是洛神宓妃在向我朝傳遞什麼天帝的旨意！」

儘管群臣都看出來這是場陰謀，石頭上的痕跡明明是新鑿的，但是群臣是敢怒不敢言，任由武承嗣在朝堂之上自說自話。

面容俊美、皮膚白皙，但高大威猛的輔國大將軍薛懷義站了出來，他是武曌的面首，經常往來於太后的寢宮，名義上是在和太后商討國事，實際上是在太后寢宮裡天上人間的快活。身為武曌的心腹，他當然要站出來說話。

薛懷義身著盔甲，面朝太后，拱手道：「太后請看，從字面上分析，聖母臨人，意思就是說太后要凌駕於眾人之上啊，永昌帝業四字，意思也很簡單，就是太后稱帝，從此國泰民安！」

武曌笑了笑，道：「薛將軍，如此牽強的解釋恐怕不妥吧！皇上還在這裡呢！」

薛懷義道：「太后，末將只是據實而論，太后稱帝既然是天意，就應該順應天意，諸位同僚你們說是與不是啊？」

尚書左丞周興啟奏道：「陛下、太后，臣認為薛將軍言之有理，請太后登基順應天意！」

御史中丞來俊臣道：「臣附議。」

群臣皆眾口一詞，道：「臣等附議。」

此刻的皇帝李旦正坐在龍椅上直打哆嗦，惶恐不安，他的心裡很清楚自己也會和遜帝李顯一樣的下場，為了討好自己的母親，他再次起身，面對太后道：「請母后即位。」

武曌笑道：「皇兒，你是真心的嗎？」

「兒臣不敢有半點假意！」李旦恭敬道。

武曌笑道：「你是真心，母后還不敢呢，這從古到今哪有女人當皇帝的！哀家要是真的當了皇帝，這天下人還不得罵死母后！這件事情容後再議，退朝！」

武曌在上官婉兒的服侍下離開了宣政殿。李旦嚇得一屁股坐在了龍椅上，驚魂未定的他久久不肯離開。

下朝以後，李旦懷著一肚子的委屈回到了立政殿。正鬱鬱不得志的李旦坐在龍椅上，正一杯接著一杯的喝著悶酒。劉皇后看著心疼，走過去奪下李旦的酒杯，勸道：「皇上，喝酒傷身，還是不好喝的好！」

李旦滿腹委屈道：「朕想說的是，朕是古往今來最為窩囊的皇帝！朕現在除了喝酒還能做些什麼？滿朝文武都看母后臉色行事，對朕的政令總是推三阻四，朕下的每一道旨意都要他們都要向太后啟奏！朕終於能體會到皇兄李顯的苦衷了！朕羨慕他，現在正在房州過著逍遙自在的日子！」

李旦正埋怨著，這時，總管太監端著一大堆的奏章匆匆走上來，道：「陛下、娘娘，這是一百多名朝廷大員上的奏摺，他們請求陛下退位，禪讓給太后！」

李旦震怒，他站了起來，藉著酒勁兒掀了這一堆奏摺，道：「什麼？這群奴才真的要扶母后登基？女皇登基千古未有，虧他們想的出來，他們就不怕當千古罪人嗎？那宰相姚崇和文昌右丞狄仁傑是什麼態度？」

「稟皇上，奴才沒有發現二位大人的奏摺！」太監總管道。

李旦嘆道：「不用看，這些上奏摺的奴才都是母后的心腹！也罷，朕立刻寫禪位詔書，母后連自己的孫子都能殺死，朕的命又算的了什麼？朕主動退位，說不定還能保住性命！來吧，皇后，給朕研墨！」

李旦來到御案前，鋪開一張空白的玉軸聖旨，提筆便寫了起來，他豪放的揮灑著筆墨。劉皇后流著淚替李旦研墨。身為書法家的李旦，這道書法是他最難以下筆的。

西元六九〇年，六十六歲的皇太后在洛陽皇宮稱帝，登基儀式在洛城東都上陽宮觀風殿舉行。百官分站神道左右，同往觀風殿的神道上鋪滿了紅毯，上面極其莊嚴華麗。武曌頭頂紫金皇冠，耳墜上戴著金鑲玉的耳環，身著女皇錦袍，上面的龍都是金絲線繡的，穿在她的身上格外的華麗和威嚴，上官婉兒陪伴在她的身邊，女皇一步一步走在臺階上，邁向大殿，身邊除了上官婉兒還有宮娥數人。

皇帝李旦站在觀風殿的外面，他身後的司璽太監手裡端著皇帝玉璽和聖旨。李旦的旁邊還站著丞相姚崇、御史中丞來俊臣、輔國大將軍薛懷義、中書舍人宋璟、文昌左相武承嗣、太平公主等人。

待武曌等了臺，眾人紛紛向太后作揖道：「臣等拜見太后。」

李旦跪拜道：「兒臣拜見母后。」

「起來吧。」武曌在婉兒的攙扶下退到一邊。

李旦從太監手裡接過自己親自書寫的聖旨，心驚膽寒，手甚至有些微微發抖，他打開聖旨，道：「禪位詔書，眾臣接旨。」

李旦痛心不已，念道：「朕自即位以來地震、災難不斷，兵災為禍人間，幸得太后輔佐、廣施仁義才使得天下承平，朕即位以來鮮有建樹，故失望於民，朕思慮再三，難當大任，故仿效堯舜讓賢，禪位於皇太后，朕此舉合乎天意、順應民心，眾臣領旨。」

李旦親自捧出玉璽交到了武曌的手裡，武曌接過玉璽轉交到另一位太監的手裡。

李旦連忙下跪道：「兒臣拜見女皇陛下，陛下萬歲萬歲萬萬歲。」

武曌沾沾自喜道：「皇兒請起。」

接著，武曌身後的文武大臣也被迫下跪道：「女皇陛下萬歲萬歲萬萬歲。」

臺階之下的文武百官皆下跪三呼萬歲。

武曌面對群臣伸出雙臂，高喊道：「眾卿平身。」

群臣道：「謝女皇陛下。」而後站起來。

御史傅遊藝持笏板出列，奏道：「女皇陛下，這是關中百姓九百人多人按的手印請願書，請女皇陛下改國號為周，百官及帝室宗戚、百姓、四夷酋長、沙門、道士共六萬餘人，亦上表請改國號。請女皇陛下恩准！」

六十六歲的武曌身子骨依然健朗，身材並未走形，面容也像是四十多歲的中年女人。他面對群臣，有一種君臨天下的豪邁。她籌措滿志的樣子，道：「朕本無意帝位，但遜帝和百官再三請求，朕只有當仁不讓，朕即位既然是天意，乃洛神暗示，朕只能順應天意！昭告天下改國號為大周，改元天授，定都洛陽，遜帝李旦為皇太子，賜姓武氏，立武氏宗廟於洛陽，追尊周文王為始祖文皇帝，尊皇考武士彠為太祖無上孝明高皇帝，立武承嗣為魏王，武三思為梁王，其餘宗室爵位由中書省會議後報朕再行分封，大赦天下，普天同慶。」

「萬歲萬歲萬萬歲。」眾臣跪拜道。

女皇帝享受著萬人跪拜的成就感，她伸手雙手捧著冉冉升起的太陽，心裡有著無以倫比的自豪感。

房州，門庭凋落的王府裡，遜帝李顯正在屋子裡看書，韋蓮兒牽著六歲的女童李裹兒來到了李顯的屋裡，韋蓮兒面對李顯，一臉憂愁道：「王爺，你的母后已經在洛陽稱帝，還自封什麼聖神皇帝！遜帝李旦被封為皇太子，李氏宗親已被屠殺殆盡，她在洛陽是大封武氏宗親，甚至將你的四弟遜帝的姓改成了武，叫武旦！這太荒唐了！」

李顯放下書，走出書桌前，來回徘徊，感慨道：「現在反對母后稱帝的人已經被殺了，大臣中有些是母后的心腹，有些是敢怒不敢言吶！也不知道我們還能活多久？母后雖然野心勃勃、手段殘忍，但是自母后主政天下這些年來百姓安居樂業，好像貞觀盛世又重新出現，她的功過，就是聖人也不好評判啊！本王現在就想老死房州，不想再跟京城的恩恩怨怨扯上關係！」

韋蓮兒不甘心，道：「王爺，你不打算捲土重來？」

李顯苦笑，道：「保住命就不錯了，還捲土重來？你以為我真的稀罕那個皇位？每天在龍椅上是如坐針氈！」

韋蓮兒也深知無力回天。

第二十二章　武皇怒降罪牡丹

武曌自稱帝以後，每晚被邪氣纏身，經常在半夜三更的大叫。定都洛陽後，她選在貞觀殿居住。轉眼間，又到了秋冬交替之時，洛陽比起長安更冷，洛陽處於正北方。貞觀殿外的風嗖嗖地刮，還發出像鬼怪一樣的聲音，讓人不寒而慄。武曌一個人躺在貞觀殿內的龍床上，輾轉反側難以入眠，好不容易睡下了卻被噩夢纏身。她在夢中，夢見自己走到了奈河橋邊，奈河裡的水只是嘩啦嘩啦地流，但水被煙霧籠罩，看不清楚，朦朦朧朧。女皇站在橋上，卻見黑壓壓一片冤魂朝自己走來。他們凶神惡煞，一個個張牙舞爪，像是要吃掉自己。其中，走在前面的是唐高宗李治，李治流著血淚走到女皇面前，道：「媚娘，妳背著朕幹了多少壞事？妳自己淫亂也就算了，妳還害死朕的皇孫李光順和李重潤，妳真的要讓大唐皇室斷子絕孫嗎？」

高宗那一雙白骨爪拚命地撕著她。接著又是王皇后、蕭淑妃、還有越王李貞、琅琊王李沖，他們一個個面容蒼白，一副十分悽慘的樣子，他們都是要向女皇索命的。後面跟著的是太子李弘和李賢，他們拖著鐵鏈來找武曌。李弘道：「母后，皇位對妳來說真的有那麼重要嗎？妳為了皇位既然設計害死了我！」

李賢道：「母后，虎毒還不食子，這世上有妳這樣的母親嗎？為了自己的私欲，弄死自己的兒子，那妳何必生我們！」

這些冤魂女皇一眼望不到頭，女皇知道自己雙手沾滿血腥，殺過的人不計其數。

冤魂追殺，女皇從奈河橋上跑下來，她大汗淋漓，身後是被她構陷的冤魂，面前是白黑無常擋道，她沒有去處。她正在做困獸之鬥，像一隻無頭蒼蠅亂撞。

黑白無常雙雙上前，準備用鐵鏈套住她，道：「武氏，妳的陽壽已盡，跟我們去見閻王吧。」

女皇大吼，道：「大膽，朕是九五之尊，是天子，是古往今來的第一個女皇帝，你們竟敢拘我？」

女皇一邊吼，一邊抗拒，雙手不停地揮，卻被上官婉兒叫醒了。

女皇從噩夢中驚醒過來，一屁股坐在了床上，一副驚恐萬狀、驚魂未定的樣子，她的額頭上有了汗水珠子，不斷地喘著氣。

上官婉兒道：「陛下，妳怎麼了？做噩夢了？」

女皇稍作調整，道：「婉兒，扶朕起來，朕想到外面走走！」

「陛下，外面正颳著風呢，天寒地凍的，小心生病！」上官婉兒道。

女皇急道：「快點，別囉嗦了！」女皇伸出一隻手。

上官婉兒扶女皇下了床，然後為她穿起龍袍，女皇道：「婉兒，剛才朕做噩夢的時候，除了妳還有沒有別人看到？」

上官婉兒道：「陛下，她們都在外面伺候，這大殿內只有婉兒一個人守著！」

女皇沒有說什麼，待上官婉兒為她穿好衣服後，女皇正要往外面走，上官婉兒從屏風後面的衣架上取下一件黃色的用金絲線縫的披風，追道：「陛下，妳等等，先披上披風吧，外面冷，小心著涼！」

上官婉兒小跑著，追到大殿門口才將披風給女皇披上。

一打開門，寒風刺骨，雪風夾帶著雪花從殿外吹了進來，打在女皇的臉上。殿外的太監見女皇出殿，連忙跪下。

上官婉兒為女皇披上披風，道：「陛下，外面風太大，還是回去吧！」

「婉兒，陪朕到御花園走走！朕要去哪裡就去哪裡，豈是這妖風能阻擋的！」女皇執著道。

上官婉兒跟在女皇的身後，並有一群宮女手裡提著燈籠跟著。冬天的夜晚格外的寂靜，就連雪花飄落打在黃瓦、樹葉上的聲音都依稀聽見。

遠處漆黑一片，百花凋零，樹枝枯萎，單調地看不見一絲生機。女皇的心情一下子跌倒了谷底，嘆道：「要是這一夜之間，牡丹花開多好！朕一向喜愛牡丹，所以高宗陛下才在東都遍種牡丹！」

上官婉兒道：「陛下，牡丹的花期應該是在每年的五月，這天寒地凍的，怎麼會開放呢？」

女皇懊惱，道：「眾花仙聽著，明朝游上苑，火速報春知，花須連夜發，莫待曉風催」。

上官婉兒以為女皇是病糊塗了，道：「陛下，妳沒事吧？」

女皇道：「婉兒，朕沒病，朕沒有糊塗，朕雖年近七旬，但是不至於糊塗，朕鄭重向百花傳旨，如果明日百花不開，朕將火燒它們！」

第二十二章　武皇怒降罪牡丹

上官婉兒只當女皇是在說夢話，道：「陛下，我們走了很遠了，還是回去吧，陛下要保重龍體啊！」

上官婉兒扶著女皇朝貞觀殿走去。

次日清晨，女皇尚未起床，上官婉兒欣喜若狂地跑到女皇的榻前，喊道：「陛下，大喜啊，陛下！」

女皇猛一睜眼，道：「婉兒，一大早的嚷什麼呢？」

「陛下，御花園的百花都開了！」上官婉兒激動道。

女皇也是欣喜若狂，道：「竟有這事？」

她連忙從床上走下來，自己穿好鞋子，披著披風就跑了出去，頭髮也沒來得及梳，披頭散髮地就跑了出去。

此時，御花園裡已聚滿了人，太監、宮女達數十人，她們圍著百花皆表情詫異。

女皇跑了過去，上官婉兒喊道：「陛下駕到。」

眾人連忙跪拜，道：「陛下萬歲萬歲萬萬歲。」

女皇難以置信的樣子，道：「婉兒，妳看，現在還在下著雪，滴水也成了冰，這樣寒冷的天氣，這些花竟敢頂著風雪開了！」

上官婉兒笑道：「陛下稱帝乃是天意，這些花都不敢違背陛下的旨意！臣恭喜陛下賀喜陛下！」

女皇正陶醉其中，但見牡丹依然未開，震怒道：「百花皆向朕獻媚，只有牡丹，她竟敢違背朕的旨意！

婉兒，傳旨，火燒牡丹，如果再不開，把它們的根給朕掘了！」

上官婉兒朝一旁的太監和宮女道：「速取柴火來，陛下要火燒牡丹！」

「遵旨。」太監和宮女朝著四面八方走去。

宮女和太監們忙前忙後，取來了稭稈鋪在了冰雪凝結的牡丹枝葉上，太監們用打火石在各處鋪好的稭稈上打火，稭稈乾燥，火勢迅速蔓延，加上雪風給力，很快就發出噼噼啪啪的聲音，火苗越升越高，燃燒過後的稭稈灰紛紛揚揚，飄得漫天都是。上官婉兒扶著女皇朝著寢殿內走去，剛走出幾步，一個太監急急忙忙上前奏道：「陛下，武威道總管王孝傑在貞觀殿外求見陛下！」

「知道了。」女皇加快了腳步朝貞觀殿走去。

王孝傑身著總管鎧甲，戴著安全帽，腰身挎著佩劍，他見女皇朝自己走來，便彎腰作揖，不敢直視女皇，低著頭。待女皇走近，王孝傑單腿跪了下來，拱手道：「奴才拜見陛下。」

女皇這幾日的心情本來就有些憂鬱，頻頻做噩夢，所以才將這些氣都撒在牡丹的身上。只見突然見到王孝傑的到來，她又心花怒放起來。她走過去，摸著王孝傑的手，道：「王將軍請起！」

這個王孝傑也是一個中年男子，身材高大、健碩，一表人才，眉宇間透著幾分英姿。

女皇伸出手去摸了摸他的臉，又拍了拍他的胸脯，王孝傑臉通紅，甚至有些發燙，他微微退了一步，女皇雖年近七十，但容顏依然紅潤美麗，弄的王孝傑的一顆心撲通撲通的跳。

沒等女皇發問，王孝傑為緩解緊張氛圍，連忙道：「陛下，奴才大破吐善，收復龜茲、疏勒、于闐、碎葉安西四鎮，奴才建議設安西都護府於龜茲。」

女皇大喜，道：「好，你果然沒有辜負朕對你的希望！朕討伐安西四鎮，群臣反對，都以為朕不會成功，現在看他們還有什麼說的！設安西都護府於龜茲，朕准奏！另外在增兵三萬駐守安西都護府！」

「奴才領旨。」王孝傑又跪下來。

女皇回頭對上官婉兒道：「婉兒，朕有些話要單獨和王將軍談談，你們就在殿外候旨，任何人也不能進來打擾！」

女皇興高采烈地拽著王孝傑的手就往大殿內走去，王孝傑的表情有些羞澀，但只能跟上去。待女皇和王孝傑進去後，殿內的太監和宮女匆匆走出來，上官婉兒親自上去關上殿門，守候在大殿的門口，她完全明白女皇的心思。

進去沒一會兒，裡面就傳出啪啪的聲音，還有女人的呻吟聲，只是那聲音不是太大，尤其是在白天，就更加不容易聽見。

尚書右丞張嘉福朝貞觀殿走來，上官婉兒遠遠望見了張嘉福，張嘉福面對上官婉兒拱手道：「上官大人，陛下在嗎？」

「陛下在裡面和王孝傑總管商議軍務，不讓任何人打擾！」上官婉兒道。

「哦，那下官在此等候。」張嘉福道，然後退到了一邊。

女皇聽到了上官婉兒與張嘉福的對話，喊道：「婉兒，是誰呀？」

上官婉兒面朝大殿的門，回話道：「陛下，是尚書右丞張嘉福張大人！」

「哦，請他進來吧。」

「張大人請進。」上官婉兒命人打開了殿門，伸出手示意請張嘉福進殿。

太監把守在門口，上官婉兒走在前面，帶著張嘉福進入到聖殿。此時，女皇正坐在床榻邊，目視前方，她的衣冠倒也整齊，王孝傑站在一旁。

見上官婉兒和張嘉福走進來，王孝傑面對女皇作揖道：「那陛下，奴才就告退了！」

女皇點了點頭，王孝傑便往殿外走去，王孝傑和張嘉福都是迎面朝彼此走來，兩人都在瞟彼此，眼神是那樣的怪異，好像彼此知道對方的心思。

「陛下，張大人帶到。」上官婉兒退到一旁。

張嘉福面對女皇，連忙跪拜道：「臣拜見陛下。」

女皇道：「張大人平身，什麼事情如此著急見朕？」

張嘉福站起來，從懷裡掏出一塊黃布，道：「陛下，這是洛陽首富王慶之及其百姓數百人的請願書，以「神不歆非類，民不祀非族」為由，請陛下廢黜李旦的皇嗣身分，改立武承嗣為皇太子。這都是他們按的手印，請陛下過目！」

上官婉兒上前接過張嘉福手裡的黃布遞交到女皇的手裡。

女皇翻開黃巾一看，道：「那魏王武承嗣的意思呢？」

「魏王請陛下做主。」張嘉福道。

女皇冷冷一笑，道：「張愛卿，那你的意思呢？你也希望朕廢了李旦？」

張嘉福是個聰明人，當然不敢妄猜武曌的心思，道：「陛下，這兩人，一個是陛下的兒子，一個是陛下的姪子，如何取捨那都是陛下的英明決策，臣身為外人，不好說！臣只是向陛下傳達了民意！」

女皇再次冷笑，道：「好你個張嘉福，你倒是很會做人，兩邊不得罪人！甘願當棵牆頭草啊！」

張嘉福一驚，額頭上驚出了虛汗，一副誠惶誠恐的樣子，道：「陛下，臣說的是實話啊，這種事情當奴才的怎敢妄言！」

這時，一名宮女匆匆朝大殿走來，面對女皇作揖道：「陛下，丞相岑長倩、御史中丞格輔元覲見陛下。」

「宣。」

「唯。」

宮女急急忙忙走出大殿，稍後，二位大人便走了進來。他們看了看一旁的張嘉福，朝他鄙視一番，再面對女皇跪拜道：「臣參見陛下。」

「二位大人請起。」女皇道。

二位大人站了起來，丞相岑長倩道：「陛下，臣聽說又有人在興風作浪，都在嚷嚷要廢除太子李旦，不知可有此事？」

女皇將黃巾伸給岑長倩，道：「這是洛陽首富和數百名民眾給朕的上表，你自己看吧。」

岑長倩走上去，雙手捧著黃巾，仔細瀏覽一番，格輔元也湊上去一起看了起來。

兩個人的表情是既震驚也詫異。

岑長倩道：「真是豈有此理！皇家的事情怎能由百姓干涉！太子李旦是陛下的親生兒子，乃李唐血脈，怎麼就成了非族？武承嗣只是陛下的姪子，出身民間，焉有承繼帝業的資格，請陛下嚴懲這些鬧事的百姓！」

御史中丞格輔元奏道：「陛下，臣認為這背後一定有幕後指使，一個百姓怎麼會給陛下上表，而且還是上的廢除太子的奏表，這不是犯大忌嗎？所以請陛下明察！」

這幕後指使，大家都心知肚明，只是心照不宣罷了。

女皇道：「你們都說的有道理，這個王慶之身為平民不安分，妄圖干涉皇室內政，其罪當誅！傳旨杖斃王慶之！」

丞相岑長倩為難道：「那陛下，皇嗣之事？」

「太子李旦是朕的兒子，一向安分守己，怎麼能說廢就廢，那朕成什麼了？」女皇堅定道。

御史中丞格輔元欣喜道：「陛下英明，臣和相爺這就去把這個王慶之抓起來！」

說罷，二位大人便告退。

剛要邁出大殿，女皇喊道：「二位大人，此事關係重大，二位大人可要謹慎處理啊！既不能激起民變，又不能傷害到太子和魏王，如何權衡，你們看著辦！」

二位大人一副棘手的表情朝女皇作揖，便背對著殿外退了出去。

張嘉福自是有些不甘心，面奏女皇道：「陛下，這事就這麼算了？」

女皇笑道：「張大人，別以為朕不知道這個王慶之是受誰指使，你，還有朕，還有丞相和御史中丞格大人我們都知道，只是給自己一個臺階下！這件事情到此為止，李旦畢竟是朕的兒子，朕不能趕盡殺絕！你也跟你後面的那位主子說說，讓他收斂一點！」

張嘉福極難為情，道：「奴才這就告退。」

張嘉福灰溜溜地出去了。

岑長倩、格輔元因反對變更皇嗣，被武承嗣汙衊謀反，下獄被殺。

外面的雪小了很多，成了雨夾雪，甚至還有陽光。女皇伸了伸懶腰，道：「婉兒，朕累了，陪朕出去走走。」

「唯。」上官婉兒扶著女皇就往外面走。

上官婉兒陪著女皇一直走，登上了洛陽皇宮的城樓。女皇站在上陽宮的城樓上，俯瞰整個洛陽皇宮和洛陽城，洛陽風光一覽無遺，上陽別宮，丹粉多狀，鴛瓦鱗翠，虹橋疊北。橫延百堵，高量十丈。遠處可見洛城殿，洛城殿東北有仙居殿，殿南為集賢殿，殿東為億歲殿、同明殿，北有九洲池。九洲池，其池屈曲，像東海之九洲，居地十頃，水深丈餘，鳥魚翔泳，花卉羅植。池中有洲，洲中有瑤光殿。武成殿北是長生院，院中有長生殿，貞觀殿北為徽猷殿，殿前石池，東西五十步，南北四十步；殿北為崇勳殿，再北為陶光園，東西數里，南面有長廊，園中有東西渠，西通神都苑；再北即為玄武門。陶光園之西、長生殿以北是觀文殿、同心閣、麗日臺、臨波閣等建築，臨波閣北有池，池中有兩洲，東洲有登春閣，其下為澄華殿，西洲有麗綺閣，其下有凝華殿。女皇和上官婉兒站在上陽宮的至高處，女皇展開雙臂，像是要擁抱整個洛陽城，她望著藍藍的天空，視線緩緩落在了洛陽皇宮，她深深地吸了一口氣，自豪道：「婉兒，妳看多麼金碧輝煌的皇宮，現在都是朕的了，朕萬萬沒想到會有今日！」

上官婉兒清楚女皇的心思，面朝女皇作揖，道：「臣恭喜陛下。」

女皇看了看上官婉兒，冷冷一笑，道：「婉兒，現在這裡就我們兩個人，妳說說，朕究竟是一個什麼樣的人？」

上官婉兒道：「陛下，在婉兒心裡，妳是一個了不起的女人，妳是第一個女皇帝，也許是最後一個，我們女人在過去的幾千年裡一直沒有地位，這一切都被陛下改變，陛下讓我們女人有了地位！」

女皇面對上官婉兒笑了笑，搖了搖頭，道：「婉兒，妳沒有正面回答朕的問題，妳還是在恭維朕吶，朕知道自己罪孽深重！在很多人心裡，朕就是一個心狠手辣的人，只是他們畏懼朕敢怒不敢言罷了！朕才幾歲就被自己同父異母的兄長欺辱，十四歲入了宮，成了太宗先帝的才人，被先帝猜疑，險些喪命，最後被發配到感業寺出家，過了幾年四大皆空的日子，再後來被高宗接回了宮中，成為蕭淑妃和王皇后相互爭鬥的棋子，那時候不是她們死就是朕死，所以朕必須得在弱肉強食的後宮活下來，再後來，高宗先帝生病，如果不是朕在苦苦支撐這李唐江山，恐怕早就不成樣子了！朕只想做一個相夫教子的平凡女子，但是他們逼著朕一步步造就了朕！婉兒，今日的大周天下不輸貞觀盛世吧？」

上官婉兒的臉上更多地是同情，她什麼也沒有說，只是朝女皇敬畏地拜了拜，道了聲：「陛下。」

女皇感慨道：「婉兒，妳是朕最貼身的女官，朕的心裡一直把妳當成自己的女兒，所以朕對妳沒有芥蒂，妳才華橫溢，乃我大周的一代才女，朕殺了妳的家人，但那都是因為他們處處與朕作對，希望妳能體諒朕的一番苦心！」

上官婉兒誠惶誠恐，連忙跪拜道：「陛下，君要臣死臣不死不忠！婉兒一家之遭遇，乃其咎由自取，婉兒不敢怪罪陛下！婉兒謝陛下當年留下婉兒的性命！陛下對婉兒有知遇之恩！」

女皇欣慰地笑了笑，躬身將上官婉兒扶了起來，道：「婉兒，朕謝謝妳。」

上官婉兒起身看見女皇身邊的女官韋團兒領著太平公主從女皇背後走來，太平公主行色匆匆地走來。

上官婉兒對女皇低聲道：「陛下，太平公主殿下來了！」

女皇轉過身去，太平公主跪拜道：「兒臣拜見母皇。」

韋團兒也跟著太平公主跪拜。

「太平，妳起來吧。」女皇道。

女皇看了看一旁的韋團兒，韋團兒惶恐道：「陛下，公主急著要見妳，硬拽著奴婢來的！」

女皇面對太平公主，道：「太平，妳與楚王武攸暨相處的怎麼樣啊？」

太平公主搖了搖頭，道：「母皇，武攸暨是個無趣的人！母皇過來一下，太平有話對妳說！」

太平公主將女皇拉到了一邊，上官婉兒和韋團兒識趣的躲開了。

女皇隨太平公主來到城樓上的一處角落裡，太平公主道：「母皇，兒臣聽說妳要廢了四哥李旦的太子之位傳位於武承嗣？」

女皇吃驚道地：「月兒，妳的消息倒是很靈通啊！妳是聽誰說的？」

太平公主道：「洛陽首富王慶之被鬧市斬首，這件事情在洛陽城都傳開了，母皇，四皇兄是妳的親生兒子，兒臣是妳的親生女兒，儲君之位怎麼能傳給姪兒呢？難道兒子親不過姪兒？」

女皇望著洛陽城，道：「太平，妳應該知道母皇的行事作風，只要是跟母皇作對的，只要是與母皇的意志相悖的人，母皇才不管他是何人，母皇都會一視同仁，好在妳的四皇兄並未違背母皇的意願，所以母皇是不會聽信讒言廢除他的！」

太平公主道：「母皇，妳當初答應過太平，在母皇百年之後將皇位傳給太平，難道母皇都忘記了？」

女皇道：「月兒，母皇沒有忘！只要妳不跟母皇作對，以後這寶座就是妳的！」

太平公主道：「母皇，自從太平嫁給武攸暨，整個一個守活寡，他整天研究兵書，除了與書為伴，就是跟將士們待在一起，聚少離多，房事也只是草草了事，每次都不能滿足我，太平早就受不了了！所以，太平最近物色了很多年富力強、俊美文雅的男子養在公主府，充當勞力，就是為了掩人耳目！母皇，太平願意把最寵愛的蓮花六郎送給母皇，他叫張昌宗，粉嫩似蓮花，故得此雅稱，這個人才高八尺、容貌俊美、知書達理、身材健碩，如同潘安再世，女兒對他愛不釋手！但現在將他送給母皇！」

女皇聽罷，道：「太平，妳呀，都是有丈夫的人了，還沒個正經兒！」

第二十二章　武皇怒降罪牡丹

女皇雖然如此說，但內心卻沾沾自喜，恨不得馬上見到這個人。

見女皇那期待的表情，太平公主附耳上去，私語道：「母皇，這個男人不簡單呢，他的陽物又粗又大，是女兒從未見過的，每次都讓太平爽到天上人間！」

女皇用食指刮了刮太平公主的鼻梁，樂道：「妳這個壞東西，腦子裡面竟是些烏七八糟的東西！」

太平公主見女皇樂得合不攏嘴，自己也達到了討好母皇的目的。

太平公主拉著女皇的手，走向上官婉兒她們，道：「母皇，放心吧，回頭就給妳送來！」

見女皇和太平公主迎面走來，上官婉兒和韋團兒連忙作揖。女皇對著兩位女官道：「走吧，妳們幾個再陪朕在四處走走，今兒個雪停了，空氣正好！」

女皇一行沿著城樓一直走，忽見遠處一片花團錦簇的世界，在陽光的照射下甚至金燦燦的，一團富貴祥和的氣象。女皇老眼昏花看不清楚，一旁的韋團兒驚叫道：「陛下，好像是牡丹開了！」

女皇一臉詫異，道：「不可能啊，牡丹被朕一把火給燒了，而且現在是冬天，牡丹不可能開啊！」

「陛下，完全有可能，陛下難道忘了，陛下一道聖旨，百花皆開，唯獨牡丹不開，也許真的是牡丹呢！」上官婉兒喜道。

女皇迫不及待道：「走，我們過去看看！」

待女皇一行到了花園裡，定睛一看，一個個皆瞠目結舌、目瞪口呆，都不敢相信看到的是牡丹。

女皇面對牡丹，大笑道：「牡丹到底開了，牡丹能在冬天開放，看來這天下沒有朕辦不到的事情，世間萬物皆聽命於朕！」

韋團兒和上官婉兒跪在了女皇的面前，拱手道：「臣恭喜陛下，陛下稱帝真乃天意！」

女皇沉浸在喜悅中無法自拔。太平公主道：「母皇，兒臣見這牡丹枝椏焦黑，彷彿被火燒一般，母皇不如給這些牡丹取個名字吧？」

女皇猶豫片刻，道：「也罷，不如就叫它們焦骨牡丹吧！這牡丹生性倔強，不肯輕易服軟，實乃富貴之花，傳旨京兆尹，讓他在洛陽廣泛種植焦骨牡丹，牡丹從此為我大周的國花！」

「臣遵旨。」上官婉兒道。

女皇一行被牡丹的豔麗深深吸引，冬天的牡丹更加充滿生命力。

第二十三章　太原狄仁傑拜相

貞觀殿外面的雪是停了，但依然颳著雪風，呼呼地吹。頭髮花白的女皇躺在寢殿裡的龍榻上，她的身上蓋著蠶絲褥被，一隻手拖著腦袋，另一隻手伸到炭火爐子上面烤。她的女官韋團兒匆匆走進來，面對女皇啟奏道：「稟陛下，太平公主到了！」

韋團兒閃在一邊，太平公主和俊俏少年郎張昌宗出現在女皇的面前。太平公主上前道：「母皇，這就是張昌宗！」

張昌宗上前拜道：「奴才拜見陛下。」

女皇眼前一亮，激動道：「快平身。」

張昌宗站了起來，眼光直視正前方，不敢看女皇。一個身高八尺、玉樹臨風的男人站在了女皇面前，他唇紅齒白、皮膚細嫩白淨、頭髮烏黑秀亮、眉如刀劍、英氣十足，像個美嬌娘，卻又生的英姿非凡，女皇自己也說不上來，兩眼色瞇瞇地看著，目不轉睛，像是丟了魂兒似的。

「母皇，這個人妳滿意嗎？」太平公主看在眼裡，她的提問驚醒了飄飄欲仙的女皇。

女皇從龍榻上坐了起來，眼睛盯著張昌宗，對太平公主等人揮了揮手，道：「朕很滿意，妳們都下去吧，朕有話單獨和這個人聊！」

太平公主瞬間有了成就感，心裡正沾沾自喜，心想這個世上到底還是有征服母皇的人。

韋團兒送太平公主出了殿，然後關上門。大殿裡只剩下女皇和張昌宗兩個人，張昌宗第一次進宮，也是第一次見到高高在上的女皇，自然有些不自在，面對女皇的色誘，他顯得更加焦慮。

女皇瞅著立著的張昌宗，道：「你叫張昌宗？」

「正是。」張昌宗道。

「你是哪裡人？」女皇問道。

張昌宗吞吞吐吐道：「奴才是定州義豐人。」

女皇笑道：「朕看你一表人才，怎麼自稱奴才？來，坐到朕的身邊來！」

張昌宗不敢違抗聖旨，他戰戰兢兢地坐到了女皇的身邊，回話道：「陛下是天下人的陛下，天下人都是陛下的奴才，奴才當然能稱奴才！」

女皇大笑道：「很好！很好啊！」

女皇將大腿放在張昌宗的腿上，用手背在張昌宗的臉上摩擦，似有調戲的味道。張昌宗之所以緊張，是因為忌憚女皇的身分，並不是感到難為情而害羞，他似乎已經被太平公主調教的很好了。他主動抓住了女皇的手，連女皇都感到吃驚。

女皇調戲道：「少年郎，你覺得冷嗎？覺得冷的話就鑽到朕的窩兒裡來吧？」

這個張昌宗已經十分清楚女皇的用意，若是在不主動就顯得有些不識抬舉。張昌宗一把摟住女皇的腰，一個勁兒地撫摸，並開始激吻女皇，將女皇壓在了自己的身體下面。兩人陷入了纏綿之中。

一炷香的時間後，兩人結束了欲仙欲死的快樂，女皇和張昌宗睡在一起，女皇變得更加容光煥發，她感受到了前所未有的滿足。女皇摸著張昌宗的臉蛋，道：「多麼俊俏的一張臉啊！張昌宗，朕設立控鶴監，以後你就是監正，控鶴監裡的男人就交給你管了，朕讓你也體驗一把後宮之主的滋味！」

「謝陛下。」張昌宗道。

東宮之中的李旦，名為皇太子，但無權無勢，實權都掌握在女皇的手裡，朝臣們因為忌憚女皇都不敢公開與太子交往，因此，東宮其實成了冷宮。

李旦被廢除了帝位，又被女皇猜忌，加上武承嗣等人的輪番打壓，李旦只能過著小心謹慎的日子。為了不被奸臣陷害、留下把柄，李旦只能躲在東宮裡面苦讀，平日裡也只有劉皇妃和德妃照顧他的起居。這一日，兩位太子妃都沒有在東宮，有事外出。一向暗戀太子李旦的女皇女官韋團兒走了進來，她端著一碟點心走到李旦的面前，將它放在李旦的桌子上，李旦正全神貫注的看書。

「韋團兒參見太子殿下。」韋團兒面對太子李旦作揖道。

李旦這才發現了韋團兒，道：「原來是妳呀！妳怎麼來了？」

「殿下，這是陛下賞給奴婢的點心，奴婢特意送來讓殿下嘗嘗！這可是貢品哦！」韋團兒道。

韋團兒走到李旦的身邊，一隻手搭在李旦的肩膀上，並摸了摸李旦的頭髮，像是有意在色誘、調戲。

李旦放下書，用手掀開了韋團兒的手，不耐煩道：「妳想幹什麼？」

韋團兒挖苦道：「殿下，你雖為東宮之主，當朝太子，你看你這東宮現在已經成了冷宮，連朝臣都不來拜見你，誰人不知真正的太子是武承嗣，陛下只是個掛名的！殿下雖與陛下是母子關係，但卻說不上話，奴婢是陛下的貼身女官，奴婢可以在陛下面前為太子美言，這皇帝之位遲早還是陛下的！」

李旦不解，困惑地看著韋團兒，道：「妳這樣幫我，不會沒有目的吧？」

韋團兒道：「好，不愧是太子，快人快語，奴婢就一個條件，奴婢喜歡殿下，只要殿下稱帝後封奴婢為皇后，奴婢願意為殿下效犬馬之勞！」

李旦大怒，拍案而起，道：「妳做夢！這皇后也是妳這個賤婢當的嗎？」

韋團兒冷笑著走出來道：「殿下，識時務者為俊傑，要知道奴婢一樣可以輔佐武承嗣，如果武承嗣當了皇帝，那李唐江山就徹底完了，到那時候，不僅殿下的性命不保，大唐的江山也沒了，殿下就成了千古罪人！殿下還是好好想想吧！」

「李旦自幼受聖人之書教化，豈能受妳脅迫，妳的條件本宮斷斷不會接受！母皇要殺我，那也是我的命，哪怕是魚死網破！」李旦慷慨激昂道。

韋團兒鼓了鼓掌，道：「殿下，你越是這樣，奴婢越是喜歡你！」

韋團兒撲上去，準備按著李旦便將嘴伸向李旦，準備在李旦的臉上親吻。

這時，劉皇妃和德妃兩位太子妃剛好歸來，正好撞上這一幕，她們異口同聲地喝斥道：「韋團兒，妳在幹什麼？」

韋團兒見兩位太子妃的出現，這才鬆嘴，理了理衣服便要離開，但沒有半點畏懼的表情和愧疚之心。

韋團兒來到兩位太子妃的面前，一副囂張跋扈的樣子，道：「兩位太子妃，妳們回來的正好，現在太子已經跟奴婢好了！」

劉皇妃一激動打了韋團兒一個巴掌，罵道：「妳個賤婦，好大的膽子，竟敢勾引太子？」

韋團兒此時已經不把女皇的這些兒子、兒媳放在眼裡，在韋團兒的心裡他們只是被遺棄的落寞皇族。

面對劉皇妃的辱罵，韋團兒顯出一副若無其事的輕鬆表情，道：「兩位太子妃，妳們哪隻眼睛看到奴婢勾引太子了？說出去誰信？」

劉皇妃氣急敗壞，準備伸手要打韋團兒，罵道：「妳這個賤婢好大膽子，竟然不把本宮放在眼裡，看我不打死妳！」

劉皇妃剛伸出手去就被德妃攔住了，道：「姐姐，小不忍則亂大謀啊，他是母皇的貼身女官，得罪她對我們的處境沒有好處！」

太子李旦看不慣走了過來，面對韋團兒，質問道：「妳到底想幹什麼？」

「太子言重了，奴婢哪敢對太子和太子妃怎麼樣？很簡單，只要殿下答應奴婢的要求！」韋團兒囂張跋扈道。

李旦生氣道：「妳做夢！」

韋團兒冷笑道：「那好，既然如此，那就不要怪我了！」

韋團兒趁眾人不注意的時候，從自己的袖筒裡掉出一道符咒，正好落在劉皇妃的腳下，這道符咒是摺疊起來的，好像裡面還有夾帶。

韋團兒眼疾手快，她瞬間發現了劉皇妃腳下的符咒，驚叫道：「哎呀，那是什麼？」

她伸手撿，把太子、劉皇妃和德妃都弄的一愣一愣的，他們雲裡霧裡，根本沒有搞清楚是怎麼回事，只是在太子的心裡有一種不祥的預感。

韋團兒撿起劉皇妃腳下的符咒，將其打開，裡面夾帶著女皇的生辰八字，上面寫著：武曌，生於武德七年五月廿八日辰時。生辰八字上面血跡斑斑。

韋團兒手裡握著符咒，一副小人得志的樣子，道：「好啊，你們竟敢在暗地裡詛咒陛下，要是陛下知道了，你們通通不得好死！」

太子李旦道：「妳這個瘋女人，你到底想怎麼樣！」

劉皇妃憤怒道：「妳這是汙衊！我等清清白白又豈會詛咒陛下！」

韋團兒得意地笑道：「你們不要忘了，陛下相信奴婢，不會相信你們的話，而且奴婢是在太子妃腳下發現的這個東西，你認為陛下會怎麼對你們？」

說罷，韋團兒就跑去東宮，朝著貞觀殿的方向而去。

太子李旦失魂落魄地回到椅子上坐下來，道：「完了，這些徹底完了！我們是跳進黃河也洗不清！」

劉皇妃氣憤道：「韋團兒這個賤人，明擺著就是在陷害！」

「是啊，太子！我們現在該怎麼辦？」德妃緊張道。

太子李旦激動道：「們當本宮是傻子嗎？本宮當然知道這是韋團兒的詭計，妳們兩個的為人本宮還是知道的！還不快追，要是讓她先到母皇那裡，我們大家都死定了！母皇，我太了解她了，她生性多疑，寧可枉殺，也不漏網！」

太子和兩位太子妃急急忙忙往貞觀殿而去，當他們三人趕到貞觀殿的時候，韋團兒已經搶先趕到了，貞觀殿的大門打開，上官婉兒和韋團兒分別站在女皇的左右兩邊。韋團兒見太子等三人進來，正沾沾自喜，而女皇臉色鐵青，一副十分憤怒的樣子。

太子等三人皆心驚膽顫地跪在了女皇的面前，他們雖然沒有做過對不起女皇的事情，但是他們害怕女皇對他們下殺手，所以才顯得緊張兮兮。

女皇的手裡緊緊攥著拿到符咒，道：「劉妃、德妃，妳們好大的膽子，竟敢在私下裡詛咒朕，證據確鑿妳們還有什麼好說的？」

劉妃激動道：「陛下，臣媳是被冤枉的，臣媳就是吃了熊心豹子膽也不敢詛咒陛下啊！」

德妃道：「是呀，陛下，臣媳是被冤枉的！都是韋團兒這個賤人要陷害臣媳和姐姐！」

女皇困惑道：「韋團兒跟妳們無冤無仇，她為何要害妳們，妳們自己東窗事發還不認罪？」

太子李旦道：「母皇，兒臣今日在寢宮裡看書，韋團兒送來一碟點心，說是母皇賞賜給她的，她送過來給兒臣吃，並見宮中無人，就勾引兒臣，並希望兒臣以後封她為皇后，兒臣拒絕了她，她因愛生恨，就以符咒計陷害兩位愛妃！請母皇明察！」

女皇聽罷，半信半疑，瞪了韋團兒一眼，韋團兒從女皇的眼神裡看到了殺氣，做賊心虛的她嚇得立刻跪了下來，連忙道：「陛下，奴婢冤枉啊！」

女皇嘆了一口氣，道：「朕老了，懶得管你們誰是誰非，詛咒朕就是死罪一條！這件事情不管誰是主謀，但太子是朕的兒子，你們兩個，劉氏、德妃，朕相信妳們做不出這樣的蠢事，但是朕相信妳們在心裡已經詛咒朕不下萬遍了，再生出符咒之事，朕必須處決妳們，以振朝綱！來人，將劉妃和德妃押出去凌遲處死！」

韋團兒正得意洋洋。女皇看著韋團兒，道：「韋團兒，妳跟了本宮這麼多年，想不到妳也一樣蠢，無論她們是不是真的在詛咒朕，妳都不應該把這件事情告訴朕，妳難道不知道自己的親生兒子和兒媳詛咒朕死是一件丟人的事情嗎？妳也難辭其咎，來人，也將這個韋團兒給朕拖出去一併凌遲處死！」

兩名侍衛上來，將韋團兒拖了出去，韋團兒哭訴道：「陛下，奴婢揭發有功啊，陛下妳不能殺死奴婢！陛下！」

見韋團兒被拖了出去，劉妃和德妃也嚇得半死，一臉的恐懼。

太子攔著侍衛，跪下來向女皇求情道：「母皇，一日夫妻百日恩，兒臣與兩位愛妃情深義重，這件事情她們真的是被冤枉的，請母皇明察！」

女皇斬釘截鐵道：「朕下的旨意什麼時候改變過？太子，你不能因小失大！來呀，給朕拖下去！」

兩名侍衛押著兩位太子妃就要往外走，太子忙喊道：「慢！」

再次哭著向女皇叩頭道：「母皇，請母皇免去兩位愛妃的凌遲之刑，改成自縊，兒臣求求你了！」

太子李旦一個勁兒地給女皇磕頭，地板上都磕出了血跡。

女皇無奈道：「行了！免去她們的凌遲之刑，改為自縊！」

「唯。」兩名侍衛異口同聲道。

太子李旦只能是眼睜睜看著她們被帶出去，卻無能為力，眼淚不住地往外流。

李旦看著兩位妃子，哭道：「愛妃，我對不起妳們！」

德妃這時候已經被嚇暈了過去，而劉妃卻已經敢面對死亡了，她在最後被拖出貞觀殿前還笑了。她笑著面對李旦，喊道：「殿下，謝謝你保臣妾全屍，臣妾以後不能再在殿下身邊照顧殿下，殿下要保重啊！臣妾來生還願意在殿下身邊與殿下夜夜笙歌！」

李旦站了起來，面對女皇，他顯得憔悴很多，眼淚已經打溼了他的脖子，道：「母皇，兒臣對妳太失望了！」

李旦心如死灰，正失魂落魄地朝著殿外走去。

一旁的上官婉兒對李旦卻是充滿了同情，女皇抬頭看著上官婉兒道：「婉兒，朕做錯了嗎？」

「陛下，婉兒明白妳的苦心！」上官婉兒道。

女皇面對上官婉兒欣慰地點了點頭。

第二十三章　太原狄仁傑拜相

神功元年（西元六九七年），武曌已經七十二歲，她永遠不老的臉上有些些許皺紋，肌肉也可以下垂，頭髮白了很多。但是她說話依然鏗鏘有力，像個中年人。她高高地坐在武成殿的龍椅之上，面對百官，她感觸頗深道地：「歲月不饒人啊，朕老了，瞅瞅這大殿之上的這些大臣們有些也老了不少，還有些人已經不在了！朕想他們呀！怪不得民間常說這人老了就喜歡念舊，人老了也變得心慈多了！」

眾臣連忙跪拜道：「吾皇萬歲萬歲萬萬歲。」

武曌道：「朕已經七十二歲了，閉著眼就看到了高宗先帝，朕知道自己活不了多久了，誰人不死呢，諸位愛卿都起來吧！」

「謝陛下。」群臣站了起來。

武曌面對上官婉兒道：「宣狄仁傑！」

上官婉兒上前兩步，朝殿外喊道：「皇上有旨，宣狄仁傑覲見！」

少時，六十七的狄仁傑走上了大殿，文武百官為他讓開了道路，此時的狄仁傑也是頭髮花白、眼帶深了、面容消瘦、鬍鬚已到了他的脖子上，步履蹣跚地走到女皇的面前，抖了抖朝服，持笏板下跪道：「老臣狄仁傑拜見陛下，萬歲萬歲萬萬歲。」

武曌見到狄仁傑對她尤為重視，她將屁股挪了起來，彎著腰，伸出雙手示意，道：「狄公請起！」

武曌給上官婉兒點了點頭，上官婉兒代替武曌走過去將年邁的狄仁傑扶了起來。

武曌眼中泛著淚花，道：「狄公，這些年來你一直在外為官，辛苦你了！奸臣來俊臣和周興朕已經將他們法辦，你可以放心！朕知道你沒有謀反，當時奸臣步步緊逼，朕苦於沒有證據證明你無罪，所以只能將你貶官，這是朝廷的損失，也是朕之過也，這些年來，狄公在洛州、魏州、幽州任上政績卓著，深受百姓愛戴，朕都看在眼裡！」

百官的表情卻十分的詫異，左顧右盼，心裡都在想，這女皇陛下這些年來對誰這樣過，如此禮賢下士地對待狄仁傑，讓百官感到很意外。

聽罷這番話，狄仁傑感到受寵若驚，含著淚道：「陛下，多謝陛下體諒老臣，只要能還老臣清白就是吃再多的苦老臣也願意！」

女皇欣慰地朝狄仁傑點了點頭，又對上官婉兒道：「婉兒，宣旨。」

「唯。」

上官婉兒打開聖旨，宣讀道：「皇帝制曰：并州狄仁傑，為官清廉，政績卓著，為官數十載，為世所稱頌，狄仁傑才能出眾，朕命狄仁傑為鸞臺侍郎、同鳳閣鸞臺平章事，加授銀青光祿大夫。」

狄仁傑連忙跪拜道：「謝主隆恩，吾皇萬歲萬歲萬萬歲。」

女皇見狄仁傑年邁，便對身邊的太監吩咐道：「給狄大人賜座！」

兩名太監搬來一把楠木椅子放在大殿之上，狄仁傑更加受寵若驚，道：「謝陛下。」

女皇笑道：「狄公，以後你官居宰相，就是我大周的棟梁、朕的股肱之臣了，大周的江山就靠你了，朕的身體已經做不了太多事情！」

狄仁傑面對女皇，拱手道：「老臣肝腦塗地在所不辭。」

女皇道：「賜狄公紫袍、龜帶。」

狄仁傑備受榮寵，滿朝文武眼饞的緊。上官婉兒將紫袍和龜帶端到了狄仁傑面前，狄仁傑面對突如其來的加封和賞賜，實在是受寵若驚，他再次跪拜道：「陛下，老臣愧不敢當啊，老臣何德何能受如此禮遇！」

女皇笑道：「狄公，你當得，當得，不如將紫袍穿上吧，也讓百官長長眼！婉兒伺候狄大人穿上！」

上官婉兒親自為狄仁傑披上了紫袍，紫袍全是絲綢和金絲線縫製，奢華而富貴。狄仁傑剛穿上，就有大臣叫道：「快看，紫袍上有字。」

有大臣看清楚了，當即唸了出來，上面寫著十二個字：忠勇護國敢諫良弼太原狄公。還是用金絲線繡上去的。

狄仁傑感激涕零，再次跪拜道：「陛下，老臣……老臣不知該說些什麼了！這幾個字仁傑萬萬不敢當，還請陛下收回去吧！」

女皇道：「朕知道，這些年來要不是你，朕這個皇位也不可能坐的這麼安穩，朕知道你一向清廉，不要金不要銀，所以朕只能給你加官進爵，這不過是件衣服，你就收下吧！」

狄仁傑感到盛情難卻，皇命難違，只有勉強收下。

狄仁傑主政天下，天下從此太平清明，周邊異族不敢進犯，洛陽城一片繁華祥和。

第二十四章　天下歸心於李唐

春去秋來，時間已來到了西元七〇四年，女皇已經八十歲，八十歲的她已不再年輕，由花白的頭髮變成了雪白，短短幾年時間她蒼老了許多。這幾年裡，她平定契丹叛亂，殺酷吏來俊臣、周興等人。在生活上，她又廣羅面首吉頊、張易之等人，她的後宮控鶴監是人滿為患。或許到了她這個歲數的女人已不再有生理上的需求，但是她喜歡美男子，在女皇看來這些美男子就是美好的東西都已經藏起來。

殺戮太多、欲望太重，久而久之，她被魔障附體，常常迷失心性。夜深人靜，貞觀殿內的女皇又開始做噩夢，練就一身武藝的她在龍榻之上是亂舞一通，她的眼睛是閉著的，拳頭握的緊緊的，額頭上大汗淋漓。

「朕殺了你們，你們竟敢向朕索命，朕殺了你們！」女皇在寢殿裡大叫。

上官婉兒猛地推開了殿門，跑了進來，後面跟著一隊宮女，上官婉兒來到龍榻前，喊道：「陛下，陛下，妳醒醒！」

在上官婉兒的驚動下，女皇睜開了眼睛，一副驚魂未定的樣子，道：「婉兒，妳怎麼在這？」

「陛下，這幾日妳是怎麼了，每天晚上陛下都在寢宮裡大叫？」上官婉兒緊張道。

女皇抓住上官婉兒的手，道：「婉兒，這幾日每天晚上朕一閉上眼睛就看到冤鬼向朕索命，黑壓壓一片，什麼也看不清！他們要吃朕的肉！」

上官婉兒安慰道：「陛下，妳是太累了！」

女皇搖了搖頭，道：「朕知道這是朕的報應到了，朕不僅殺了太多的人，還殺了朕的孫兒，還有李氏大量宗親，這是大唐皇室在向朕索命！婉兒，很晚了，妳回去歇息吧，朕睡不著，朕想到長生殿去唸唸經！」

說著，女皇便下了床，在上官婉兒的伺候下穿上了靴子和龍袍，穿戴好了之後，上官婉兒便扶著年邁的女皇走出了貞觀殿，朝著長生殿的方向而去。

長生殿的大殿中央，供著一尊純金的釋迦牟尼佛，佛前供著各式各樣的供品，此殿燈火通明，每日都有人專門在這裡點燈供奉，就是為了等待女皇的到來。

女皇面對慈祥莊嚴的佛像，便面帶恐懼地跪了下來，並朝佛祖磕了幾個響頭，回頭道：「婉兒，妳們都回去吧！明日一早再到這裡來！」

上官婉兒朝女皇作了作揖，道：「遵旨。」

上官婉兒朝佛像合掌拜了拜便離去了。

見人都離去了，女皇面對佛像，道：「弟子罪孽深重，請佛祖為死去的亡魂超度，南無阿彌陀佛。」

女皇一隻手敲著木魚，另一隻手翻著由自己手抄的《金剛經》，並不斷地誦讀起來。

一連十多天的連續失眠，對於一個老人來說對身體的傷害很大，沒幾日，女皇武曌徹底病了，她自己也說不上來是什麼病，太醫診斷脈象平穩，女皇面色紅潤，聲音洪亮，根本沒有生病的跡象，但女皇確實病了，她開始厭食，脾氣也變得異常的暴躁不安。

上官婉兒、太平公主、相王李旦、廬陵王李顯、還有女皇的姪子武三思等，還有女皇的男寵張昌宗、張易之兄弟，宰相張柬之、崔玄暐等大臣，他們都守候在龍榻前，他們這些人各自有自己的目的。

太醫為女皇診斷後，卻顯得一籌莫展，太平公主上前詢問道：「賈太醫，母皇得的是什麼病？」

眾人的聚焦點都在太醫的身上，他們迫切地想知道女皇的病情。

太醫搖了搖頭，嘆道：「公主殿下，陛下脈象平穩，根本沒有得病，依臣多年的行醫經驗來看，陛下應該是心病，心病還需心藥醫，臣也沒有辦法！」

女皇道：「太平，朕的身體朕知道，妳讓太醫下去吧！」

「微臣告退。」太醫朝女皇拜了拜便提著藥箱走出了上陽宮仙居殿。

宰相張柬之上前啟奏道：「啟奏陛下，國不可一日無君，陛下龍體欠安，老臣懇請陛下還是早立儲君的好啊！」

女皇點了點頭，道：「讓朕再想想！」

梁王武三思見情形不妙，便主動上前啟奏道：「陛下，皇姪武三思有事啟奏，而今天下是大周，自古天子沒有異姓做繼承人的，武氏一門三思自知才能出眾，更有功於天下，三思若能當儲君必將匡扶天下，三思是不二人選啊，這也是民心所向！請陛下立三思為太子！」

對於這個恬不知恥的梁王武三思眾人是極其厭惡的，平日裡專橫跋扈，又頗受女皇恩寵，沒人敢對他不敬。

太平公主也急了，面對女皇提醒道：「母皇，妳不要忘記答應太平的事情！」

太平公主沒有明說，但是女皇的心裡清楚，眾人的心裡也清楚。

女皇有些不耐煩道地：「行了，行了，你們都先退下，讓朕再考慮考慮！」

眾人皆陸陸續續離開，女皇朝朝臣喊道：「張柬之、崔玄暐留下。」

張柬之和崔玄暐來到女皇的龍榻前，上官婉兒扶女皇坐了起來，女皇面對兩位宰相，道：「二位大人，你們以為該以何人承繼帝位？」

張柬之作揖道：「陛下，老臣受狄仁傑大人所託，相王李旦、廬陵王李顯才是高宗先帝的兒子，狄大人的意思是陛下可以從這兩個人中間選擇，狄大人給老臣的遺言，讓老臣轉告陛下並請問陛下，兒子和姪子誰更親？」

女皇如醍醐灌頂，又將目光轉向崔玄暐，道：「崔丞相，你的意見呢？」

崔丞相啟奏道：「陛下，陛下稱帝乃是天命所歸，陛下壽終之日，自然也是天命結束之時，而今，雖為大周天下，但百姓心裡一直視李唐為正朔，老臣也贊成狄大人和張大人的意見！如果陛下立武氏為帝，自然名不正言不順，天下恐怕再次腥風血雨，陛下當知曹操奪取大漢政權、司馬懿奪取曹魏政權，建立晉朝，其命數不過百年啊！想必陛下也不願意見到生靈塗炭吧！」

女皇感嘆道：「朕這一生都在勾心鬥角，一生殺人無數，到今日雖為帝王，九五之尊，到頭來也不過是萬境歸空！朕這一生對不起太多人，活著的時候，朕不安；死後，他們也要找朕索命，也罷，讓朕最後再為李氏子孫做一點事情吧！哎！」

年邁的女皇說不上幾句話就氣喘吁吁。

「宣廬陵王李顯、相王李旦進殿。」女皇對上官婉兒道。

上官婉兒將兩位王爺帶進了仙居殿。

兩位王爺跪拜道：「兒臣參見母皇。」

女皇道：「起來吧！」

兩位王爺站在女皇的面前，頭埋著，不敢看女皇的眼睛，一副畏懼的樣子。

女皇笑道：「皇兒，你們抬起頭看看母親！」

兩位王爺眼光閃爍，不敢看女皇，猶豫了很久，才將頭抬起來，雖然面對女皇，但眼神還是不敢一直盯著女皇，總是在逃避。

女皇在兩位王爺的身上仔細打量一番，深感內疚道：「皇兒，這些年來母皇讓你們受苦了！是母皇對不起你們！剛才張崔二位大人都勸母皇將儲君之位還給你們，母皇不能再猶豫了，廬陵王是高宗和朕的三子，現在是皇長子，人品貴重，心懷天下，將來一定是一位好皇帝，朕封廬陵王李顯為皇太子，旦兒，你以後要盡心輔佐你的皇兄！」

李旦拜道：「兒臣遵旨。」

李顯含著淚，道：「母皇，兒臣謝謝你，但兒臣已經習慣了悠閒自在的日子，實在不想當皇帝，兒臣自懂事以來每日都活在刀光劍影、惶恐不安中，兒臣心裡好累！請母皇立相王李旦為帝！」

女皇怒道：「混帳！朕知道你受委屈了，但是你身為李氏子孫怎麼能如此沒有責任心，你要振作起來，以後這天下就靠你一人擔著了！母皇的時間不多了！」

張柬之道：「殿下，你就領旨吧？」

「是呀，皇兄，你就不要再惹母皇生氣了！」李旦勸道。

女皇憤怒地瞪著李顯，道：「顯兒，你當知母皇的為人，母皇什麼時候更改過決定？」

「兒臣領旨。」李顯哭著給女皇磕頭。

女皇一副體虛氣弱的樣子，摸了摸額頭，道：「你們都下去吧，把昌宗和易之叫進來伺候朕！」

上官婉兒服侍女皇躺下，並為她蓋上被子，眾人便離去。

武三思見大勢已去，他想到了最後的殺手鐧，就是女皇的貼身女官上官婉兒。女皇臥病仙居殿不能動彈，女皇的身邊也由面首照顧，上官婉兒便回到了自己的寢宮。回到寢宮的上官婉兒準備沐浴，她一件件脫去了自己的衣服，最後只剩下一件貼身的內衣，武三思突然從屏風後面閃出，從上官婉兒的身後，一把抱住了她。上官婉兒很熟悉這個男人的味道，轉過身去，給了武三思一個響亮的巴掌。

武三思揉了揉臉，喝斥道：「妳瘋了？幾日不見妳就翻臉不認人！跟我在床上的時候妳不是要死要活的嘛，難道我沒有讓妳爽嗎？妳這麼對我！」

「你怎麼不識好歹，你也不看看現在是什麼時候，陛下病重，全天下的眼睛都在盯著我們這幾個人，你現在跑來找我，你不想活，我還想活！」上官婉兒生氣道。

武三思摟著上官婉兒的小蠻腰，在她那俊俏的臉上輕輕地吻了一下，道：「婉兒，妳最後再幫我一次，只要妳能幫我登上皇位，我就封妳做皇后，絕不食言！」

上官婉兒有意試探，道：「你想讓我怎麼做？」

武三思咬了咬牙，道：「我們就一不做二不休，幫我弄死陛下，然後矯詔傳位於我！」

上官婉兒再次給了武三思一巴掌，罵道：「你瘋了？陛下可是你的親姑母，你竟然要害她？武三思我告訴你，陛下是我上官婉兒這一生最佩服的人，我是絕對不會幫你害她的！」

「婉兒，算本王求妳了！妳就幫我吧！只要妳幫我，事成之後，妳要什麼都行！」武三思苦苦哀求道。

上官婉兒不以為然，冷笑道：「你以為你真的有當天子的命嗎？再說，你真的當了皇帝，又會對我百依百順嗎？武三思，你別太天真了！你為何選擇我幫你？」

武三思道：「妳是陛下最親近、信賴的人，妳如果矯詔，朝臣們沒有不相信的，況且玉璽還掌握在妳的手裡！張氏兄弟雖然也與陛下朝夕相伴，但此二人只不過是陛下的玩偶，如果換做他們矯詔，群臣是不會服氣的！如果妳神不知鬼不覺地弄死陛下，再矯詔傳位於我，沒有人不相信！到那時候，我做了皇帝，天下人就算再有疑惑，也不敢再問！這是西域產的一種毒藥，能殺人於無形！」

武三思將毒藥伸給上官婉兒。

上官婉兒瞅了瞅毒藥瓶子，冷笑道：「武三思，你這如意算盤打的真好！現在陛下已經立了廬陵王李顯為太子，我勸你還是死了這條心吧，識時務者為俊傑，你逆天而行，只是在自取滅亡！」

武三思聽清了上官婉兒的話，不甘心道：「這麼說，妳是不願意幫助我了？」

上官婉兒道：「婉兒自知罪孽深重，只是想在陛下駕崩前為李唐的江山出點力！你走吧，再不走我就喊人了！」

「哼。」武三思氣沖沖拂袖而去。

武三思自知大勢已去，無力回天，如今這宮裡宮外都是擁護李氏宗親的人，天下盡然歸心李唐，如果再反抗，只有死路一條。他打消了稱帝的念頭，從此做了太子李顯身邊的馬屁精。

第二十五章　無字碑歌成絕唱

神龍元年（西元七〇五年）正月，武曌的病情加重，已在龍榻上躺了幾個月的武曌，身體每況日下，甚至連下床的體力都沒有，身邊只有男寵張氏兄弟照顧，這是女皇的意思。雖然太子已定，但大局仍然未定。尤其在這個時候，武三思的手裡還握著兵權，而且武三思與上官婉兒和張氏兄弟來往頻繁，這讓李氏宗親惶恐不安。尚在病中的女皇完全有可能被別有用心的人利用。天下臣民的心其實還是向著李唐，渴望李唐復辟，太平公主想要當女皇帝的幻想已經破滅，她現在想的是如何復辟大唐，畢竟她是高宗的女兒，不能眼睜睜看著江山落到武氏的手裡。

洛陽張府，張柬之的府邸，一座不算奢華但顯氣派的府邸。張府的傭人不多，不過十來人，張柬之一向清廉。衣著樸素的張柬之正在自己的房間裡和宰相崔玄暐謀事，兩人均一籌莫展，在房間裡徘徊，時不時又坐下來，他們的臉上都寫著一個字，那就是「愁」。

崔玄暐急的如熱鍋上的螞蟻，面對張柬之道：「張大人，雖然現在太子已定，但是張易之、張昌宗兄弟一直守候在陛下身邊，陛下又不讓其他人靠近，在下擔心這兩個人會被武氏勢力利用，要是這樣，我們復辟大唐就難了！」

張柬之憂心忡忡道：「哎，誰說不是呢，我們現在這樣不僅有負狄公所託，可能還會成為大唐的罪人啊，日後怎麼面對大唐的列祖列宗！」

就在兩位大人一籌莫展的時候，張府的管家推開門進來，道：「啟稟老爺，太平公主求見老爺！」

張柬之道：「快快有請。」

張柬之準備出門迎接，這時太平公主已跟了過來，公主身著便裝，打扮如普通婦人，更不敢帶隨從，只是隻身前往。

張柬之、崔玄暐見公主見了門，連忙跪迎道：「臣拜見公主。」

太平公主道：「崔大人也在啊，兩位大人請起吧！」

「多謝公主。」兩位大人起身便為公主讓道，太平公主坐了下來。

兩位大人面朝公主恭恭敬敬地站著。

太平公主道：「兩位大人請坐吧，本宮有話對你們說！」

兩位大人分別坐了下來，見太平公主如此打扮，深感詫異。張柬之不解道：「公主為何這般打扮？」

太平公主道：「二位大人，現在這洛陽城到處都是武氏子弟的耳目，政局不穩，本宮怎敢大搖大擺來見你們，只能喬裝打扮，扮成一個為府裡送菜的農婦這才來到貴府！我們就長話短說，現在陛下雖然立了廬陵王李顯為太子，但武氏子弟權勢依然很大，尤其是武三思，他的手裡還握著兵權，本宮擔心張氏兄弟也會被他利用，如果上官婉兒也倒向他，那我們的形勢就更加被動，你們想想，如果武三思真的當了皇帝，不僅我們愧對大唐先祖，而且我們也將性命不保！武氏當了皇帝，李氏子孫焉能活命，所以本宮今日來就是為了跟兩位大人商量對策的！不知兩位大人有何高見？」

崔玄暐道：「公主，武三思雖然在封地有些兵權，但遠水救不了近火，京城的防衛基本上都是陛下的人，這個可以放心！臣和張大人最擔心的是武三思等人挾天子令諸侯，要是他收買了張氏兄弟和上官婉兒，控制了陛下，那我們就麻煩了！」

張柬之棘手道：「是呀，這正是我們所擔心的！」

太平公主站了起來，面對兩位大人，慷慨激昂道：「二位大人你們都是我大唐的忠臣，事到如今，我們只能擁護廬陵王為帝，廬陵王當了皇帝，我們大家都能活命，而且這也是天下臣民的心願，能不能復辟成敗在此一舉，大唐的安慰就全靠兩位大人了！」

太平公主面朝二位大人作揖，拜了拜。

兩位大人自然回禮，道：「臣不敢！臣為了公理正義，縱然粉身碎骨在所不辭！」

太平公主欣慰道：「兩位大人，我們現在做一下謀劃，張柬之大人去遊說太子，崔大人去遊說禁軍統領李多祚，佯稱二張謀反，李多祚是我大唐皇室的遠支，他不會是非不分，這個人可是母皇的心腹，心裡一向是向著大唐的！本宮去遊說上官婉兒，我們發一場兵變，包圍皇宮，讓太子提前稱帝，只要太子大權在握，武氏那些霄小之輩就會土崩瓦解！」

張柬之憂慮道：「公主殿下，此計成嗎？如果一旦失敗，這兵變的罪名我們都要滿門抄斬！」

太平公主道：「此事事關重大，絲毫馬虎不得，太子居東宮到處都是監視他的耳目，大家都要小心啊！」

張柬之、崔玄暐毅然點點頭。

「兩位大人請記住，兵變就定在三日後，我們就以送菜為名互通暗號，如果送菜的菜籃子上拴著紅絲帶，就表示可以行動！」太平公主叮囑道。

「臣等記下了。」兩位大人異口同聲道。

太平公主有意將自己的頭髮弄亂，臉上帶著灰土，髒兮兮的、一副農婦模樣便走了出去。她正大光明地從大門出去，因為她知道越是畏畏縮縮、遮遮掩掩反倒容易被人懷疑。

洛陽城東邊郊外的一片樹林，這裡雜草叢生，沒有路，平時很少有人來，太平公主在這裡當著上官婉兒的到來，她依然打扮如農婦，身邊沒有跟一個下人。這裡居高臨下，遠處是峽谷，她聆聽著溪水流過的聲音。上官婉兒如約來到她的身後，太平公主聽到了腳步聲，道：「妳來了！妳聽這樹林裡多麼的安靜，水聲是多麼地讓人平靜！」

「公主殿下，看妳這身打扮，妳請婉兒到這麼偏僻的地方來，想必是有大事要跟婉兒說吧？」上官婉兒道。

太平公主轉過身來，笑道：「不愧是上官大人，妳肯定妳身後沒有尾巴？」

上官婉兒道：「公主，臣做事一向謹慎，妳就放心吧！」

太平公主道：「上官大人，陛下病重，大周不久就有新帝了，妳不應該給自己找個新主子嗎？」

上官婉兒困惑道：「什麼意思？盧陵王李顯不是皇太子嗎？」

太平公主道：「上官大人，事無絕對，這梁王武三思還虎視眈眈地盯著皇位呢！盧陵王雖為太子，但是這些年來幾乎為庶人，在朝中沒有一兵一卒，更加沒有心腹大臣啊，武氏一門權傾朝野，現在母皇病重，本宮實在擔心！上官大人，你們上官家從宰相上官儀到妳這代算的上是三代忠良了吧？妳的祖父因為反對母皇稱制，最後被汙衊為叛變，被滿門抄斬，但是在本宮的眼裡這些都是忠良之舉啊！難道上官大人妳不想繼承祖父、父親遺志光復大唐嗎？」

上官婉兒聽出了幾分味道，道：「公主殿下，妳有話就直說吧！」

「好，上官大人果然快人快語，上官大人是母皇的心腹，效忠於母皇，本宮沒有異議，但本宮還知道上官大人的心一直是向著大唐的，這也是大人祖父的心願！陛下現在昏昏沉沉，老是糊裡糊塗，太子雖為儲君，但沒有實權，張氏兄弟伺候在陛下的身邊片刻不離，本宮擔心他們會投靠武三思，公然矯詔，再加上武三思的手裡握有兵權，如果武三思一旦得逞，我們李唐宗室就徹底完了！」太平公主激動道。

上官婉兒點了點頭，深有同感道：「所以公主殿下想要婉兒怎麼做？」

太平公主道：「我們想來一場兵變，提前讓太子登基，只要上官大人回到母皇的身邊，以母皇的名義頒布旨意將宮中的守衛都換成自己的人，這樣大事可定，玉璽不是由你保管嗎？」

上官婉兒憂慮道：「這些還不夠啊！」

太平公主道：「放心吧，崔丞相已說服禁軍統領，到時候裡應外合，等武三思進宮面見陛下的時候，我們率兵包圍上陽宮，大事彈指可定！」

上官婉兒困惑道：「妳就這麼信任我，不怕我出賣你們？」

太平公主不以為然地笑了笑，道：「怕，本宮就不來找妳了，因為本宮知道上官大人妳是什麼樣的人，起碼妳知道什麼是大義所在！」

上官婉兒猶豫道：「可是臣還有一個請求！」

「大人請講。」

「事成之後，不要傷及陛下的性命，陛下是婉兒這一生最敬佩的人！況且陛下對婉兒有知遇之恩！」上官婉兒請求道。

太平公主道：「大人，陛下怎麼說也是本宮和太子的生母，我們怎麼會要她的命，本宮發動兵變就是為了迫使陛下交出權力！」

上官婉兒道：「那就好。」

太平公主心急如焚道：「事不宜遲，那我們就各自回去準備吧！」

太平公主和上官婉兒向著不同的方向離去。

三日後，張柬之如約留守在府中，時不時派人詢問，他並親自駐守在府門口，留意這府門口的一切，他翹首以盼，注視著府裡送菜的人。眼看著時間越來越近，他的心七上八下，急的直跺腳，也許是著急，也許是害怕。

終於他看到了那個綁著紅帶子的菜籃子，張柬之朝管家喊道：「快備轎，本官要立刻進宮！」

張柬之急急忙忙朝府外走去。

此時，正是正月，洛陽城的陽光溫和，鳥語花香，到處一片生機勃勃的景象。但上陽宮卻瀰漫著一絲殺氣，這宮殿四周的侍衛基本上都是新面孔，連很多大臣也不識得，大臣們在毫不知情的情況下，與往常一樣到上陽宮給女皇請安。

李多祚率兵進駐上陽宮，并包圍了仙居殿，仙居殿裡的宮女、太監、以及大臣們都被這突如其來的一幕驚呆了，尚在昏睡中的女皇也隱隱約約聽到了兵器發出的聲音和跑步的聲音，她預感到大事不妙。

李多祚舉劍發出號令，喊道：「大家聽我號令，攻進去！」

禁軍如洪水猛獸一樣撞開了殿門，衝了進去，將大殿之內的人團團圍住，並用刀槍對著他們。

大臣們被嚇得一個個表情猙獰，誰也不敢說話。

武三思面對李多祚大吼道：「李統領，是誰給你的膽子，你竟敢帶兵包圍陛下的寢殿？」

這時候，太平公主和皇太子李顯走了進來，群臣紛紛讓道，將士們皆跪在了太子的面前。

皇太子李顯完全不顧及女皇的態度，忙下令道：「李多祚，本宮命你拿下武三思，當即斬殺二張！」

「唯。」李多祚迅速上前揮刀將張昌宗和張易之屠殺，如屠豬狗。

另一邊，武三思已被一隊禁軍給牢牢綁住，雖然有過掙扎，但無濟於事。

武三思不服道：「你們想幹什麼？想造反嗎？」

女皇此時已病入膏肓，連坐都坐不起來，眼睜睜看著自己的男寵被太子殺死，卻無能為力，她的表情充滿著憤怒與怨恨。

女皇流著淚苦笑道：「好，果然是朕的好兒子、好女兒，你們竟敢兵變？知道朕現在動彈不得拿你們沒有辦法，你們想怎麼樣，是要殺死朕嗎？婉兒，妳就眼睜睜看著朕受他們的脅迫嗎？」

上官婉兒深感對不起女皇，面對女皇的求助，她也感到難過，她跪在了女皇的龍榻前，道：「陛下，婉兒對不住妳，婉兒為了天下必須這樣做！」

女皇極力想要坐起來拍打上官婉兒，但手使不上力，老淚縱橫道：「好啊，婉兒，連妳也背叛了朕！一個是朕的兒子，一個是朕的女兒，另一個是朕最信任的女官，現在你們都翅膀硬了，也罷，如果你們要取朕的性命，輔佐這個逆子稱帝就動手吧！」

上官婉兒擋在了女皇的面前，展開雙臂護著女皇，朝著太子乞求道：「殿下，請你們不要殺陛下！公主，妳答應過臣不殺陛下的，妳不能說話不算數！」

大臣們驚魂未定誰也不敢說話。

中臺右丞敬暉、司刑寺少卿桓彥範見雙方劍拔弩張，紛紛跪在了太子和太平公主的面前，道：「請兩位殿下不要傷害陛下，大局已定，陛下可是您二位的生母！」

太子李顯道：「二位大人請起吧，你們都起來吧，本宮就是再大逆不道也不敢對母皇不敬，今日兵變實屬迫不得已！」

群臣紛紛站了起來，太子也吩咐李多祚收起來刀兵，大殿裡的氣氛也不再那樣恐怖。

太平公主走到女皇的面前，道：「請母皇下退位詔書，禪位於太子李顯，復辟大唐！」

女皇納悶地問道：「太平、太子，朕不是已經確定了儲君人選嗎？這即位是遲早的事情，你們為何這樣迫不及待，何必如此冒險呢？」

太平公主坐在龍榻上，面對女皇道：「母皇，今日我等兵變主要的目的是為了誅殺二張，這兩個人在母皇的身邊，兒臣確實不放心，母皇身體每況愈下，兒臣擔心他們圖謀不軌，再加上這個武三思每日向母皇請安，手裡又握有兵權，此人不能不除，只有太子提前登基，我等才會心安啊！」

女皇欣慰地點了點頭，道：「朕的月兒長大了，脾氣秉性跟朕以前一模一樣，好，婉兒，擬旨，朕要禪位於太子，反正朕的時日也不多了，無力再理朝政，這朝廷大事還是交回到太子的手上吧！」

「唯。」上官婉兒朝女皇拜了拜便站起來，朝裡屋走去。

「張柬之、崔玄暐二位大人上前，朕有話要說。」女皇氣喘吁吁道。

張柬之、崔玄暐來到龍榻前，跪了下來，異口同聲道：「陛下請講。」

女皇道：「朕的時日不多了，朕這一生犯下了太多的罪孽，也不知道死後是上天堂還是下地獄，就讓朕在退位前下最後一道旨意吧！」

上官婉兒從裡屋捧著玉璽、空白的聖旨和筆硯出來，坐在一旁的御案前開始記錄。

女皇咳嗽了幾聲，道：「張崔兩位愛卿聽旨，朕死後去帝號，稱則天大聖皇后，立無字碑，與高宗先

第二十五章　無字碑歌成絕唱

帝合葬乾陵，祭文就免了！朕這一生對不起高宗、對不起死去的皇子皇孫，還有死去的王皇后和蕭淑妃，她們被朕做成人彘，朕知道是她們在向朕索命，傳旨，赦免王皇后、蕭淑妃二族以及褚遂良、韓瑗、柳奭三人親屬。你們記住了嗎？」

「臣領旨。」張柬之、崔玄暐含淚道。

女皇看了看太子李顯和相王李旦，道：「顯兒、旦兒，你過來，朕有話對你和太平說。」

女皇一一握著他們的手，道：「顯兒、旦兒、太平，今日兵變，母親不怪你們，是母親的大限到了，你們為了大唐的安慰著想是對的！顯兒，你將來老了，皇位可以兄終弟及，東漢就是因為天子年幼，所以宦官專權，顯兒，希望你日後做個好皇帝，善待百姓！」

李顯和李旦眼冒淚珠。

李顯握住女皇的手，流著淚道：「母皇，這麼多年了，只有今天這一刻，才讓我們感受到了一個母親的愛！」

女皇感嘆道：「孩子們，生在皇家生不由己啊，是母親對不起你們！」

李旦道：「母皇放心吧，兒臣一定盡心盡力輔佐皇兄。」

女皇欣慰地點了點頭，又將目光轉向了太平公主，道：「太平，朕希望自母親以後天下再無女皇，朕不是一個好妻子，也不是一個好母親，朕有罪啊！希望妳能體諒母親的一片苦心！」

「太平知道，太平知道。」太平公主是從來不輕易落淚的一個人也哭了。

女皇對一旁的上官婉兒道：「婉兒，聖旨擬好了嗎？擬好了，就昭告天下吧，朕累了，你們都出去，朕想休息一會兒！」

禁軍統領李多祚命令士兵押著武承嗣等倒武派大臣走出了仙居殿。

上官婉兒領著文武大臣和皇室成員在武成殿的大殿門口宣讀了女皇的退位詔書，武則天隨後徙居上陽宮（洛陽禁苑之東）。李顯上武則天尊號為「則天大聖皇帝」，二月，唐朝復辟，百官、旗幟、服色、文字等皆復舊制，復稱神都為東都。

神龍元年十一月二十六日（七〇五年十二月十六日），一代女皇在上陽宮的仙居殿病逝，享年八十二歲。洛陽皇宮裡，國喪的鐘聲響起來了，上陽宮的仙居殿裡哭聲一片。

消失了多年的成都道士袁天罡此時出現在距離上陽宮不遠的洛河水畔，袁天罡依然是鶴髮童顏，一撮白鬚，不知他的年歲，女皇出生時，他就是這副模樣，現在女皇都死了，他還是老樣子，估計年歲應該在一百五十歲以上了。他手持拂塵，眺望上陽宮，捋了捋鬍鬚，笑道：「劫數已盡，人間從此再無女皇。」

於是，便走向遠方，消失在天際之中。

後記

武曌，中國歷史上唯一正統的女皇帝。以後也不會再有女皇帝，因為封建王朝史在百年前就宣告結束。縱觀中國幾千年王朝史，漢唐是最為風騷和頗具傳奇色彩的朝代，不僅僅是因為它是由漢人建立起來的，而是漢唐統治期間出現過幾次盛世，如漢代的「文景之治」、「漢宣中興」、唐代的「貞觀之治」、「開元盛世」。除此，漢代打開了東西方絲綢之路，唐代重視各國間經貿合作和文化交流。因此，漢唐成為中國歷史上最為盛名和後人津津樂道的王朝。

女性，在中國幾千年來都是男人的附屬品，直到今天這種重男輕女的思想依然存在。在中國古代，女子沒有工作的機會，更加沒有入朝為官的機會，就連上學、科考的機會都沒有，寒門女子大多是文盲，貴族千金也只能外聘私塾，幾千年來的女官和女將軍少之又少。在這樣男權主義的社會環境下，武曌還能力排萬難，一步步走向權力的巔峰，改朝換代，主宰和影響了中國乃至世界半個世紀。這個女人不簡單。

武曌她是美女，也是才女，雖然她跟歷史上的妺喜、妲己、褒姒一樣靠美色去取悅君王，但是她並未成為紅顏禍水。妺喜色誘夏桀，使夏朝滅亡；妲己迷惑紂王，使商滅亡；褒姒色誘幽王，使西周滅亡。武曌雖然同樣以美色迷惑唐太宗、唐高宗，但是大唐帝國在武媚娘的統治之下，越來越繁榮，上承貞觀之治，下啟開元盛世。

女皇之後的一千多年來，對她的爭議有褒義，也有貶義，但貶義多於褒義。對她的貶義多體現在她是權力野獸、殘酷毒辣、不僅對丈夫不忠，包養男寵，而且還殘殺子女，比魔鬼還可怕。這與儒家思想的「虎毒不食子」背道而馳。但這些都體現在女皇的個人品格上，從民族大義的角度看，她在政治上「明察善斷」、「任用賢能」，又「獎勵農桑」、「改革吏治」，這些何嘗不是聖主明君所為?從我個人來講，她是功大於過。她坑害了自己的家人，但是她讓天下人都過上了安居樂業的日子，這些是一般後宮奸妃所不能比的。

女皇的時代，由於武曌的登極，同時期的女性地位也得到攀升，最著名的女相是上官儀之孫女上官婉兒，武曌治理下的盛世，她也功不可沒。女皇即位，一反傳統，女性可以自由離婚或者改嫁，這跟中華傳統文化的「嫁雞隨雞嫁狗隨狗」、「貞節牌坊」等背道而馳，唐朝是中國古代性開放最早的時代，尤其是武則天統治前後。女性一旦解除禁錮，則天下多淫亂。故那時期的上官婉兒也與女皇一樣，為達政治目的，與多位朝中大臣私通，臨淄王李隆基宮變後殺死了上官婉兒。女皇被迫退位。從唐朝留下來的侍女圖可以看出唐朝社會的開放，女性穿衣暴露。但不管怎樣，女皇在位時期，社會經濟得到了發展，民族得到了振興，科技和文化也得到了進步，這些都是女皇之功。

當年的唐朝由於奉道教為國教，在大明宮裡修建了三清殿，因此當年的皇帝和官民人等大多崇尚仙道，唐太宗等很多帝王都是服用長生藥而中毒，這也給了武曌機會。由於唐朝信仰佛教和道教，因此，大唐和天竺（印度）、日本交流密切，著名的「玄奘取經」、「鑑真東渡」都發生在那一時期，日本經常派使臣和留學生到長安交流學習。中國有二十四王朝史，但是唐朝對日本的影響很大，對於日本人來講他們影響最為深刻的中國封建王朝就是唐朝。直到今天，日本還保留著很多中國遺留下來的傳統文化。這些都和唐太宗、唐高宗以及武則天的功勞密不可分。

日月當空，天下臣服——武則天傳：

她不是帝王的影子，而是帝王的名字

作　　者：周林
發 行 人：黃振庭
出 版 者：複刻文化事業有限公司
發 行 者：崧燁文化事業有限公司
E-mail：sonbookservice@gmail.com
粉 絲 頁：https://www.facebook.com/sonbookss/
網　　址：https://sonbook.net/
地　　址：台北市中正區重慶南路一段 61 號 8 樓
8F., No.61, Sec. 1, Chongqing S. Rd., Zhongzheng Dist., Taipei City 100, Taiwan
電　　話：(02)2370-3310
傳　　真：(02)2388-1990
印　　刷：京峯數位服務有限公司
律師顧問：廣華律師事務所 張珮琦律師

定　　價：520 元
發行日期：2025 年 04 月第一版
◎本書以 POD 印製

國家圖書館出版品預行編目資料

日月當空，天下臣服——武則天傳：她不是帝王的影子，而是帝王的名字 / 周林 著 . -- 第一版 . -- 臺北市：複刻文化事業有限公司 , 2025.04
面；　公分
POD 版
ISBN 978-626-428-006-8(平裝)
1.CST: (唐) 武則天 2.CST: 傳記
624.13　　　　114003309

電子書購買

爽讀 APP　　臉書